研究数据管理和服务指南

Research Data Management：A Handbook of Current Practice

崔海媛　著

海洋出版社

2020 年 · 北京

图书在版编目（CIP）数据

研究数据管理和服务指南/崔海媛著.—北京：海洋出版社，2019.12

（北京大学图书馆研究支持服务探索与实践）

ISBN 978-7-5210-0492-2

Ⅰ.①研… Ⅱ.①崔… Ⅲ.①院校图书馆-信息管理-指南②院校图书馆-图书馆服务-指南 Ⅳ.①G258.6-62

中国版本图书馆 CIP 数据核字（2019）第 268576 号

丛书策划：高显刚

责任编辑：杨海萍 张 欣

责任印制：赵麟苏

海洋出版社 出版发行

http：//www.oceanpress.com.cn

北京市海淀区大慧寺路 8 号 邮编：100081

北京朝阳印刷厂有限责任公司印刷 新华书店发行所经销

2020 年 1 月第 1 版 2020 年 1 月北京第 1 次印刷

开本：787mm×1092mm 1/16 印张：22.75

字数：301 千字 定价：89.00 元

发行部：62132549 邮购部：68038093 总编室：62114335

《研究数据管理和服务指南》
编委会

研究数据管理与服务领域的最佳参考书

——《研究数据管理和服务指南》序

在全球大数据和人工智能发展浪潮中，中国将大数据和人工智能发展确定为实现跨越式发展的重要国家战略，出台多项政策支持该领域的发展。2017年以来，中国在技术、产业和市场等多个领域快速发展，表现出与发达国家同步的趋势，并正在成为世界主要的大数据和人工智能创新中心。学术界、产业界和政府决策部门都有清醒的共识：只有在顶级人才、技术标准、软件平台和半导体技术等关键要素取得重要进展并实现超越，才能支撑科技创新和产业竞争。国际上，开放科学和开放数据被视为新型学术交流和创新研究的基础，并纳入国家和国际组织发展战略。重视与开展研究数据的管理与服务，已成为国际一流研究型图书馆的重要战略。2017年5月，欧洲研究图书馆协会发布了《欧洲研究图书馆协会2018-2022

年发展规划》，提出研究型图书馆的5个发展方向：开放获取成为主流出版方式；研究数据符合FAIR数据原则（findability，accessibility，interoperability，and reuse）；数据能力支撑更为开放透明的研究生命周期；为不同学科需求提供可参与、可定制、可扩展性的研究基础设施；未来文化传统将建立在今天的数字信息基础上。研究数据管理的国际标准、规范和体系已经建立，已经进入面向未来竞争的制高点，而中国在该领域发展相对滞后，急需研究型图书馆尽快开始研究和开展数据管理与数据服务。北京大学图书馆崔海媛副研究馆员的专著《研究数据管理和服务指南》适时出版，为中国高校和科研机构开展研究数据管理与服务，提供了全面的业务指南和完整的政策建议。

崔海媛老师具有图书馆信息技术和软件服务22年的研究和应用经验，主持研发过数十个国内外具有影响力的软件服务和项目，带领团队完成了中国高校第一个开放研究数据发布服务平台——北京大学开放研究数据平台，成功组织策划和实施了全国高校数据驱动研究大赛，所负责的研究课题“北京大学科学数据管理与共享政策机制研究”获得过北京大学优秀课题奖励，带领团队完成了中国高等教育文献保障系统（CALIS）三期项目“机构知识库建设推广”和国家自然科学基金委项目“开放科学驱动下的开放获取政策研究与平台构建”，具有研究数据管理和开放知识库领域深厚的研究积淀，尤其是在研究数据管理标准规范、框架体系设计、平台建设、数据建设、政策建设和宣传推广等多方面都取得了丰硕的成果，积累了丰富的经验。该书是她和几位年青馆员在研究和实践经验总结基础上，广泛调研全球研究数据管理研究和应用案例，结合北京大学的实例，基于研究数据管理与服务相关理论和实践创新研究的重要成果，既有理论上的学术性，又具实践上的可操作性。

为支持数据密集型研究范式和国家产业战略发展，中国高校和科研机构需要合作研究，并出台研究数据管理的相关标准、技术、服务体系，尽快推进中国研究数据管理与服务的进程。本书提供了完整理论知识介绍、框架体系设计、数据政策内容、元数据标准、软件工具服务选择和搭建、服务框架系统设计和推广，以及进一步深入学习的信息资源。通过阅读该专著，可以快速了解研究数据管理，并推动国内包括图书馆的相关部门更好地开展研究数据管理与服务。

祝贺崔海媛《研究数据管理和服务指南》的顺利出版，期待她和她的同事们在机构知识库、研究数据管理和知识服务领域的研究和应用取得更多成果，为北京大学图书馆和中国图书馆事业发展做出更多更大的贡献。

初景利

中国科学院文献情报中心期刊出版运营总监

中国科学院大学图书情报与档案管理系主任

教授，博士，博士生导师

2019 年 10 月 北京中关村

前 言

信息时代，数据已经成为促进经济发展、技术创新的全新驱动力。国际上，多国将开放科学和开放数据作为大数据发展战略，将其视为新一轮科学和产业革命的竞争基础。2017 年，欧盟开放科学云（European Open Science Cloud，EOSC）项目宣布，“地平线2020”科研创新计划中的所有未来科研项目，默认开放所有科研数据，确保科学界能够对海量科研数据进行再利用。2018 年 3 月EOSC 发布实施路线图，确定建设开放数据基础设施、标准规范和提升数据服务的具体措施。2018 年 7 月，美国国家科学院发布了《开放科学规划》（Open Science by Design）。在各国国家战略和资助机构政策支持下，全球研究数据管理和服务快速发展，研究数据管理成为研究型图书馆的重要发展战略和服务，已经形成相对成熟、完整的理论、政策、标准规范、平台工具和服务框架体系。2018 年 3 月，中国国务院办公厅印发了《科学数据管理办法》，从国家层面提出对科学数据加以利用和保护的法律态度。但除了中国科学院，大多数行业机构、资助机构和科研机构的配套实施细则迄今仍没有发布，中国研究数据管理的研究和实践全面滞后。数据密集型研究范式下，数据已经是全学科研究的基础，研究数据管理的滞后发展势必将影响中国未来学术、技术和产业的可持续发展，急需出台研究数据管理政策实施细则，推动数据管理和服务。

本书希望通过对研究数据管理理论和实践的阐述，为读者呈现较为完整、全面的研究数据管理概貌，提供从零到有的完整工作流程指南，从而能够帮助机构快速启动和建设研究数据管理服务。作者基于多年的研究和实践经验，对研究数据管理的概念和发展历程、国际成功案例、框架体系、数据政策制定、元数据标准制定、软件工具选择和构建、开源软件 Dataverse 开发应用、服务框架、服务推广建议等做了全面介绍，力图为同行提供从理论到实践全面的建议和参考。本书著者是北京大学图书馆信息化与数据中心的技术团队成员，从事多年"研究数据管理"的研究和建设工作，并取得了一些成效，是国内在研究数据管理和服务领域的先行者。在本书中，我们将研究成果和建设经验分享给读者，期待能给国内各高校图书馆研究数据管理建设提供参考和借鉴，推动中国研究数据管理的发展。

写作的过程，也是学习的过程，写作中，笔者对研究数据管理的国际发展情况和趋势了解越多，越有一种紧迫感。国际上，多个研究数据联盟组织已经研究和发布了研究数据生命周期的完整理论体系，爱丁堡大学等高校和研究机构已经开始重构战略规划和服务升级，而中国还处于起步阶段。中国高校和科研机构应尽快开展研究数据管理的研究和应用，支撑创新研究需求，支持国家发展战略。由于笔者能力、学识不足，研究不够深入，书中内容难免疏漏和不足，只期望能抛砖引玉，与更多同行探讨，也诚意恳请业界同行指正。希望更多机构和同行加入研究数据管理的研究和实践中，共同建设中国开放科学和研究数据服务体系。

本书的写作分工如下：

崔海媛：第一章、第二章、第三章、第八章、第九章，并负责全书的内容设计、组织、体例、审校和统稿；

罗鹏程：第六章、第七章、第九章；

朱玲：第三章、第五章；

吴越：第四章。

崔海媛

2019 年 1 月

目 录

第一章 研究数据管理概述

1.1 数据赋能智联未来

2018 年 3 月 17 日，纽约时报和英国卫报分别报道美国总统特朗普（Donald Trump）大选期间聘用剑桥分析公司，非法将大约 5 000 万 Facebook 用户信息用于大数据分析，从而精准刻画这些 Facebook 用户的心理特征，并向他们推送定制广告，甚至假新闻。剑桥分析公司首席执行官亚历山大·尼克斯（Alexander Nix）说："特朗普的每一条选举信息都是数据驱动的"。剑桥分析采用的分析模型最初来自剑桥大学心理测量中心迈克尔·科辛斯基博士（Michal Kosinski）。科辛斯基博士研究提出的个人信息计算模型可以根据简单的个人信息推断出该数据提供者可靠的个性特质。2012 年，科辛斯基博士研究证明，平均基于 Facebook 上的 68 个"点赞"，就可以预测用户的肤色（准确度 95%）、性取向（准确度 88%）以及政治倾向（民主党或共和党，准确度 85%）。可预测的内容远不止于此，还包括智力、宗教信仰，以及酒精、香烟和毒品使用。而"点赞"数超过 300 个，科辛斯基博士甚至能比实验对象更了解他们自己[1]。媒体随后报道英国脱欧与剑桥分析公司的大数据分析密不可分。2018 年 3 月 27 日，英国剑桥分析公司前员工及爆料人克里斯托弗·韦利（Christopher Wylie），在英国议会接受质询时提道：如果没有我所认为的作弊（行为），“脱欧”公投结果很可能会截然不同[2]。剑桥分析公司事件及随后几次曝光的Facebook数据泄露丑闻都让普通民众了解到：在大数据和人工智能环境下，数据已经影响所有人的生活、工作、学习和研究。了解数据、使用数据和保护个人隐私数据成为全球公民必备的数据素养。

大数据、人工智能、物联网和移动通信等新技术不断发展、日趋成熟，已经呈现出向各行各业蔓延的趋势，推动产业创新、教育变革、服务转型和社会发展，并全方位地改变人类的生活方式。

1.1.1 数据成为推动产业发展的重要力量

数据对人类生活的影响越来越大，是科技和产业发展的巨大推动力量，全球大数据产业得到强劲发展。经济领域，2017年以来，全球市场高度关注人工智能和大数据等数据驱动经济发展。有专家预测，至2022年，全球大数据市场规模达到800亿美元，年均实现15.37%的增长。2017年全球的数据总量为21.6ZB，每年增长速度为40%左右，预计到2020年全球的数据总量将达到40ZB。2018年全球大数据产业呈现七大发展趋势，产业应用是主旋律：①开源大数据商业化进一步深化；②打包的大数据行业分析应用开拓；③新市场大数据细分市场规模进一步增大；④大数据推动公司并购的规模和数量进一步提升；⑤大数据分析的革命性方法出现；⑥大数据与云计算将深度融合；⑦大数据一体机将陆续发布[3]。

2018年12月6日，中国计算机学会（China Computer Federation，CCF）大数据专家委员会在2018年中国大数据技术大会上正式发布了2019年大数据十大发展趋势预测：①数据科学与人工智能的结合越来越紧密；②机器学习继续成为大数据智能分析的核心技术；③大数据的安全和隐私保护成为研究和应用热点；④数据科学带动多学科融合，基础理论研究受到重视，但未见突破；⑤基于知识图谱的大数据应用成为热门应用场景；⑥数据的语义化和知识化是数据价值的基础问题；⑦人工智能、大数据、云计算将高度融合为一体化的系统；⑧基于区块链技术的大数据应用场景渐渐丰富；⑨大数据处理多样化模式并存融合，基于海量知识仍是主流智能模式；⑩关键数据资源涉及国家主权[4]。

国家战略层面，美国、欧盟、日本、韩国和中国等国纷纷将大数据上升为国家战略，积极推进数据政策，希望利用大数据技术实现研究和产业领域突破[5]。美国加大在科研教学、环境保护、工程技术、国土安全、生物医药等领域的投入，研发计划涉及自然科学基金委、国家卫生研究院、国防部、能源部、国防部高级研究局、地质勘探局等多个联邦部门和机构。欧盟实施研究数据价值链战略，资助“大数据”和“开放数据”领域的研究和创新活动，推动实施开放数据政策，促进公共资助科研实验成果和数据的使用及再利用。日本推出开放大数据为核心的国家战略，目标是建成具有“世界最高水准的广泛运用信息产业技术的社会”。韩国提出“培育 1 000 家大数据、云计算系统相关企业”的大数据发展计划，出台《第五次国家信息化基本计划（2013—2017）》等多项大数据发展战略[3]。中国，在十九大报告中，首次提出信息化领域三个全新概念：网络强国、数字中国、智慧社会。网络强国是基础，突出服务于整体国家安全观的可靠网络基础环境建设。数字中国是总纲，突出统领大数据、互联网、数字经济等各项重点工作。智慧社会是应用，突出以信息化手段改造社会，实现善治、兴业、惠民[6]。2018 年 4 月 2 日，国务院办公厅关于印发科学数据管理办法的通知，以研究数据全生命周期为中心，加强和规范研究数据的管理，推动开放共享[7]。

当各行各业与互联网融合后便有了数据化特征，使得整个生产、经营流程变为可量化与数据驱动，未来还将加入人工智能技术。所有行业都看到互联网、数据驱动和人工智能是未来方向。

而数据驱动决策也已经发展为企业核心文化。数据科学家（Data Scientist）始于LinkedIn公司，在LinkedIn，任何一个产品团队，数据科学家、产品经理和工程团队，是整个团队的三根支柱（pillar）。公司CEO每天早上都会看一份每小时更新的数据报告[8]。大数据加人工智能打造的数字员工已经出现。梅赛德斯奔驰公司、Autodesk、苏格兰皇家银行等企业已经聘用数字员工。IBM研究表明，众多企业已经准备接受这种全新的工作方式[9]。

大数据、云计算、人工智能、物联网和移动互联网等快速发展，推动全球环境已经从信息时代进入数据时代。

1.1.2 数据密集型研究范式

范式一词起源于希腊语，科学史学家托马斯·库恩（Thomas S. Kuhn）于1962年在《科学革命的结构》一书中提出，科学范式是指常规科学赖以运作的理论基础和实践规范[10]。2007年，图灵奖得主吉姆·格雷（Jim Gray）在他最后一次演讲中描绘了数据密集型科研“第四范式”（the fourth paradigm）的愿景。他提出，科学研究经历了几千年前以描述自然现象为特征的经验科学时代，几百年来使用归纳模型为主要标志的理论科学时代，近几十年来以模拟复杂现象为主要特征的计算科学时代，今天已进入了将理论、实验与模拟相融合的数据密集型科研新时代——第四范式阶段，其显著特征是以数据作为科学发现的核心和科研活动的驱动力，科研人员的工作重点转变为通过分析与挖掘科学数据进而发现科学规律[11]。吉姆·格雷（Jim Gray）进一步将未来网络环境下的科研活动描述为“能把所有的科学数据与文献统一，创建数据文献交互操作的世界。你可以一边阅读论文一边翻看原始数据……甚至可以重复数据分析过程，或者边看数据边查阅与之相关的所有文献，提升科学的‘信息效率’”[12]。

2009年，微软公司出版了纪念吉姆·格雷的《第四范式：数据密集型科学发现》专著，以吉姆·格雷提出科学研究第四范式的著名演讲开篇，邀请国际多个领域的著名科学家对数据密集型科学发现的理念、应用和影响进行深入探讨，明确提出了数据密集型研究范式，并将其作为与实验科学、理论推演、计算机仿真三种科研范式平行的科学研究即第四范式。科学研究第四范式，带来科学研究的革命，影响已触及自然科学、社会科学、人文科学和工程科学的各个研究领域。数据科学应运而生并快速发展，数据密集型研究成为多学科研究范式。

什么是数据科学？数据科学和已有的信息科学、统计学、机器学习等学科不同，作为一门新兴的学科，数据科学依赖两个因素：一是数据的广泛性和多样性；二是数据研究的共性。现代社会的各行各业都充满了数据，这些数据的类型多种多样，不仅包括传统的结构化数据，也包括网页、文本、图像、视频、语音等非结构化数据。数据分析本质上都是在解反问题，而且通常是随机模型的反问题，因此对它们的研究有很多共性。例如，自然语言处理和生物大分子模型都用到隐马尔科夫过程和动态规划方法，其最根本的原因是它们处理的都是一维随机信号；再如，图像处理和统计学习中都用到的正则化方法，也是处理反问题的数学模型中最常用的一种。数据科学主要包括两个方面：用数据的方法研究科学和用科学的方法研究数据。前者包括生物信息学、天体信息学、数字地球等领域；后者包括统计学、机器学习、数据挖掘、数据库等领域。这些学科都是数据科学的重要组成部分，只有把它们有机地整合在一起，才能形成整个数据科学的全貌。大数据通常有几个特点：①数据量大；②数据维数高；③数据类型复杂；④噪音大[13]。

2013 年被称为“大数据元年”，2017 年，以谷歌 AlphaGo 和 AlphaZero 为代表，深度学习技术突破，标志着人工智能（Artificial Intelligence，AI）元年到来。大数据和人工智能时代，数据密集型研究范式更为突出，数据已经成为科学研究、学术交流、技术创新、工业发展、社会媒体与社交网络、教育教学、文化生活与经济发展的基础。人工智能正在全面颠覆与重构学术交流，数据已是学术交流生态系统的主体。抢占大数据发展先机，已成为国家战略。美国、欧盟、日本、韩国和中国等国纷纷将大数据上升为国家战略，积极推进数据政策，希望利用大数据技术实现研究和产业领域突破[5]。

1.1.3 数据成为科学研究基础设施

科技界一直就很重视研究数据，很早就建立了大规模的科学数据中心。2008 年，国际科学联合会理事会（International Science Council，ISC）建立世界数据中心（World Data System，WDS）[14]。2004 年，英国联合信息系统委员会（Joint Information Systems Committee，JISC）建立国家数据中心网络（JISC National Data Centres）[15]。1998 年，美国政治和社会科学大学联盟建立的政治和社会科学数据中心（Inter-university Consortium for Political and Social Research，ICPSR）提供网上数据下载服务[16]。随着信息技术不断发展，科学数据数量迅速增加，科技界开始高度关注大数据趋势对科技以及社会的影响。2005 年美国科学理事会（National Science Board，NSB）发表《支持 21 世纪科学和教育的可持续数据集合》（Long-lived Digital Data Collections：Enabling Research and Education in the 21st Century），分析组织和维护大规模数据来支持科学研究的需要。2006 年微软公司出版了《科学 2020》（Towards Science 2020），探讨了网络环境下如何运用科学数据开展科学研究的趋势和要求。2007 年美国国家科学基金会（National Science Foundation，NSF）提出了《21 世纪科学的网络技术设施》（Cyberinfrastructure Vision for the 21st Century Science），探讨如何通过海量数据及其网络化计算来支持科学研究。2009 年美国国家科学技术理事会（National Science and Technology Council，NSTC）发布了《为 21 世纪而驾驭科学数据潜力》（Harnessing the Power of Digital Data for the 21st Century）。欧盟委员会科学数据高级专家组也在 2010 年发布《驾驭趋势：

欧洲如何从科学数据的迅速涨潮中获益》（Riding the Wave：How Europe Can Gain from the Rising Tide of Scientific Data）。科学媒体和大众媒体也关注到大数据的兴起和影响。《经济学家》在2010年2月27日当期专门以“数据洪水”（Data Deluge）为封面文章，探讨了科学数据对科学和社会的影响。著名的Wired杂志甚至在2008年曾提出，数据洪水可能意味着“理论的终结”（End of Theory）。各国科技界已积极行动起来。例如，美国NSF在2007年启动了Data Net项目，汇集网络基础设施、计算机与信息科学、图书馆学、档案学和领域学科专家的能力和创新，探索建立支持科学与工程数据保存、获取、集成、建立和分析的长期能力，建立可根据科研需要和技术发展动态调整这些能力的机制，示范可互操作的数据保存与获取网络。NSF于2008年启动Cluster Exploratory-CluE项目，支持若干大学探索数据密集型计算的创新方法，不仅要促进计算机科学在数据挖掘利用上推出新理论、新模型、新方法，而且要促进这种新的计算机科学模式更好地支持科学研究和教育。欧盟、英国等也通过e-Science和e-Infrastructure等计划在积极推进科学数据的建设与利用。当数据海量化、泛在化、开放化、网络化和计算化时，它的作用也在发生革命性的变化。在大数据时代，科学家不仅通过对广泛的数据实时、动态地监测与分析来解决难以解决或不可触及的科学问题，更可把数据作为科学研究的对象和工具，基于数据来思考、设计和实施科学研究。数据不再仅仅是科学研究的结果，而且变成科学研究的活的基础和工具；人们不仅关心数据建模、描述、组织、保存、访问、分析、复用和建立科学数据基础设施，更关心如何利用泛在网络及其内在的交互性、开放性，利用海量数据的知识对象化、可计算化，构造基于数据的知识发现和协同研究，因此诞生了数据密集型的知识发现，即科学研究的第四范式[17]。

1.1.4 研究数据管理的机遇和挑战

随着数据量与数据需求的飞速增长，大数据和海量数据的管理、共享、发布和保存面临着巨大的成本与效率考验。研究数据的存储形式、存储容量与存储效率制约着科研使用数据规模与利用形式，成为研究数据管理的重大挑战。

研究数据数量的快速增加，数据规模、类型和质量日渐复杂，带来了新的研究问题和方向，如：① 数据保存管理方面。如何有效管理和保存海量、非结构化或半结构化研究数据，成为亟待解决的课题。② 数据分析方法方面。数据产生和数据分析过程的分离使得数据噪声增多，问题驱动的研究方式逐渐被数据驱动的研究方式所代替。③ 模型和算法方面。随着半结构化、非结构化数据比重的逐渐增多，针对该类数据的特征学习方法逐渐超越并取代传统的数据模型和算法。④ 计算体系结构方面。新型存储器件和计算器件不断涌现，使得通用处理器和单一体系结构的单机逐渐过渡为专用处理器、多核和分布式大规模异构集群。⑤ 计算和服务方面。以互联网为媒介的云计算模式和分布式高性能数据中心逐渐成为大数据处理的新型模式[18]。

研究数据的管理、保存、共享和再利用成为科学研究过程中一项重要的基础性工作，得到国际组织和各国政府的广泛重视。开放共享研究数据具有四大重要意义：①有助于进行研究的再现和验证。②公共资助的结果能够为公众所使用。③使其他人能够利用已有的数据提出新的问题。④提升全人类科学研究和创新的水平[19]。重视与发展研究数据的管理与服务，已经成为国家层面与科研机构未来提升学术竞争力和影响力的重要发展战略之一，研究数据管理和服务在全球快速发展起来。

国家、基金和机构数据政策推动数据管理服务需求，研究数据管理（Research Data Management，RDM）成为研究型图书馆的重要服务，相关研究与实践发展迅速。

1.2 定义

1.2.1 数据

“数据是用于荷载情报的物理符号，是对客观事物的数学表示”[20]，是“未经整理的可被判读的数字、文字、符号、图像、声音样本等”[21]。英国数据管理中心（Digital Curation Center，DCC）定义研究生命周期中的数据是“二进制数字形式中的任何信息”，包括数据对象（Digital Objects）和数据库（Databases）。数据对象包括：①简单数字对象：文本文件，图像文件或声音文件等单一数据和其相关标识符和元数据。②复杂数字对象：多个简单数据对象的组合，如网站等。数据库是指：计算机系统中存储的结构化记录或数据[22]。

1.2.2 研究数据

研究过程中的数据被称为研究数据（research data）或科学数据（scientific data）。中国科学共享工程中对科学数据的定义为：人类在认识世界、改造世界的科技活动中所产生的原始性、基础性数据，以及按照不同需求系统加工的数据产品和相关信息。它既包括了社会公益性事业部门所开展的大规模观测、探测、调查、实验和综合分析所获得的长期积累与整编的海量数据，也包括国家科技计划项目实施与科技工作者长年累月科学实践所产生的大量数据[23]。随着数据在所有学科研究领域的广泛应用，基于数据进行研究已经成为全学科研究范式，“研究数据”成为更为广泛使用的概念。

根据美国信息自由法（Freedom of Information Act，FOIA）对研究数据向公众公开的要求，2012 年和 2014 年，美国联邦政府在公开法规 2 CFR 215

(OMB Circular A-110)[24]和 2 CFR 200. 315[25]中定义了研究数据：研究数据是为科学界普遍接受的为验证研究发现所必需的事实记录材料，但不包括以下任何一项：研究初步分析结果，科学论文初稿，未来研究计划，同行评审、同行交流记录。这种“记录”材料不包括具体研究对象（例如，实验样本）。研究数据也不包括：①商业秘密，商业信息，研究成果发表前必须保密的材料，或受法律保护的信息；②个人隐私信息，如个人特征信息、医疗信息以及能够发现个人特征的类似信息。研究数据包括以数字形式存储的各种信息，如：实验、观察和模拟数据；代码、软件和算法；文本；数字信息；图片；视频；音频；数据相关元数据。研究数据还包含同源数据的不同形式，如原始数据，处理数据、分析数据，发表数据和存档数据等[26]。

总之，科学研究活动中，科研人员通过观察、探测、实验、建模、仿真和调查等形式收集的，所有能够用于验证研究发现和结论的研究过程的完整事实材料和数字产品，都是研究数据。研究数据可以是：实验数据、观察数据，操作数据、第三方数据、公共部门数据、监测数据、处理过程中的数据或改变用途（repurposed）的数据等。

研究数据对象包括：①数据集（Data sets）：观察数据、计算数据、模拟数据或以其他研究方式产生的记录等。②数字馆藏（Digital collections）：一组数字对象的集合，可以解释为一个数据集，如：照片档案或数字图书文本数据库等。③学习对象（Learning objects）：视频、在线教程等。④多媒体资源（Multimedia）：电影、音乐和表演艺术等。⑤软件（Software）：应用程序，包括代码和技术文档等[27]。

1.2.3 研究数据生命周期

根据生命周期理论，研究过程有其自身的“循环周期”。研究生命周期包括七个阶段：准备（ preparation），发现（discovery），分析（analysis），写作

(writing)，发表（publication），传播（outreach）和评价（assessment）[11]。图1.1列出了研究生命周期各阶段涉及的重要内容[28]。

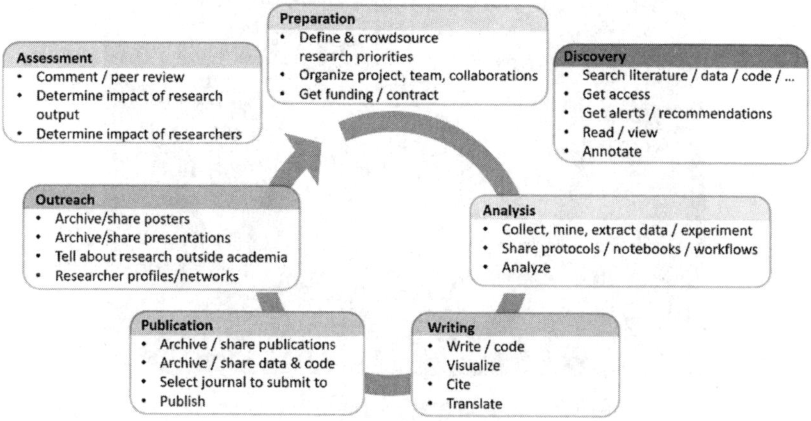

图1.1　研究生命周期工作流

研究数据管理生命周期（Research Data Management Lifecycle Model），也常被称为研究数据监管生命周期模型（Research Data Curation Management Lifecycle Model），是一种将数据收集、利用、分析和保存等活动细化到要素阶段，从而确定在每个节点各个相关成员可以完成或应该完成的管理任务的方法。研究数据管理生命周期与研究项目周期密切相关，并且往往相较后者持续更长的时间。例如，研究项目结题后，数据仍然具有分析、持久保存、再利用的价值和需求。如果能在研究项目开展的同时进行良好的数据组织、管理和保存，将有助于提升科研效率和促进科研创新。本书第三章将详细研究数据管理生命周期模型，分析周期模型中的各种数据活动和相应的服务需求，帮助研究者更好地分析和总结数据管理现状中存在的问题并寻求改进方式。图1.2是被广泛认可和使用的DCC研究数据监管生命周期模型。

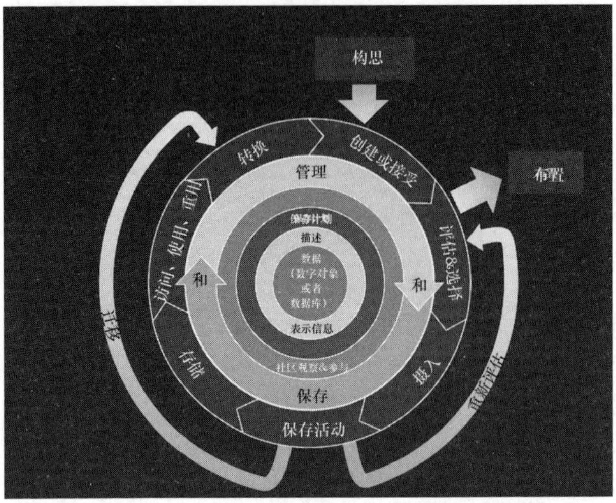

图 1.2　DCC 研究数据监管生命周期模型

1.2.4　研究数据仓储

研究数据仓储（research data repository），也常被称为研究数据知识库。参考美国医学图书馆联盟（National Network of Libraries of Medicine）数据驱动资源发现网站（NNLM Resources for Data-Driven Discovery，NNLM RD3）的定义，笔者将对研究数据仓储定义为：为研究者提供提交、保存、组织、管理和使用数据的服务平台。数据仓储可以是综合性数据服务平台，也可以是学科数据仓储。学科数据仓储是为满足特定学科的数据提交、管理、数据重用和访问需求，支持特定专业的文件格式、数据结构和元数据类型等学科要求。数据仓储主要有：资助机构数据仓储、学科数据仓储、期刊论文研究数据仓储、机构数据仓储和开放数据仓储等[29]。

北京大学将开放研究数据平台定义为：为研究者提供研究数据的管理、发布和存储服务，鼓励研究者开放和共享数据，为用户提供研究数据的浏览、检索和下载等服务，鼓励研究数据的发布（Publish）、发现（Discover）、再利用（Reuse）和再生产（Reproduce），促进研究数据引用（Citation）的实践和计量，并探索数据长期保存（Preservation），培育和实现跨学科的协同创新，促进研究数据的传播、重用和规范引用的服务平台[30]。

1.3 研究数据管理需求与发展

1.3.1 需求调研

2011年，为了解研究数据需求使用现状，《科学》杂志对同行评审专家进行问卷调查，共回收1 700份问卷[31]。调查显示，数据利用方面，7.6%的研究者经常使用的数据集规模达到TB级别，GB以上级别的研究者超过受调研用户的一半，约为51.7%。超过56%的研究者从没有在公共数据仓储中获取数据。数据密集型研究已成为当前科研工作的主流形态，但获取数据的方式主要是通过同行方式，而不是开放数据仓储。而数据保存方面，50.2%的数据在科研人员实验环境中存储，38.5%的数据量存放于大学服务器，而采用公共资源及其他方式存储科研数据的情形仅占调查样本的10.8%，与此同时，有5‰的数据丢失过。过分集中于研究内部环境，依靠有限存储空间与存储能力的数据存储模式显示出目前研究数据存储的短视性和不可持续性。面对数据密集型研究的发展趋势，如何更好地保存并利用这些数据成为难题。数据管理资金支持方面，80.3%的人认为支持研究数据保存的资金不足。与广泛利用数据的研究现状对比，开放数据仓储应用并不广泛，项目资助资金在数据管理和保存方面投入不够。

2010年，地球数据观察网络（Data Observation Network for Earth，DataONE）对1 329个科学家进行调查，了解科学家对于研究数据共享的看法和需求。研究显示：①在确定数据知识产权得到保护和不会被滥用的前提下，大多数科学家愿意分享至少部分数据。②大多数受访者对研究过程中的数据管理（收集、管理、分析和存储数据）感到满意，但需要更好的长期保存服务支持，科学家们认为所在机构在帮助他们对研究数据长期保存方面做得不够。③大多数受访者对元数据创建和保存工具的认识和满意度较低，许多科学家还没有使用国际通用元数据标准。数据管理过程中的元数据标准规范需要重视与解决[32]。该研究发现法律问题和滥用顾虑是影响科学家们分享数据的重要因素。科学家们认为由 DataONE 等数据组织提供完整的数据生命周期服务，为科学家管理和发布数据，有助于推动研究数据管理发展。

2014 年，笔者团队对北京大学校内教师进行问卷调查，获取 50 份教师反馈结果，并对 26 名教师进行一对一访谈。调研发现：高达 87.5%的受访者愿意在一定条件下开放研究数据，开放的最大动机是通过开放数据，提升数据价值、提高成果引用率与增强数据曝光度。开放的最大疑虑是他人利用数据抢先发表成果。开放条件中，受访者最需要“审核使用者身份和数据使用用途后提供”功能。通过调研，准确定位研究者对研究数据管理服务的实际需求。

一对一访谈发现：①数据开放程度与学科特点密切相关。对于数据驱动、数据密集特征明显的学科，数据开放比较标准和规范，可以到原始数据的力度，例如社会调查学科和生物信息学科。在生物信息学科，发表期刊时发表数据已经是趋势，大多向期刊指定数据库提交，或者自己建立数据库。对于其他学科，数据开放也存在，但向大多数同行开放的仅是整理后的成果数据，原始数据阶段只与直接合作者共享。②数据开放具有明显的时滞期。几乎所有的学者都强调，数据必须在自己的成果发表之后，才考虑开放。这与学者对“数据被他人抢先发表成果”的担心是一致的。③研究数据开放行为多为学者自发，中国缺乏政策激励机制和维护更新，缺乏基于数据引用、认可和学术声誉的良性反馈，亟需规范的数据服务平台。

1.3.2 发展历程

研究数据管理包括数据的保存、共享和再利用，对数据密集型研究，其优点包括：数据共享，能够重新分析数据，有助于验证结果数据，这是科研过程的关键部分；对现有数据的不同解释或方法有助于科学进步，特别是在跨学科环境中；有效管理和长期保存有助于保持数据完整性；当数据可重用时，避免重复收集数据，降低科研经济和实践成本，优化资源利用；数据共享能够有效避免数据错误和伪造数据；重复研究是新研究者的最佳培训方法之一。

数据密集型研究范式下，数据研究生命周期与数据管理生命周期密不可分，研究过程中，数据管理成为重要环节，图 1.3 揭示了研究生命周期和数据管理生命周期的关系。如何管理和使用数据，成为需要解决的新课题，比如：如何在数据生命周期中可靠地管理多版本的研究数据，如何解决不同数据的互操作问题，研究数据本身及其共享的权益管理，以及研究者数据素养（Data literacy）培养问题，数据的合理存储与长期保存，数据的分享和再利用等。

为推动研究数据管理发展，多个国家、资助机构和研究机构的数据政策陆续发布。2002 年美国国立卫生研究院（National Institutes of Health，NIH）发布了一个关于分享研究数据的声明草案[33]。2003 年，NIH 正式发布了数据分享政策和实施指南，要求在 2003 年 10 月 1 日以后，申请经费每年超 50 万美元的项目，必须提供数据共享计划[33]。美国国家科学基金会（National Science Foundation，NSF）于 2010 年 1 月发布的项目管理指南[34]中明确提出了研究数据共享传播的要求，希望研究者在合理的期间内，将由 NSF 资助项目产生或收集的主要数据、样品、物品或其他支持性材料分享给其他的研究者。2011 年 1 月 18 日开始，所有提交到 NSF 的项目申请书必须包含一份不超过两

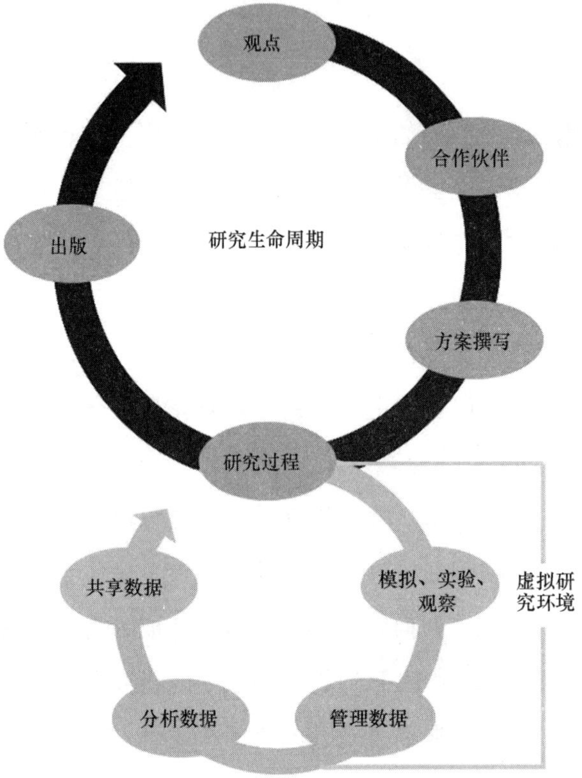

图 1.3 研究生命周期和数据管理生命周期的关系

页的“数据管理计划”的补充文档，这个补充文档的提议应该符合 NSF 研究成果共享传播政策[35]。随后，美国多个资助机构数据管理政策陆续发布。

2010 年开始，英国数据管理中心（Digital Curation Centre，DCC）将重点从为科研资助和教育机构提供数字资源长期保存提供研究和实践指导转为提供数据存储、管理、共享和政策研究与指导[15]。2011 年，DCC 发布《制定数据管理与共享计划》指南[36]。2012 年 7 月，英国皇家学会（Royal Society）发布《科学是开放事业（Science as an open enterprise）》报告，确立共享和开放科学数据的基本原则、机遇与面临的挑战[37]。2013 年 6 月，“八国集团”

首脑在北爱尔兰“G8 Summit 峰会”上签署《开放数据宪章》，该宪章中提出 5 点要求：①使开放数据成为规则；② 注重数据质量和数量；③让所有人都可以使用；④改善数据发布的管理流程；⑤发布数据为创新服务[38]。2014 年，芬兰 Academy of Finland 提倡研究者开放共享研究成果和数据[39]。欧盟 2020 计划规定，2017 年开始全面实施科研数据开放制度，推动“开放科学”战略[40]。

2015 年 8 月 31 日，中国国务院以国发〔2015〕50 号印发《促进大数据发展行动纲要》，发展科学大数据[41]。中国国家标准化管理委员会在 2017 年底推出了《科学数据引用》标准[42]。中国国务院办公厅在 2018 年 3 月发布了《科学数据管理办法》[7]。中国正积极推动由国家公共财政支持的科研活动产生的科学数据逐步开放共享，构建科学大数据国家重大基础设施，实现对国家重要科技数据的权威汇集、长期保存、集成管理和全面共享。2014—2015 年，国家自然科学基金委发布开放获取政策和细则[43]，并发布资助成果基础知识库[44]，正式开启了中国资助机构的开放获取行动，但目前仍没有发布开放数据政策和开放数据平台。

在出版领域，威利公司于 2012 年推出数据期刊《Geoscience Data Journal》[45]，自然集团在 2014 年推出《Scientific Data》[46]，中国科学院地理科学与资源研究所于 2014 年推出了《全球变化数据学报》[47]。随着研究数据的价值日益凸显，商业公司除了抢占数据出版的制高点，还在数据检索、数据存储等服务上不断发力。数字科学公司（Digital Science）于 2012 年推出了 figshare 研究数据管理平台[48]，原汤生路透公司于 2012 年在 Web of Science 中发布了“数据引用索引”（Data Citation Index，DCI）[49]，爱思唯尔在 2016 年发布了 DataSearch 数据搜索服务，并集成在 Mendeley 中[50]，谷歌也于 2018 年 9 月推出了数据搜索服务测试版[51]。全球数据仓储快速发展。截至 2019 年 1 月，根据国际研究数据仓储注册组织（Registry of Research Data Repositories，

Re3data）统计，全世界有 2 308 多个研究数据仓储[52]。截至 2019 年 1 月，在科学数据标识符注册中心（DataCite）中已注册数据集（Dataset）类型 DOI 为 5 481 272 个[53]。

1.4 研究数据管理建设路径

国家、基金和机构数据政策推动数据管理服务需求，研究数据管理（Research Data Management，RDM）成为科研机构和大学的重要服务，相关研究与实践发展迅速，如何建设和发展研究数据管理，提供哪些数据服务，设计服务模型、框架和工作流程，都成为研究热点。本书第三章和第八章将对研究数据服务的框架体系和服务框架作详细介绍。

1.4.1 服务内容

原中国科学院文献情报中心主任张晓林（2018 年）指出，在全学科数据驱动研究成为趋势的时代，图书馆需要重新定义服务目标，内容、方式和能力，在大数据资源基础上，基于新技术和方法，提供全新知识服务。美国麻省理工学院、美国国家医学图书馆和英国大英图书馆等都已经调整战略，融汇数据资源，重构知识服务、平台、机制[54]。原上海图书馆馆长吴建中（2018 年）通过对 20 年来全球知识开放运动的梳理和分析，提出研究数据管理在推进知识开放和共享的重要意义，并提出四点建议：①加大宣传力度，增强开放共享意识；②制定有关政策，推进开放科学发展；③整合各类资源，建设数字基础设施；④培育专业人才，提升数据管理水平[55]。

Elaine R. Martin 提出基于图书馆以用户为中心开展 RDM 服务框架，主要涵盖：数据服务、数据管理实践指导、信息素养、存档保存和政策服务，其设计的服务内容见图 1.4[56]。

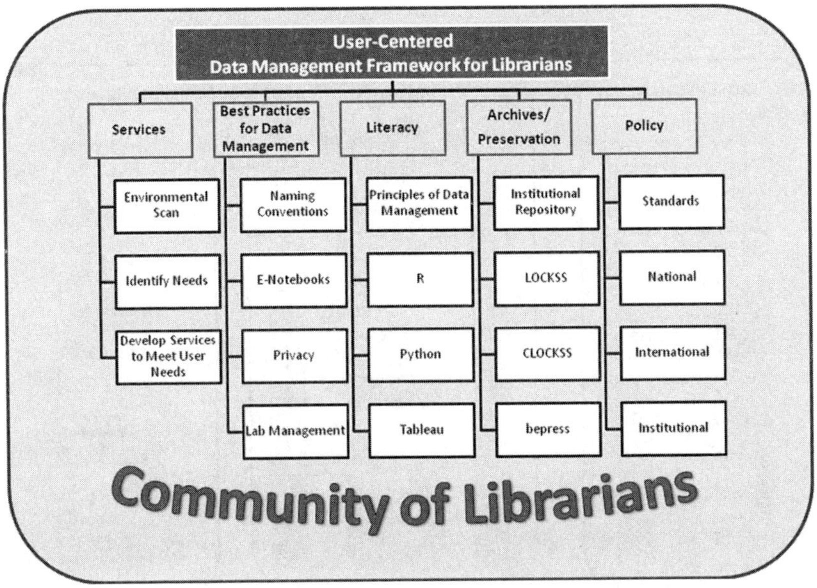

图 1.4　面向用户的研究数据管理框架

澳大利亚国际数据服务中心（The Australian National Data Service，ANDS）提供了开展研究数据管理的标准、技术规范和实践指导，为科研机构提供了在研究项目之前，期间和之后需要在研究数据管理中考虑的关键内容和流程(图 1.5)[57]。

伊娜·库珀（Inna Kouper）等在 2015 年对 124 个研究型图书馆联盟(The Association of Research Libraries，ARL）成员馆的网站进行调研，并对工作人员进行了访谈，研究发现：52%的图书馆设置了 RDM 职位或者数据馆员职责。服务类型包括：咨询服务、协作和参与、存档和保存等。表 1.1 是该研究对 ARL 图书馆提供研究数据服务类型的统计，基本涵盖了研究数据服务的主要内容[58]。

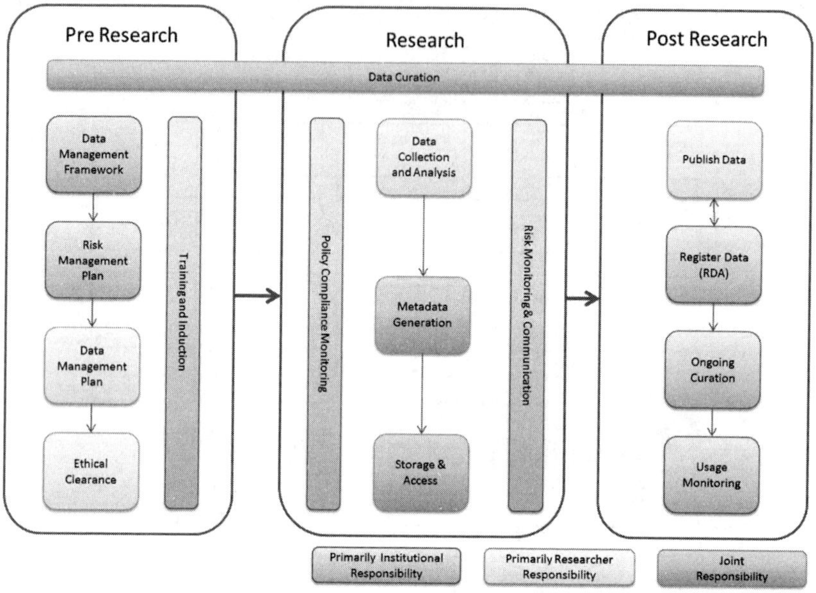

图 1.5　研究生命周期各阶段研究数据管理服务关键内容

表 1.1　ARL 图书馆研究数据服务统计

服务级别	服务类型	提供服务图书馆比例（统计总计：124 家图书馆）
基本	研究数据管理计划服务支持	74%
	咨询和指导	73%
	宣传推广	72%
中级	数据仓储服务	49%
	长期保存	42%
	研究项目协作和参与	31%
	元数据	30%
	数据存储	27%
	共享和重用	27%

续表

服务级别	服务类型	提供服务图书馆比例（统计总计：124 家图书馆）
高级	数据服务和研究人员 ID	14%
	数据处理和分析	13%
	数据管理	12%
	数据采购	11%
	数据版权和隐私	10%
	软硬件	10%
	数据引用	10%
	政策	7%
	数据参考	6%

1.4.2 服务规划指南

根据研究数据生命周期特点，将数据管理服务细化到每一要素阶段，支持完整研究过程，研究数据管理服务需要规划的内容主要包括：

（1）服务框架设计

启动服务前，首先做国内外调研和用户需求调查，确定服务目标、对象和内容，设置人员和组织机构，提供资金支持，保障服务可持续发展。

（2）数据政策制定发布

学习全球国家政府、科研资助机构、科研教育机构和学术期刊的数据政策，根据本机构情况，制定发布合适的数据政策。本书第四章研究提出了数据政策通用框架和数据政策制定建议，供读者参考。政策发布和数据服务开启前，应当明确数据的所有权和知识产权，考虑数据保密性和数据隐私、数据复用许可和访问控制等因素。

（3）数据服务

为用户提供涵盖研究生命周期的完整数据服务。本书第八章给出了服务框架研究建议，供读者参考规划数据服务内容。

（4）元数据标准

元数据是数据仓储发现、检索、获取和服务的基础，根据本机构数据学科特点、用户需求和服务目标，确定元数据标准规范，提供元数据服务，是研究数据服务的重要部分。元数据服务内容包括：选择元数据标准、应用元数据技能创建数据、管理数据、分享数据、查找数据和引用数据等。本书第五章详细介绍了研究元数据的标准、框架和实践参考，供读者参考。

（5）数据管理平台

研究数据管理服务需要以平台和工具为基础，开发、选择、应用多个软件平台和工具，是服务框架设计的重要部分。本书第六章和第七章详细介绍了研究数据管理相关软件工具和开源软件 Dataverse 应用，为平台选型提供指导。

（6）长期保存

研究数据管理的重要使命是为数据长期可用提供保障，长期保存是其重要目标。在政策、流程和技术上，为数据长期保存提供解决方案，是服务框架设计的重要内容。本书第六章和第八章提供了数据长期保存相关内容，供读者了解。

（7）数据素养

数据密集型是新兴的研究范式，研究数据管理更是近几年才出现和发展的新需求和服务，研究人员、学生和全民数据素养都有待提升，在服务框架中，数据素养是重要内容，需要规划设计在线学习资源、课程培训、服务推广、工作坊、研讨会等多种形式的内容，为用户多途径了解和学习研究数据服务，提供支持。本书第九章的案例研究，为读者了解高校师生数据素养和数据驱动研究现状，规划数据素养服务提供参考。

根据 DCC 的数据生命周期模型，研究数据服务可以根据流程逐步构建。研究数据管理服务构建需要考虑的步骤和内容可以参考表 1.2 规划安排[59]。

表 1.2 研究数据管理服务构建步骤和内容

DCC 研究数据生命管理周期模型	服务构建步骤	服务内容
概念阶段	第 1 步：启动服务	配备适当人员和业务模式启动数据管理服务
创造或接收	第 2 步：接收数据	支持和帮助数据创建者能够将其数据提交到数据仓储库（机构或学科仓储）
评估和选择	第 3 步：评估和选择	审核和选择提交数据，拒绝不符合收集政策的数据，并评估和降低数据隐私等风险
保存	第 4 步：保存和处理	根据保存流程，处理所有存储数据，确保以最佳方式保存、转换和准备数据
摄入	第 5 步：摄入和存储	仓储库采用合适的信息结构，确保安全摄入和存储数据
存储		
n/a	第 6 步：描述元数据	应用适当的描述性元数据并增强作者提交的元数据，为数据检索和发现提供元数据基础
获取、使用、重用	第 7 步：获取	通过发现，传播，检索和下载等功能支持数据广泛获取
转换	第 8 步：保存	在数据有价值和符合数据政策的前提下，长期有效保存多种格式数据
重新评估和/或处理	第 9 步：重用	评估数据价值和影响力，确定是否保留或处理数据

在服务建设过程中，根据数据生命周期，按照步骤，规划设计工作流程，建设本机构 RDM 服务体系。表 1.3 给出了数据服务工作建设指南，供读者参考。

表 1.3　研究数据管理服务工作建设指南[59]

步骤 1：启动 RDM 服务。需要：设计服务框架和人员岗位。
①目标：根据本机构情况，确定适当的发展目标，提供满足本机构需求的数据服务。
②政策：确定数据管理范围，发布政策（包括接受和拒绝数据的标准）。
③目标用户：通过调研（需求调查、现实服务差距分析、利益相关者分析等），了解用户需求，明确服务目标。
④成本评估：评估和分配所需人员、资源、启动经费和维护成本。
⑤人员配置：设计组织架构，配置人员，提供适合机构所需的数据管理服务。
⑥技术基础设施：开发（或使用第三方）数据仓储平台，收集和保存数据。
步骤 2：接收数据。数据创建者能够将其数据提交到数据仓储平台（机构或学科仓储）。
①营销服务、收集数据：广泛宣传，使用户了解服务，提交数据。
②协商存储条件：数据管理人员需要和提交者讨论沟通，使提交者清楚理解并同意数据存储相关条件（例如：开放共享和重用等信息需要明确传达给用户）。
③获取作者存储协议：数据作者（或授权提交者）签署数据转让协议，任何涉及受法律保护或限制数据使用的条件都已得到充分理解。
④数据提交流程：数据文件以安全的方式提交到数据仓储，以保护数据的完整性和真实性。
⑤获取元数据和文档：收集使用和理解数据所必需的作者提交的元数据和附加文档。此信息将作为数据提交的一部分包含在管理过程中。
⑥接收数据通知：通知相应数据服务人员收到数据，开始数据审核和管理流程。
步骤 3：评估和选择。数据管理服务应包括对数据提交的审查，以允许选择和拒绝不符合收集政策的数据，降低数据已知风险（例如：隐私、保密等）。
①评估数据文件：确定此数据适合存储（例如：符合所有收集政策），具有重用价值，应管理和长期保存。
②风险评估：数据人员必须清楚了解哪些数据类型不能接收和存储（例如：政府保密，敏感信息，版权冲突），根据情况，需要拒绝接收或者整理后再接收数据。
③清点数据：检查数据提交并记录数据数量、文件类型和文件大小。识别任何丢失，重复或损坏（如无法打开）的文件。收集文件组织信息和所有技术相关元数据信息（例如最后修改日期）。如有必要，需要联系作者提供更多信息。

续表

④选择：根据上述流程，决定接受或拒绝数据提交。如果接受，需要确定在转到下一步之前是否需要从作者获取其他信息或文件。该步骤可以包括取消选择和删除任何重复或不必要的文件。
⑤接受提交：接受提交数据并存储，根据数据主题和格式要求，将管理职责分配给相应的数据管理员。
步骤 4：数据处理流程。数据管理服务应包括对所有存储数据的处理，根据规定流程，安排、转换和准备数据。
①保护文件：创建文件的工作副本，保护原始文件，避免在步骤 4 中对提交文件进行任何更改或添加时对原始文件造成损失。
②启动管理记录日志：记录数据的任何更改日志，保存提交者的操作日志信息（如邮箱等）。
③检查文件表示和组织：了解目录结构，文件关系以及使用的任何命名约定。保留文件中的任何关系和表示，以帮助其他人了解文件关系。
④检查数据：查看数据文件内容（如打开并运行文件）。检查质量和可用性问题，是否缺少数据，标题模糊，代码执行失败以及数据表示问题。尝试检测并提取可能有助于重用的数据文件固有的任何“隐藏文档”。为数据作者生成问题列表以修复任何错误或问题。
⑤与作者合作以增强数据提交：验证作者提供的所有元数据并查看可用的文档。确定对数据的描述是否足以使相关用户理解和重用数据。如果没有，找出或创建其他文档（例如使用 readme. txt 模板等）。
⑥检查文件格式：识别专门的文件格式及其限制条件（如：软件是否可以自由使用？链接到文件还是与数据一起存档）。验证有助于重用的技术元数据（最小分辨率，音频/视频编解码器）。将文件转换为开放的非专有文件格式，以便于未来重用和保存，并保留原始文件。
⑦安排和说明：组织和重命名文件以优化其含义，并以可能促进重用的方式显示（例如：哪些文件是主文件，哪些是附件？对多个文件可以考虑压缩打包显示）。
步骤 5：摄入和保存数据。数据管理服务应使用适当的信息基础设施将数据摄入和保存在安全的仓储。
①摄取数据文件：将处理后的数据文件存入仓储库，存储过程需要保证数据完整和可验证（例如通过生成文件校验码）。

续表

②安全保存数据资产：将提取的文件配置在良好（在硬件和软件方面）的存储环境中。根据需要执行例行检查并有容灾备份和数据恢复措施。
③提升数据仓储信用：通过申请认证并在本机构和外部推广数据仓储，使其成为可信任的数据仓储库。
步骤 6：元数据。数据管理服务需要应用适当的元数据，并对作者提交的元数据提供增强信息，加强数据描述，有助于被检索和发现。
①创建和应用元数据：结构化和标准化作者提交的元数据，利于数据搜索和发现。必要时，应增加元数据信息，如技术和出处元数据等。
②符合元数据标准和学科数据需求：元数据应符合国际标准，并考虑到在多种情况下应用，以促进数据发现和支持异构系统数据互操作。
步骤 7：发布。数据管理服务应通过发现，传播，检索和下载功能来促进发布。
①确定适当的发布条件：确定数据发布级别和用户重用数据条件。
②数据使用许可和版权声明：与作者一起选择应用适合的使用数据重用条件（使用条款协议等）。如果可以，考虑应用知识共享等许可协议。
③增强数据使用情境：数据的发现和访问环境应该传达重用数据的可能性，如通过可视化数据，展示主要数据文件内容，链接到已经重用数据的文章和项目等方式帮助用户了解数据重用可能性。
④通过增强数据曝光和发现提高提交积极性：与第三方索引服务直接或间接合作，传播数据，增强发现。例如，网络搜索引擎和服务（如 Google，Bing 和 Yahoo 等）。优化数据格式，易于搜索引擎获取数据（如全文索引等）。
⑤访问控制：根据开放和重用条件，对某些或所有数据文件设置访问现在。
⑥长期保存：为数据生成持久标识符（如 DOI），保障数据可被永久访问（通过书目索引等）。
⑦发布数据和通知作者：发布数据集元数据，完成“上线”流程。通知数据作者，告知他们可能后续需要的责任（如响应用户使用请求）。
步骤 8：长期保存。只要数据有用，数据管理服务就应该以多种形式保存数据，并根据数据政策确定保存周期。
①长期重用计划：数据使用和传播依赖于长期保存计划是否能够预测数据格式过时和存储故障。

续表

②监控保存需求并采取措施：实施数据保存策略，使用合适的软件主动监控数据文件的完整性和可重用性。
步骤 9：重用。数据管理服务评估数据影响或价值，确定是保留还是丢弃。
①监控数据重用：追踪数据访问请求、文件下载、数据集引用以及其他证明数据重用价值的信息。
②摄入后评估：通过公众或专家提供数据反馈，提供数据摄入后质量控制。考虑基于同行评审机制，追踪摄入和评估保存数据质量。
③长期可持续服务：持续满足不断进化的数据生命周期和数据使用需求，如新版本、增加补充文件和用户新增文档等。
④停止数据管理：做好因停止资金资助或其他意外导致的数据终止访问方案，例如：如何回复数据删除请求和如何删除（终结服务等）。

1.4.3 延伸阅读

参考 DCC 网站提供的 RDM 建设指南，笔者梳理提供了研究数据管理学习资源链接（表 1.4），供读者学习和培训参考使用。学习资源可用于：①用户培训，为研究人员和学生提供 RDM 培训。②工作培训，为数据馆员、RDM 服务人员提供岗位培训。

表 1.4 研究数据管理培训资源[60]

名称	内容	培训对象	资源链接
UKDA 培训材料	数据生命周期相关培训资源	研究人员	http：//www. data-archive. ac. uk/create-manage/training-resources
MANTRA 研究数据	RDM 在线培训课程，包括测验，视频和软件教程	研究人员	http：//datalib. edina. ac. uk/mantra
CAiRO	创意艺术研究人员的在线 RDM 培训	研究人员	http：//www. projectcairo. org/module/unit1-0. html

续表

名称	内容	培训对象	资源链接
DataTrain	针对考古学和社会人类学研究人员的培训资源	研究人员	http：//www. lib. cam. ac. uk/dataman/datatrain/datatrainintro. html
DATUM 健康领域	医疗健康科学研究人员培训资源	研究人员	https：//www. northumbria. ac. uk/sd/academic/ee/work/research/clis/dlar/datum/
研究数据介绍	指南手册，包括案例介绍	研究人员	http：//eprints. soton. ac. uk/338816/
Leeds RoaDMaP 资源	针对工程研究人员，社会科学家和研究支持人员的在线培训资源	研究人员和研究支持工作人员	http：//library. leeds. ac. uk/roadmap - project -outputs
DCC 资源	RDM 服务案例研究、演示和练习	研究支持工作人员	http：//www. dcc. ac. uk/events/data-management-roadshows
RDMRose	RDM 学习资源等	图书馆员	http：//rdmrose. group. shef. ac. uk/? page _ id=10
数据支持	RDM 入门教程包括在线课程 Research Data Netherlands.	数据服务人员	http：//datasupport. researchdata. nl/en/
面向图书馆员的 DIY 研究数据管理培训套件	如何应用 MANTRA 培训模块构建服务.	图书馆员	http：//datalib. edina. ac. uk/mantra/libtraining. html

1.5 结语

研究数据管理在国际上处于快速发展和不断成熟时期，在国内仍处于起步期。随着国家、资助机构和科研机构开放获取和研究数据政策的陆续发布，研究数据管理日益重要。2018年12月2日—4日，在第14届开放获取柏林会议上，中国国家自然科学基金委、国家科技图书文献中心、中科院文献情报中心代表在会议上发布立场声明，明确表示中国支持欧盟倡议的OA2020和开放获取S计划，支持公共资助项目研究论文立即开放获取[61]。S计划包括研究数据的开放获取，此声明意味着中国的开放数据政策可能也即将出台。对研究型图书馆来说，这既是挑战，也是机遇。图书馆应重视研究数据管理服务，助力中国高等教育双一流建设，把握研究数据管理服务发展契机，加快研究与实践，成为研究数据汇集、管理与服务的引领者。

参考文献

[1] 钱天培,邱猛,龙牧雪,等.助特朗普胜选、英国脱欧,深扒facebook丑闻背后的神秘数据公司[EB/OL].[2018-04-15].http://36kr.com/p/5124932.html.

[2] LANXON N.Whistle-blower says brexit vote could have gone other way[EB/OL].[2018-04-15].https://www.bloomberg.com/news/articles/2018-03-27/whistle-blower-says-brexit-referendum-could-have-gone-other-way.

[3] 2018全球大数据产业将呈七大发展趋势[EB/OL].[2018-04-21].http://www.xinhuanet.com/fortune/2018-02/05/c_1122367340.htm.

[4] 周涛,潘柱廷,程学旗.CCF大专委2019年大数据发展趋势预测[J].大数据,2019,5(01):109-115.

[5] 张影强,张大璐,梁鹏.发达国家如何布局大数据战略[J].中国经济报告,2018,(1):87-89.

[6] 戈晶晶,汪玉凯.智慧社会需要构建智慧政府[J].中国信息界,2017,(6):24-24.

[7] 国务院办公厅关于印发科学数据管理办法的通知[EB/OL].[2018-05-01].http://www.gov.cn/zhengce/content/2018-04/02/content_5279272.htm.

[8] 魏子敏,XIA Y.揭秘linkedin总部数据科学战队:技术强者常有,顶级团队胜在软实力[EB/OL].[2018-12-01].https://cloud.tencent.com/developer/article/1133925.

[9] 周忆.数字员工已来,我们该如何面对“异类”? [EB/OL].[2018-05-17].http://www.jiemian.com/article/2143755.html.

[10] Paradigm from wikipedia[EB/OL].[2018-10-01].https://en.wikipedia.org/wiki/Paradigm.

[11] 崔海媛,罗鹏程,聂华,等.新一代学术交流生态系统的研究与构建——以北京大学为例 [J].图书情报工作,2018,63(22):22-31.

[12] Jim gray on escience:A transformed scientific method[EB/OL].[2018-10-01].http://languagelog.ldc.upenn.edu/myl/JimGrayOnE-Science.pdf.

[13] 鄂维南.数据科学的基本内容[EB/OL].[2018-05-01].https://zhuanlan.zhihu.com/p/29862239.

[14] About wds[EB/OL].[2019-01-09].https://www.icsu-wds.org/organization.

[15] History of the dcc[EB/OL].[219-01-20].http://www.dcc.ac.uk/about-us/history-dcc/history-dcc.

[16] About icpsr[EB/OL].[2019-01-20].https://www.icpsr.umich.edu/icpsrweb/content/about/.

[17] 梁娜,曾燕.推进数据密集科学发现 提升科技创新能力:新模式,新方法,新挑战——《第四范式:数据密集型科学发现》译著出版 [J].中国科学院院刊,2013,28(1):115-121.

[18] 郭华东.科学大数据——国家大数据战略的基石[J].中国科学院院刊,2018,8768-773.

[19] BORGMAN C L.The conundrum of sharing research data [J].Journal of the American Society for Information Science and Technology,2012,63(6):1059-1078.

[20] 严怡民.情报学概论 [M].武汉大学出版社.1994.

[21] 于良芝.图书馆学导论 [M].科学出版社.2003.

[22] Dcc curation lifecycle model[EB/OL].[2019-01-20].http://www.dcc.ac.uk/resources/curation-lifecycle-model.

[23] 科学数据共享概念与术语_术语[EB/OL].[2019-01-10].http://pharm.ncmi.cn/pharm/jsp/more_site.jsp? ColumnID=4.

[24] 2 cfr 215 (omb circular a-110) [EB/OL]. [2019-01-20]. https://www.govinfo.gov/app/details/CFR-2012-title2-vol1/CFR-2012-title2-vol1-part215.

[25] 2 cfr § 200.315-intangible property [EB/OL]. [2019-01-10]. https://www.govinfo.gov/app/details/CFR-2014-title2-vol1/CFR-2014-title2-vol1-sec200-315.

[26] Doe policy for digital research data management: Glossary [EB/OL]. [2019-01-20]. https://www.energy.gov/datamanagement/doe-policy-digital-research-data-management-glossary.

[27] JOHNSTON L R. Curating research data, volume one: Practical strategies for your digital repository [M]. Chicago: The Association of College and Research Libraries. 2017.

[28] Examples and practical guidance [EB/OL]. [2019-01-10]. https://open-science-training-handbook.gitbook.io/book/examples-and-practical-guidance.

[29] Data repository [EB/OL]. [2019-01-20]. https://nnlm.gov/data/thesaurus/data-repository.

[30] 北京大学开放研究数据平台简介 [EB/OL]. [2018-10-01]. http://opendata.pku.edu.cn/about.xhtml.

[31] Challenges and opportunities [EB/OL]. [2018-10-01]. http://science.sciencemag.org/content/331/6018/692.

[32] TENOPIR C, ALLARD S, DOUGLASS K, et al. Data sharing by scientists: Practices and perceptions [J]. 2011, 6(6): e21101.

[33] Nih announces draft statement on sharing research data [EB/OL]. [2018-10-01]. https://grants.nih.gov/grants/guide/notice-files/NOT-OD-02-035.html.

[34] Chapter vi-other post award requirements and considerations [EB/OL]. [2018-10-01]. https://www.nsf.gov/pubs/policydocs/pappguide/nsf10_1/aag_6.jsp.

[35] Nsf data sharing policy [EB/OL]. [2018-10-01]. https://www.nsf.gov/bfa/dias/policy/dmp.jsp.

[36] 陈大庆. 英国科研资助机构的数据管理与共享政策调查及启示 [J]. 图书情报工作, 2013, (08): 5-11.

[37] Science as an open enterprise[EB/OL].[2018-07-01].https://royalsociety.org/topics-policy/projects/science-public-enterprise/report/.

[38] 黄如花,刘龙.英国政府数据开放的政策法规保障及对我国的启示 [J].图书与情报,2017,11-9.

[39] Open science:Open access publishing and open data[EB/OL].[2018-10-01].http://www.aka.fi/en/funding/responsible-research/open-science/.

[40] Open access & data management[EB/OL].[2018-10-10].http://ec.europa.eu/research/participants/docs/h2020-funding-guide/cross-cutting-issues/open-access-dissemination_en.htm.

[41] 国务院关于印发促进大数据发展行动纲要的通知[EB/OL].[2018-10-01].http://www.gov.cn/zhengce/content/2015-09/05/content_10137.htm.

[42] 全国信息技术标准化技术委员会.信息技术 科学数据引用[EB/OL].[2018-12-28].http://www.std.gov.cn/gb/search/gbDetailed? id=71F772D82495D3A7E05397BE0A0AB82A.

[43] 崔海媛,聂华,吴越,等.公共资助机构开放获取政策研究与实施——以国家自然科学基金委员会基础研究知识库开放获取政策为例 [J].大学图书馆学报,2017,35(3):79-86.

[44] 崔海媛,聂华,罗鹏程,等.资助机构开放获取知识库研究与构建——以国家自然科学基金基础研究知识库为例 [J].图书情报工作,61(11):45-54.

[45] Geoscience data journal [EB/OL].[2018-12-01].https://rmets.onlinelibrary.wiley.com/journal/20496060.

[46] Scientific data[EB/OL].[2018-12-01].https://www.nature.com/sdata/.

[47] 全球变化数据学报[EB/OL].[2018-12-01].http://www.geodoi.ac.cn/WebCn/TheEditorialboard2.aspx.

[48] Figshare[EB/OL].[2018-12-01].https://figshare.com/about.

[49] Data citation index[EB/OL].[2018-12-01].https://clarivate.com/products/web-of-science/web-science-form/data-citation-index/.

[50] Introducing elsevier datasearch[EB/OL].[2018-12-26].https://blog.mendeley.com/

2017/09/18/introducing-elsevier-datasearch-beta-two/.

[51] Google dataset search [EB/OL]. [2019-01-10]. https://toolbox.google.com/dataset-search.

[52] Re3data.Org[EB/OL].[2019-01-20].https://www.re3data.org/.

[53] Datacite[EB/OL].[2019-01-20].https://search.datacite.org/.

[54] 张晓林.颠覆性变革与后图书馆时代——推动知识服务的供给侧结构性改革 [J].中国图书馆学报,2018,44(1):4-16.

[55] 吴建中.推进开放数据 助力开放科学 [J].图书馆杂志,2018,37(2):4-10.

[56] MARTIN E R.The role of librarians in data science: A call to action [J].Journal of eScience Librarianship,2016,4(2):7-9.

[57] Research data management practice guide[EB/OL].[2019-01-10].https://www.ands.org.au/guides/rdm-in-practice.

[58] KOUPER I, FEAR K, ISHIDA M, et al. Research data services maturity in academic libraries[EB/OL].[2018-12-22].https://open.library.ubc.ca/cIRcle/collections/ubclibraryandarchives/494/items/1.0343479.

[59] JOHNSTON L R.Curating research data volume two:A handbook of current practice with 30 case studies contributed by practitioners in the field [M].Chicago Association of College and Research Libraries.2017:314.

[60] JONES S, PRYOR G, WHYTE A. How to develop research data management services-a guide for heis[EB/OL].[2018-12-20].http://www.dcc.ac.uk/resources/how-guides/how-develop-rdm-services.

[61] 张晓林.让所有科研论文免费阅读,中国机构明确力挺开放获取[EB/OL].[2018-12-20].http://zhishifenzi.com/depth/depth/4778.html.

第二章 研究数据管理国际进展和典型案例

在国家政府、科研机构、研究基金组织、各专业学会和协会，以及期刊出版联盟组织在内的数据政策推进下，近年来，研究数据管理在全球快速发展。本章将介绍研究数据管理的国际进展情况和典型案例，梳理研究数据管理发展状态，总结案例成功经验。

2.1 研究数据管理国际进展

2018 年 10 月，研究数据仓储 figshare 发布了开放数据 2018 年度报告。自 2016 年开始，figshare 已经连续三年进行在线调查并根据问卷反馈情况发布研究报告，持续研究发布开放数据进展状态。2018 年调查研究发现：①64%的受访者表示在 2018 年公开了数据，比 2016 年增长了 7%。②数据引用有效激励 46%的受访者开放数据，比 2017 年增加了 7%。③60%的受访者从未听说过 FAIR（数据可查找，可访问，可互操作和可重用）原则，熟悉 FAIR 原则的受访者比例仅为 15%，25%的受访者曾听说过 FAIR，显示数据素养培训和宣传仍需加强。④63%的受访者支持发布国家层面开放数据政策，高于 2017 年的 55%。⑤复用研究数据比例持续下降。2018 年比例是 48%，2017 年是

50%，2016 年是 57%。⑥58%的研究人员仍对数据共享存有顾虑，9%的人接受数据共享。⑦丢失研究数据的受访者比例是 30%，低于 2017 年的 36%[1]。报告显示，研究者研究数据管理和开放意识逐年提高，研究数据管理在发展，研究者数据素养在不断提升。而关于 FAIR 数据原则（FAIR 数据原则相关内容见第八章 8.2）调查结果显示研究者的数据意识仍有待提升。为应对开放科学和开放数据需求，数据服务机构和人员需要加强研究数据管理宣传和培训，提升研究者数据素养。

在开放数据的发展趋势和各方政策的共同推动下，越来越多的研究数据仓储平台被建立，并提供数据的开放访问。如美国哈佛大学的 Dataverse、密歇根大学的 ICPSR、约翰·霍普金斯大学的 Data Conservancy，英国开放知识基金会构建的 CKAN 和 Datahub，由期刊与科学学会社区共同管理的 Dryad，与 Wiley 建立合作伙伴关系发布期刊数据的 figshare，北京大学开放研究数据平台，复旦大学的社会科学数据平台、中国科学院的科学数据云、商业性数据共享交易平台数据堂等。

截至 2019 年 1 月，根据国际研究数据仓储注册组织（Registry of Research Data Repositories，Re3data）统计，全世界有 2 308 多个研究数据仓储，分布于全球 225 个国家[2]。图 2.1 统计了 2019 年 1 月在 Re3data 中注册研究数据仓储数量前 20 的国际组织和国家，从统计图可以看到，研究数据仓储主要分布在欧美等发达国家，其中美国占据了 1 039 个，排名第一，中国仅有 40 个。欧盟组织和国际组织分别是 233 和 255 个，位居第四和第五，显示国际组织在数据仓储建设中的重要性和影响力。

截至 2019 年 1 月，在科学数据标识符注册中心（DataCite）中已注册数据集（Dataset）类型 DOI 为 5 731 129 个[3]。本书作者罗鹏程通过收割 DataCite 的元数据（数量为 14 835 029 条）后，统计分析 1900 年至 2018 年期间数据变化情况后研究发现：当前数据集数量呈现出几何级数增长态势，在

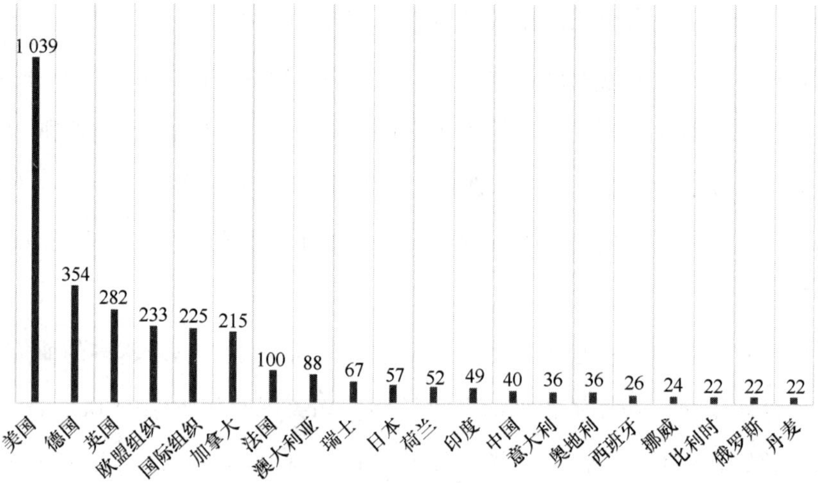

图 2.1　Re3data 国际组织和国家数据仓储注册数量 Top20 统计

可预见的未来，这一趋势会持续加强，而不会减弱。与此同时，一些文化遗产保护机构对过去珍贵的资料进行数字化，形成数据集，并用于科学研究。图 2.2 给出了各年份数据集出版的数量，从图中可以看出，1940 年以后数据集发布的数量随着年份呈现指数增长的趋势：1940～1960 年期间，每年发布数据集的数量基本在 100 个以内；1960～2000 年期间，每年发布的数据集的数量基本在 10 000 以内；而现在，每年发布的数据集数量差不多达到 1 000 000。观察图中 1940 年以前的变化情况，发现数据集数量变化波动较大，同时还发现两处异常的年份区间：一处是 1914～1916 年及 1918 年，另一处是 1937 年和 1938 年。造成 1940 年以前数据集大幅波动的原因在于：一些数据中心对过去的资源进行数字化，并将原资源的创建发布日期作为数字化后资源的发布日期。例如，1937～1938 年的数据集数量突然增多，其原因在于都柏林大学的“国家民俗合集”（National Folklore Collection）中扫描的数字化文献资源集中在这几年。1914～1916 及 1918 年数据集增多的主要原因在于德国帕绍大学图书馆（Universitätsbibliothek Passau）数字化了大量这一时期的报刊资料。

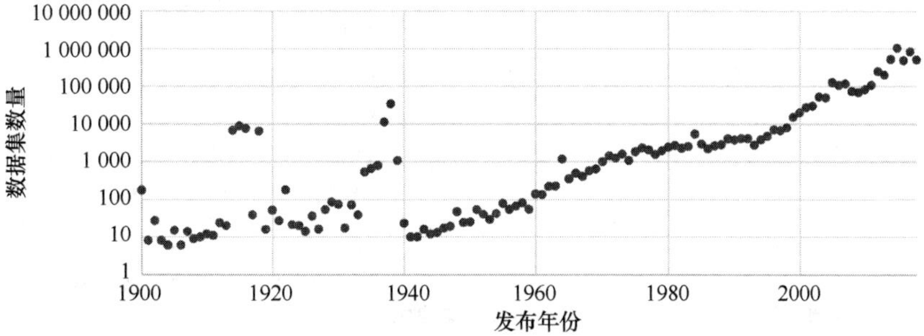

图 2.2　数据集数量随年份增长情况

表 2.1 给出了前述 30 个大型数据中心的国别和相关基本信息，图 2.3 展示了基于这 30 个数据中心的各国 DOI 占比情况，由于他们所占 DOI 比重高达 95.83%，因此能够代表总体情况。从表 2.1 中可以看出，英国的剑桥晶体数据中心（The Cambridge Crystallographic Data Centre）注册 DOI 数量最多，达到 73 万多；爱沙尼亚的 Plutof 数据管理与出版平台（Plutof. Data Management and Publishing Platform）也拥有 67 万多的 DOI；其他的数据中心也几乎都来自欧美国家。泰国国家研究理事会数据中心（National Research Council of Thailand Data Center）是唯一一个来自非欧美地区的数据中心。从图 2.3 中可以看出：英、美两国的比重最大，DOI 所占比重均超过 20%，几乎占据了科学数据的半壁江山；爱沙尼亚、德国以及 Dryad（国际）DOI 比重都超过了 10%，三者之和也达到了 40%。开放科学、开放数据最先在欧美发起，制定 DOI、DDI 等标准规范，成立国际组织，推动数据服务发展。数据集 DOI 标识符注册组织 DataCite 于 2009 年由德国科技图书馆、大英图书馆、加州数字图书馆等来自欧美国家的机构发起建立[4]。于 2012 年上线的数据仓储注册平台 re3data. org 也是由柏林洪堡大学图情学院、普渡大学图书馆等欧美机构合作建设[2]。

表 2.1　注册“数据集”类型 DOI 数量超过 10 000 的数据中心

国别	数据中心	DOI 数量	国别	数据中心	DOI 数量
英国	剑桥晶体数据中心	736 873	美国	劳伦斯伯克利国家实验室	70 613
爱沙尼亚	Plutof 数据管理与出版平台	670 566	美国	环境数据倡议仓储库	68 794
国际	全球生物多样性信息设施	488 516	欧盟	ZENODO 仓储库	54 471
德国	PANGAEA（地球与环境科学数据出版商）	362 178	荷兰	数据存档和网络服务-电子存档系统	44 813
美国	南加州大学数字图书馆	343 680	加拿大	圭尔夫大学安大略生物多样性研究所	31 615
英国	Figshare 学术研究系统	252 902	德国	帕绍大学图书馆	29 192
德国	莱布尼兹研究所德国微生物和细胞培养物集合	238 455	美国	密歇根大学政治和社会科学研究校级联盟	28 744
爱尔兰	都柏林大学	231 917	美国	滚动甲板仓储项目	18 469
瑞士	瑞士国家森林资源清查	228 420	英国	牛津大学图书馆数据银行服务	15 976
美国	哈佛大学 Dataverse	221 547	德国	ResearchGate 数据	15 574
泰国	泰国国家研究理事会数据中心	117 083	美国	威斯康辛大学麦迪逊分校生物核磁共振数据银行	14 212
美国	皮特量子仓储库	106 099	英国	Mendeley 数据	10 324
国际	Dryad 数字仓储库	104 004	英国	英国数据档案中心	10 241
美国	沿海海洋跨学科研究伙伴关系	99 084	美国	加州大学圣地亚哥分校	10 197
英国	高能物理数据	78 856	英国	约克大学	10 028

随着研究数据迅猛增长，对数据管理的需求也会越来越强烈。对研究型图书馆来说，这既是挑战，也是机遇。图书馆通过积极参与数据管理，收集具有重要价值的研究数据，积累科学研究的第一手资料，丰富数字馆藏，支持数据驱动研究范式下的教学和科研，实现图书馆在数据时代的服务转型。

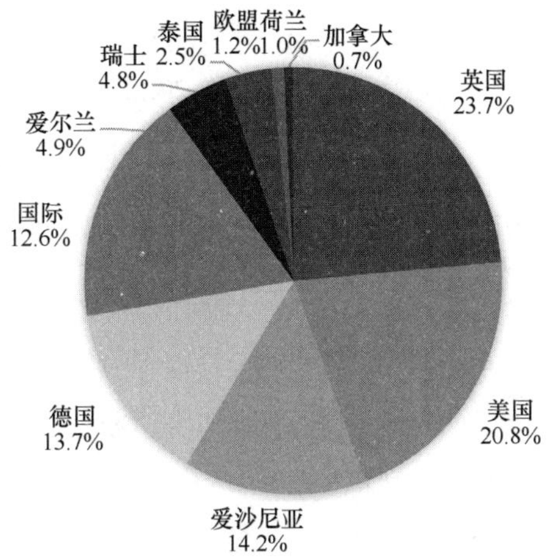

图 2.3　各国 DOI 数量占比（基于 DOI 数量前 30 的机构）

2.2　国际典型案例

2.2.1　国际和国家级数据服务

（1）欧盟开放科学云（European Open Science Cloud，EOSC）[5]

2016 年 4 月，欧盟委员会公布了促进云服务和建设世界一流数据基础设施的蓝图，提出了欧洲云倡议（European Cloud Initiative），以确保欧洲的科学、商业和公共服务能够受益于大数据革命。欧盟委员会计划通过增强现有的科研基础设施、促进互联互通，建立新的欧洲开放科学云，为欧洲 170 万研究人员和 7000 万科技从业人员提供一个方便数据存储、共享和再利用的虚拟科研环境。

欧盟委员会通过一系列行动积极落实欧洲云计划：①2016 年，整合现有的数字化基础设施平台，联合现有的科学云和科研基础设施，支持开发云服务，从而为欧洲研究人员及其全球的科研合作者建立欧洲开放科学云。②2017年，对于总投资770亿欧元的“地平线2020”（Horizon 2020）科研创新计划中的所有未来科研项目，默认开放所有科研数据，确保科学界能够对海量科研数据进行再利用。③2018年，针对方兴未艾的量子技术启动量子技术旗舰计划，加速量子技术发展，为下一代超级计算机奠定基础。至2020年，通过建立欧洲大数据中心，对科研创新骨干网 The GéANT 进行升级并购入两台计算能力位列世界前三的下一代超级计算机样机，开发并部署数据存储设施和网络基础设施。

a. 实施路线图

2018年3月通过的 EOSC 实施路线图描述了6条行动路线。①架构：联合现有的碎片化、互操作性不足的科研数据基础设施；②数据：采取通用数据语言，确保依据 FAIR 原则进行跨境/跨学科的数据管理；③服务：提供满足用户多样化需求的广泛服务；④访问与接口：提供一种简单的方式来处理开放数据和访问跨学科科研数据；⑤规则：遵循现有法律和技术框架并提升法律确定性和信任；⑥治理：建立新的治理框架，确保欧洲在数据驱动型科学领域处于领先地位。

b. 项目

为支持 EOSC 的建设，欧盟委员会通过“地平线2020”计划资助了3个项目。其中，EOSCpilot 是试点项目，属于 EOSC 第一阶段，将通过各利益相关方共同合作，提出治理框架与策略，并在几个科学领域开发互操作性试点项目；EOSC-hub 项目将汇集多家服务提供商来创建一个中心，为欧洲科研人员与创新者发现、访问、使用和再利用广泛的资源开展先进数据驱动研究提供统一门户入口；eInfraCentral 项目是欧洲信息化基础设施服务与资源标准化目录，便于用户更轻松地发现和访问相关服务和资源，也便于服务提供商根据科研人员的需求提供服务。

c. 治理框架

EOSC 的治理依赖于 3 个组成机构。其中，执行委员会（Executive Board）将在 EOSC 的实施进程中就战略、执行、监控与汇报提供相关建议与支持，并针对 2020 年以后的 EOSC 治理模式（包括商业和财政模式）提供合适的机制与形式方面的建议。EOSC 委员会（EOSC Board）负责召集成员国与欧盟委员会，以确保对 EOSC 的实施进行有效监督，其职责还包括批准执行委员会成员名单、确定 EOSC 的战略方向和年度工作计划、探讨新的支撑行动等；利益相关方论坛（Stakeholders Forum）发挥信息收集和咨询作用，并负责将科学/用户团体、科研机构、科研基础设施与信息化基础设施及特定的欧盟机构聚集到一起。

在开放数据领域，根据 EOSC 规划，“地平线 2020”制定了详细规划和实施行动，表 2.2 列出“地平线 2020”研究数据行动路线图[6]，引领世界研究数据管理和服务的未来走向。

表 2.2 “地平线 2020”研究数据行动路线图

开始时间	行动计划	里程碑	资源信息（非完整）	领域
2018 年第 1 季度	开发包括 EOSC 共享资源的 EOSC 核心基础设施	2019 年第 4 季度：完成 EOSC 核心基础设施建设	• EOSC-hub project • OpenAIRE-Advance project • FREYA project	基础设施
2019 年第 1 季度	开发数据联合目录	2019 年第 4 季度：完成 EOSC 数据基础设施登记工作	• EOSCpilot project • INFRASUPP - 01 - 2018-2019（b3）	基础设施
2018 年第 4 季度	将 ESFRI 路线图中确定的研究基础设施集成到 EOSC	2020 年第 2 季度：大多数基础设施和服务集成到 EOSC	• INFRAEOSC - 04 -2018	基础设施

续表

开始时间	行动计划	里程碑	资源信息（非完整）	领域
2018 年第 1 季度	准备 FAIR 数据行动计划	2018 年第 3 季度：发布 FAIR 数据行动计划	• FAIR data Expert Group（E03464），in consultation with stakeholders	FAIR 数据
2018 年第 3 季度	定义欧洲 FAIR 研究数据定义框架	2019 年第 2 季度：欧洲 FAIR 研究数据框架达成一致	• DG RTD • RDA Europe 4.0 INFRAEOSC – 05 – 2018–2019（b）	FAIR 数据
2019 年第 1 季度	定义 FAIR 数据持久唯一标识符策略	2019 年第 4 季度：定义 FAIR 持久性唯一标识符策略	• FREYA project • RDA Europe 4.0	FAIR 数据
2019 年第 1 季度	为数据仓储开发 FAIR 数据认证/认证规范	2019 年第 4 季度：提供 FAIR 认证规范	• INFRAEOSC – 05 – 2018–2019（c）	FAIR 数据
2018 年第 2 季度	开发基于 EOSC 的集成服务目录和门户（定期更新）	2018 年第 4 季度：发布 EOSC 集成服务门户网站 2019 年第 4 季度：更新 EOSC 服务目录和门户	• EOSC – hub，eInfraCentral and OpenAIRE–Advance • projects • INFRAEOSC – 01 –2018 • INFRAEOSC – 04 –2018 • INFRAEOSC – 05 – 2018–2019（b） • INFRAEOSC – 02 –2019 • INFRAEOSC – 03 –2020 • INFRAEOSC – 06 – 2019 – 2020（a and b）	服务

续表

开始时间	行动计划	里程碑	资源信息（非完整）	领域
2018 年第 2 季度	开发基于 EOSC 的集成数据集目录和门户（定期更新）	2019 年 2 月：发布数据集目录	• EOSCpilot and EOSC-hub projects • INFRAEOSC - 04 -2018 • INFRAEOSC - 05 - 2018-2019（b）	服务
2018 年第 1 季度	成员协商建立 EOSC 治理框架	2018 年第 4 季度：建立 EOSC 治理	• EC，with support of EOSCpilot project，High Level Expert Group EOSC，OSPP and other sources	治理
2019 年第 1 季度	准备第二阶段工作（2020 年后）	2020 年第 3 季度：EOSC 未来战略、资助方向以及组织建议	• INFRAEOSC - 05 - 2018-2019（a）	治理
2018 年第 2 季度	与利益相关方协商制定参与规则	2019 年第 1 季度：EOSC 参与规则初稿 2019 年第 4 季度：发布 EOSC 参与规则	• DG RTD • EOSCpilot project • EOSC-hub project • High Level Expert Group EOSC • INFRAEOSC - 05 - 2018-2019（a）	参与规则

2018 年 11 月 23 日，欧盟开放科学云（European Open Science Cloud，EOSC）正式启动，EOSC 门户汇集了关于 EOSC 项目的最新信息，包括最佳做法治理与用例，为用户提供数据、服务与资源访问。表 2.3 是目前 EOSC-hub 提供的数据服务[7]。EOSC-hub 在研究数据管理的服务和规划，代表了该领域的未来趋势。

表 2.3 EOSC-hub 数据服务

Data Management 数据管理	Processing and analysis 处理和分析	Compute 计算	Storage 存储	Sharing and discovery 分享和发现	Security and operations 安全和维护
B2HANDLE 注册研究数据	ENES Climate Analytics Service 使用 Ophidia 大数据分析框架分析和处理数据	EGI Cloud Compute 虚拟机服务，按需提供计算资源	B2STAGE 在数据资源和外部计算设施之间传输数据	B2DROP 安全可靠的数据交换服务	EGI Check-in 安全、用户友好的联合身份验证和授权
EGI DataHub 访问公共数据集，并通过 EGI 计算服务使用数据	Dynamic On Demand Analysis Service 动态按需提供计算资源服务	EGI High-Throughput Compute 并行计算分析大数据集	B2SAFE 根据数据政策分发和存储大数据		
B2NOTE 数据注释服务，用于创建研究数据的注释	DARIAH Science Gateway 人文科学研究人员的云应用程序和服务	EGI Cloud Container Compute 轻量化虚拟技术服务	EGI Online Storage 全球存储，共享和访问数据和元数据		
B2FIND 基于元数据的数据发现	WeNMR suite for Structural Biology 结构生物学计算工具		CernVM File System CVMFS 应用软件分发服务		
	OPENCoastS 按需洋流预测服务		B2SHARE 存储和发布研究数据		

续表

Data Management 数据管理	Processing and analysis 处理和分析	Compute 计算	Storage 存储	Sharing and discovery 分享和发现	Security and operations 安全和维护
	Services for sensitive data 敏感数据安全收集、保存和分析服务				
	Component MetaData Infrastructure 国家 CLARIN 中心提供的人文社科服务				

(2) 英国 DCC

为响应英国联合信息系统委员会(the Joint Information Systems Committee, JISC)数字资源长期保存政策,2004 年,由爱丁堡大学、格拉斯哥大学、巴斯大学和英国科学技术设施委员会(Science and Technology Facilities Council, STFC)共同合作,成立数据管理中心(Digital Curation Centre, DCC),为英国数据管理提供广泛的服务,促进数据管理的开展。在 DCC 发展第 1 和第 2 阶段(2004 年 3 月至 2007 年 2 月和 2007 年 3 月至 2010 年 2 月)期间,DCC 的发展目标主要是为数字资源长期保存提供指导和帮助。而在第 3 阶段(2010 年 3 月至 2013 年 2 月),开始着重关注数据管理服务。2011 年,英国高等教育拨款委员会(The Higher Education Funding Council for England, HEFCE)资助 DCC,与 21 所大学合作,开展高校科研数据管理和服务,DCC 为高校和科研机构开展研究数据管理提供了详细的指南和帮助,指导机构更好地理解和实施科研数据管理，对研究数据管理的组成和过程进行解释，对相关人员（包括管理者、服务者、研究者）的角色和职责进行描述，极大地促进了英国研究数据管理的开展[8]。

DCC 提出的关于研究数据管理的相关概念、原则、标准规范、数据管理生命周期、内容框架等，已经成为全球研究数据管理的指南。DCC 数字管理生命周期模型，抽象出研究数据管理的主要行为和过程，被广为认知和认可。DCC 研究数据管理的内容框架，主要包括研究数据管理政策和战略、业务规划和可持续发展、数据管理计划、数据知识库、数据选择和处理、数据编目、管理动态数据、数据指南、培训和支持等，为全球各机构设计服务框架提供了内容指导。DCC 为研究数据管理提供了多个指南，主要包括免费工具、培训咨询、最佳实践、标准和平台推荐等，成为从事研究数据管理人员学习研究数据管理相关内容的首选资源[9]。

（3）澳大利亚国家数据服务（Australian National Data Service）[10]

澳大利亚国家数据服务始建于 2009 年，其目标在于：通过管理、连接、发现、复用数据，将澳大利亚的研究数据环境转变为一种国家战略资源。在澳大利亚政府的支持下，由莫纳什大学领导建设了相关的系统和服务。资助来源：

①澳大利亚国家合作研究基础设施项目（National Collaborative Research Infrastructure Strategy program）资助 2 450 万澳元。

②超级科学计划（Super Science Initiative）资助 4 800 万澳元。

③合作研究基础设施计划（Collaborative Research Infrastructure Scheme）资助 300 万澳元。

④2013 年，澳大利亚国家合作研究基础设施项目（National Collaborative Research Infrastructure Strategy program）再次资助 2 450 万澳元。

澳大利亚国家数据服务的成员包括了澳大利亚 40 所高校和研究机构、相关政府机构、公共事业机构以及高性能计算机构等。相关的服务包括：

①澳大利亚研究数据（Research Data Australia），用于查找、获取、使用研究数据。

②澳大利亚研究术语（Research Vocabularies Australia），用于查找、访问和重用词汇研究。

③引用我的数据（Cite My Data），用于分配 DOI 标识符。

④识别我的数据（Identify My Data），用于分配 Handle 标识符。

⑤RIF-CS Schema，数据交换格式。

澳大利亚研究数据（Research Data Australia）收集了澳大利亚 100 多个研究机构、政府机构、公共文化机构提供的数据集的元数据，提供统一发现服务，数据本身仍存放在各个机构，Research Data Australia 通过链接将用户引导到数据下载位置。当前，ANDS，Nectar 和 RDS 正计划集成现有服务，面向未来构建“Australian Research Data Cloud”：一个集成化数据密集型的基础设施系统，包括物理基础设施、政策、数据、软件、工具和对研究者的支持服务。

2.2.2 国际数据组织

（1）国际科技数据委员会（CODATA）[11]

国际科学理事会（International Science Council，ISC）于 1966 年成立国际科技数据委员会（Committee on Data of the International Council for Science，CODATA），旨在促进全球研究数据的评价、编辑和分发工作，通过发展为共享数据的相关知识以及组织与数据相关的活动，推动科学与技术的发展。CODATA 是国际科学联合会（ICSU）下的一个跨学科的科学委员会，它致力于促进全球合作以推进开放科学，提高所有研究数据的可用性和互操作性，支持开放数据原则，支持和推动研究数据 FAIR 原则（可查找，可访问，可互操作和可重用），通过推动政策、技术和文化变革支持开放科学。CODATA 目前优先发展的三大领域是：①推广开放数据和开放科学的原则，政策和实践；②推动数据科学发展；③通过提高数据技能和国家科学系统功能，建设开放科学能力。

CODATA 通过执行委员会、战略计划、任务组和工作组等机制，促进全球开放科学和开放数据发展。CODATA 发行的 Data Science 期刊成为开放数据领域的重要出版物，举办的多个国际会议，如 SciDataCon 和 International Data Week 等，已经成为开放科学领域最具影响力的学术会议。CODATA 发布的标准规范、工具软件和实践指南，已经被广泛学习与采用。

（2）世界数据系统（World Data System）[12]

世界数据系统（World Data System，WDS）是国际科学理事会在 2008 年第 29 届大会上成立的跨学科组织，由原世界数据中心（WDC）和国际天文和地球物理数据服务联合会（FAGS）整合形成，其前身世界数据中心（WDC）始于 1957 年。WDS 的使命是支撑国际科学理事会的长期愿景，在自然科学、社会科学和人文科学等一系列学科之间，为研究数据、数据服务、产品和信息提供有质量保证的长期管理和平等访问，促进遵守相互协定的数据标准和实践，提供促进和改进数据访问的机制，并采用“数据共享原则”推进其目标。WDS 的发展目标主要是：①实现对有质量保证的科学数据，数据服务，产品和信息的普遍和公平访问。②确保数据长期保存。③推广数据标准和惯例。④促进和改进数据和数据产品的访问机制。在 2014—2018 年战略行动计划中，WDS 确定了五个主要发展目标：①使可信数据服务成为国际合作科学研究的一个组成部分。②积极发展跨学科和多学科研究数据服务社区。③提高可信数据服务相关资助。④提高开放研究数据服务质量和可信度。⑤将 WDS 定位为评估多学科研究数据质量的全球权威网络。

WDS 采用全球研究机构合作机制，基于项目研究和工作组方式，通过高水平研究、培训和学术会议，推动全球研究数据管理和服务。

(3) 研究数据联盟 (Research Data Alliance)[13]

研究数据联盟 (Research Data Alliance, RDA) 由美国、欧盟和澳大利亚于2012年联合发起，是一个全球性的、以社区为基础的成员组织，旨在打造数据共享的社会与科技桥梁，目前已经与国际科技数据委员会 (CODATA)、世界数据系统 (WDS) 共同成为最重要的国际研究数据合作组织。RDA成立以来，以促进国际数据交换，推动数据驱动创新为使命，以工作组和兴趣组开展科学数据政策、标准、技术研究和数据共享实践活动，汇聚了一大批数据科学家参与数据管理共享工作。RDA采取开放的组织方式，允许任何人加入组织，只要同意RDA基本原则：通过社区驱动实现开放、平衡与统一，基于共识、非营利。成员可以从事任何对他们来说重要的问题，只要进行数据共享。参加RDA的基金会组织目前包括：美国自然科学基金会、欧盟委员会、澳大利亚联邦政府、日本科技振兴会、加拿大研究数据、惠康基金会等。根据RDA规则，这些机构共同组成RDA理事会。在RDA组织架构中，由科学家组成科学委员会 (TAB)，并提出RDA科学活动计划。计划的实施通过主题兴趣组和攻关工作组完成。截至2019年1月，RDA共组建61个兴趣组和32个工作组。RDA通过兴趣组和工作组方式，完成了多项研究数据标准规范、共享建议和解决方案，表2.4是RDA的推荐指南。表2.5是RDA进行中的项目，表2.6是RDA工作组和兴趣组的解决方案建议[14]。RDA在数据出版、数据基础设施建设、元数据标准、数据引用以及数据共享利用等方面为研究数据管理提供了高质量的标准规范、实践指南等研究成果，引领了全球研究数据管理的发展。

表 2.4　RDA 推荐指南

RDA 推荐指南	完成工作组名称	内容介绍
可扩展的动态数据引用方法 doi：10.15497/RDA00016	数据引用工作组	支持精准引用数据，有效处理数据和出版物链接
数据互操作性模型 doi：10.15497/RDA00003	数据互操作性工作组	为研究人员提供基于各种模型（如共同作者，联合项目，资助信息等）的异构数据仓储数据集互操作机制
术语查询基本词汇表 doi：10.15497/06825049-8CA4-40BD-BCAF-DE9F0EA2FADF RDA ICT 技术规范	数据基础和术语工作组	确保研究人员在组织数据时应用通用核心数据模型，从而使数据可访问和可重用
数据类型模型和注册 doi：10.15497/A5BCD108-ECC4-41BE-91A7-20112FF77458 RDA ICT 技术规范	数据类型注册工作组	确保数据生产者将其数据集分类为规范数据类型，用户得以自动识别、处理和查找数据
持久标识符类型注册 doi：10.15497/FDAA09D5-5ED0-403D-B97A-2675E1EBE786 RDA ICT 技术规范	PID 信息类型工作组	定义标准核心 PID 信息类型，以简化数据身份和完整性验证
机器可操作政策规范 doi：10.15497/83E1B3F9-7E17-484A-A466-B3E5775121CC RDA ICT 技术规范	实用政策工作组	用于增强管理，自动处理，验证评估标准以及自动分析
数据仓储审计和认证 doi：10.17026/dans-22n-gk35 和 10.15497/rda00019	存储库审计和认证/DSA-WDS 合作工作组	根据数据电子印章（DSA）和 ICSU 世界数据系统（ICSU-WDS）流程，创建数据仓储认证通用工作流程

续表

RDA 推荐指南	完成工作组名称	内容介绍
研究数据收集建议 doi：10. 15497/RDA00022	数据收集工作组	提供可操作收集模型和接口规范，支持用户与服务器间数据交互
研究数据发布工作流程：模型和关键组件 doi：10. 15497/RDA00004	RDA/WDS 发布数据工作流工作组	协助研究团体了解数据发布工作流程，了解最新标准和最佳实践
小麦数据互操作性指南，本体和用户案例 doi：10. 15497/RDA00018	小麦数据互操作性工作组。该工作组是农业数据互操作性兴趣小组的唯一工作组	帮助研究人员创建，管理和交换小麦数据。以响应小麦全球倡议，加强面包和硬粒小麦国家和国际研究计划之间的协同作用，增加粮食安全，营养价值和安全

表 2. 5　RDA 进行中的项目

RDA 推荐指南	完成工作组名称	内容介绍
FAIRsharing 注册和建议：关联数据标准，数据库和政策 doi：10. 15497/RDA00030	FAIRSharingRegistry：连接数据政策，标准和数据库工作组	FAIRSharing 建议旨在指导用户准确描述和选择数据，推荐数据政策
通过中间件模式支持数据互操作	中间件治理工作组	评估中间件模型在长期保存数据中的优缺点
元数据标准目录	元数据标准目录工作组	通过元数据标准应用，提高数据发现数据质量，增强数据覆盖范围，易维护性和可持续性
PID 核心信息推荐 doi：10. 15497/rda00031	PID 核心信息工作组	提供指导原则，架构建议，实践案例和元数据模式，用于管理可扩展中间件的基础架构和自动处理持久标识符记录中的信息

续表

RDA 推荐指南	完成工作组名称	内容介绍
为暑期学校推荐的数据科学与云计算框架	RDA/CODATA 发展中国家数据科学和云计算暑期学校工作组	为在发展国家（LMIC）数据科学和共享暑期学校提供课程内容指导
RDA/TDWG 元数据工作组：最终建议 doi：10. 15497/RDA00029	RDA/TDWG 元数据标准工作组	以元数据标准规范支持研究成果的收集、管理和维护
开放、通用的文献数据交叉链接服务 doi：10. 15497/RDA00002	RDA/WDS 数据出版服务工作组	通过将现有文章/数据链接放在一起，使用通用模板对其进行规范化，并将整个集合作为开放服务公开，实现数据 FAIR 原则。服务案例：The Scholix initiative，DLI Service
研究数据仓储互操作最终建议 doi：10. 15497/RDA00025	研究数据存储库互操作性工作组	提供有关数字内容互操作打包和交换格式的建议，支持研究数据仓储之间迁移或复制数据，支持数据长期保存

表 2.6　解决方案建议（RDA 工作和兴趣小组解决方案研究成果，未被 RDA 明确推荐）

解决方案名称	完成工作组名称	内容介绍
开展研究数据管理的 23 项工作指南	图书馆研究数据兴趣小组	通过实用，免费的在线资源和工具进行概述，用户可以立即学习和了解这些资源和工具，开展工作。提供 11 种语言版本（阿拉伯语，中文，英语，法语，德语，印地语，日语，韩语，葡萄牙语，俄语，西班牙语）
数据搜索服务调查 doi：10. 17632/7j43z6n22z. 1	数据发现范式兴趣小组	研究现有数据搜索问题，提供改进建议（如相关性），提升数据搜索质量和用户体验

续表

解决方案名称	完成工作组名称	内容介绍
支持研究数据长尾的建议 doi：10. 15497/RDA00023	长尾研究数据兴趣小组	为各种利益相关方（政府，资助者，研究机构和研究人员）提供了七条建议，以改进当前管理长尾数据方法
数据发现方式：用户需求和数据仓储改进建议 doi：http：//doi. org/10. 5334/dsj -2019-003	数据发现范式兴趣小组	提供改进用户查找数据方法和工具的建议，为开发人员，项目和产品经理等提供参考
查找研究数据的 11 个小窍门 doi：10. 1371/journal. pcbi. 1006038	数据发现范式兴趣小组	培训和帮助研究人员更为有效，准确地发现所需数据
研究合作中的联合身份认证管理 doi：10. 5281/zenodo. 1296031	联合身份管理兴趣小组	
数据仓储的投入产出评估分析 doi：10. 5281/zenodo. 46693	RDA/WDS 数据出版投入产出分析兴趣小组	通过对全球 20 多个数据仓储调查研究，分析投入产出，研究成本回收方案，为数据基础设施可持续发展提供参考
研究数据的法律互操作性：原则和实施指南 doi：10. 5281/zenodo. 162241	RDA/CODATA 法律互操作性兴趣小组	为研究者提供数据互操作法律相关原则和实施指南
研究数据仓储案例研究	研究数据仓储兴趣小组	基于用例，为研究数据仓储提供了四十四个功能需求，并提供了重要性评分，用于评估功能需求实现的优先性
持久标识符：最终结论 doi：10. 15497/RDA00027	数据结构兴趣小组	
研究数据仓储互操作入门 doi：0. 15497/RDA00020	研究数据仓储互操作工作组	提供了互操作标准，技术和工具建议，以促进异构数据仓储之间实现数据互操作，关注机器-机器通信，主要目标是实现数据迁移和复用
虚拟层建议摘要 doi：10. 15497/RDA00026	数据结构兴趣小组	提供支持数字对象管理和服务开发框架

(4) 开放获取知识库联盟 (Confederation of Open Access Repositories, COAR)

开放获取知识库联盟 (Confederation of Open Access Repositories, COAR) 创立于2009年10月。联盟缘起于2005—2009年欧盟委员会资助的欧盟欧洲数字知识库基础设施展望项目 (Digital Repository Infrastructure Vision for Europe, DRIVE)。DRIVE建设过程中，发现有必要建立包含机构和组织的国际知识库联盟，促进全球知识库共同体和世界各地的知识库网络的实现。COAR目前已有包括欧洲、拉丁美洲、亚洲和南美洲的24个国家140多个机构加盟，致力于发展成为一个全球开放获取知识库共同体，汇集跨国家、地区和学科领域的实践经验，构建一个连接全球开放获取知识库的知识基础设施[15]。

COAR通过制定规划、设立工作组研究OA与IR发展重点领域，为推动开放获取提供发展规划、标准规范、建设策略与最佳实践经验等有价值的指导与参考。研究数据管理是COAR目前重点研究的领域，关注如何实现下一代知识库对研究数据管理的支持。COAR目前设置五个工作组：下一代知识库 (COAR Next Generation Repositories)；知识库联盟 (Aligning Repository Networks)；受控词表 (Controlled Vocabularies)；开放计量 (Open Metrics)；E环境下研究与学术交流中的图书馆员角色 (Librarian Competencies for E-Research and Scholarly Communication)[16]。

2.2.3 资助机构

(1) 英国数据服务 (UK Data Service)

英国数据服务 (UK Data Service) 由英国经济与社会研究理事会 (Economic and Social Research Council, ESRC) 资助建设，数据主要包括：英国政府资助的调查、跨国调查、纵向研究、英国人口普查数据、国际聚合数据（international aggregate）、商业数据、定性数据。可用于数据的存储、管理和检索。截至2019年1月，收录数据集7 000余个。英国经济与社会研究理事会的数据管理政策要求：由ESRC资助的项目必须在项目结束后三个月内在英国数据服务中提交数据[17]。

（2）美国国家卫生研究院（National Institutes of Health，NIH）

NIH采用“要求数据公开共享”的方式，详细界定了数据共享的范围，并提出了关于数据共享可选方式、数据共享及时性、数据共享时长等方面的具体要求。项目组申请NIH项目时，必须按要求提交《数据共享计划》。NIH要求大额资助项目开展“数据公开共享”，其原因在于NIH认为“年度预算（直接成本）超过50万美元”的资助强度已经可以吸引项目组在要求“数据共享”的前提下申请此类项目。

NIH有一个支持的数据共享仓储列表，截至2019年1月，共推荐了82个仓储，受NIH资助的项目大多数都能在其中提交数据，某些仓储只能由特定的研究网络提交。例如，著名的Genbank数据仓储，由美国国家卫生研究院下的国家医学图书馆的国家生物技术信息中心研制，可供研究者提交基因序列数据[18]。

（3）美国自然科学基金（The National Science Foundation，NSF）[19]

NSF采用“鼓励数据公开共享”的数据政策，并支持相关项目研究和多个数据仓储建设。2007年，美国国家自然科学基金信息技术基础设施办公室发布了“DataNet”研究计划（Sustainable Digital Data Preservation and Access Network Partner），计划在5年内投入1亿美元支持研究数据管理工作。该研究计划指出：科学和工程研究与教育日益数字化，数据密集度日益增加。数字数据不仅是研究的成果，而且为新的假设提供输入，从而启发新的科学见解并推动创新。这就是这一代科学家面临的主要挑战之一：如何开发新方法，管理结构和技术来管理当前和未来数据集和数据流的多样性，规模和复杂性。

本次征集通过创建一组示范性的国家和全球数据研究基础设施组织（称为 DataNet Partners）来解决这一挑战，为研究人员社区提供独特的机会来促进科学和/或工程研究与学习。

首批获资助的项目为：新墨西哥大学 William Michener 领导的 DataONE、约翰·霍普金斯大学 Sayeed Choudhury 领导的 Data Conservancy。项目涉及多个科学领域，包括天文、地球、生物和人文社会科学等学科数据，并针对这些科学数据进行一系列的数据监管活动，进而提升数据的价值，保证数据的可用性和可共享性，满足跨学科和跨机构科学研究的数据监管需求。DataONE 项目针对地球科学领域，旨在构建能提供准确清晰的地球观测数据的分布式数据监护网络体系和可持续性的信息基础架构，以满足整个社会和科学界对开放、持续、稳定和安全的地球观测数据的需求。第二期获资助的项目有：北卡罗来纳大学教堂山分校的“数据网络联邦联盟”项目（DataNet Federation Consortium，DFC），密歇根大学的“可持续环境-可操作数据”项目（Sustainable Environment-Actionable Data，SEAD），明尼苏达大学的“全球人口/环境数据网络”（Terra Populus：A global population/environment data network）。

2.2.4 数据仓储注册平台

（1）re3data[2]

国际研究数据仓储注册组织（Registry of Research data Repositories，re3data），是一个面向全球，为研究人员，资助机构，出版商和学术机构提供研究数据仓储登记注册服务的平台。re3data.org 促进了共享，增加访问和更好地了解研究数据的文化。该服务受德国研究基金（German Research Foundation）资助，于 2012 年秋天上线。2013 年，re3data 宣布将与 Databib（另一个较大的研究数据仓储注册服务）合并，并于 2015 年年末完成。当前的 re3data

为合并后的服务，由 DataCite 运营管理。re3data. org 的项目合作伙伴是柏林洪堡大学柏林图书馆和信息科学学院，GFZ 德国地球科学研究中心图书馆和信息服务部门（LIS），卡尔斯鲁厄理工学院 KIT 图书馆（KIT）和普渡大学图书馆。德国合作伙伴积极参与德国网络信息计划（DINI）和当前的研究数据管理活动。

re3data 是目前最具影响力的注册和发现研究数据仓储的服务。欧盟“地平线 2020 科学出版和研究数据开放获取指南”（Guidelines on Open Access to Scientific Publications and Research Data in Horizon 2020）将 re3data 作为选择数据仓储的入口推荐。部分出版社和期刊在编辑政策中，推荐作者通过 re3data 选择存储研究数据的适合仓储，如 Copernicus Publications，PeerJ，Springer 和 Nature 等。

re3data 发展了一个全新的“描述研究数据仓储的元数据标准”（Metadata Schema for the Description of Research Data Repositories）（目前已发布了 Schema2. 2，Schema3. 0 两个版本），并基于该标准和最低收录条件建立规范注册机制。Re3data 关注的研究数据仓储平台关键要素包括：一般信息、质量标准、技术标准、法律议题、政策。

研究数据仓储（Research Data Repository，RDR）申请注册，需要在 re3data 网站 suggest 栏目下，提交平台名称、域名（URL）等相关信息。审核人员在分析 RDR 网站信息，确定存储内容是研究数据并满足元数据收割等要求后，re3data 会对 RDR 信息进行收录与索引。因此，RDR 必须在网站上清楚地说明对数据和存储库的访问模式以及使用条款。审核流程参见图 2. 4。

（2）FAIRsharing

FAIRsharing 由牛津大学团队创立，原名为 biosharing，2017 年更名为 FAIRsharing，是目前全球生命科学领域内最全面、最具权威的数据标准、数据库与数据政策资源的收录平台，收录了包括 Genbank、ENA、SRA、GSA 在

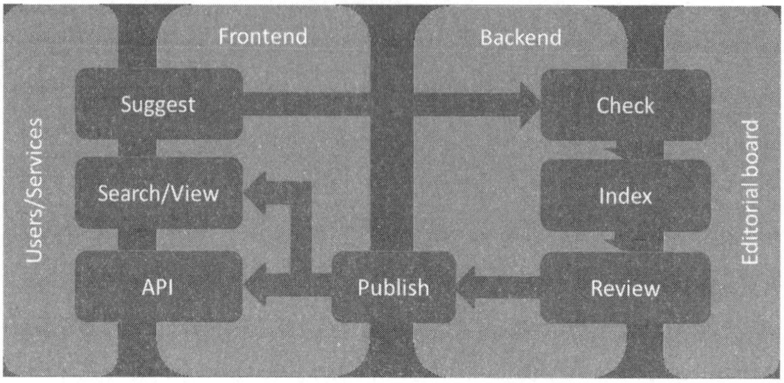

图 2.4　re3data 收录数据仓储审核流程图

内的最具代表性和影响力的数据库。截至 2019 年 1 月，该平台上所收集的内容包括标准 1 294 个、数据库 1 219 个、政策 118 个。

FAIRsharing 现已将收录范围扩展至所有学科领域，并与 FAIR 紧密合作，参与 GO FAIR 多个研究项目，致力于为用户提供数据管理相关指导，工具和服务。FAIRsharing 以 GO FAIR 活动框架（改变，建设，培训）推动数据研究和服务（框架见图 2.5）。FAIRsharing 希望通过积极建设和广泛使用数据标准规范、许可协议、政策，改变用户数据意识和素养；通过开发和应用工具软件，建设和提升数据管理和服务基础信息设施；通过培训和提供实践指南，扩大数据服务应用范围[20]。

（3）Dataportals

数据门户网站（Dataportals. org），共收录了世界各地数据仓储、数据仓储注册网站、目录以及其他数据门户网站等资源，包括联合国数据目录（UN Data）、欧盟开放数据（EU Open Data）、澳大利亚南极数据中心（Australian Antarctic Data Centre）等，并通过地图的形式显示各个开放数据仓储的分布地点。每个资源项都有简介和标签，点击资源列表右侧的图标按钮可以查看该资源的具体描述信息，包括数据涉及范围、出版者、状态、所属国家或语言、

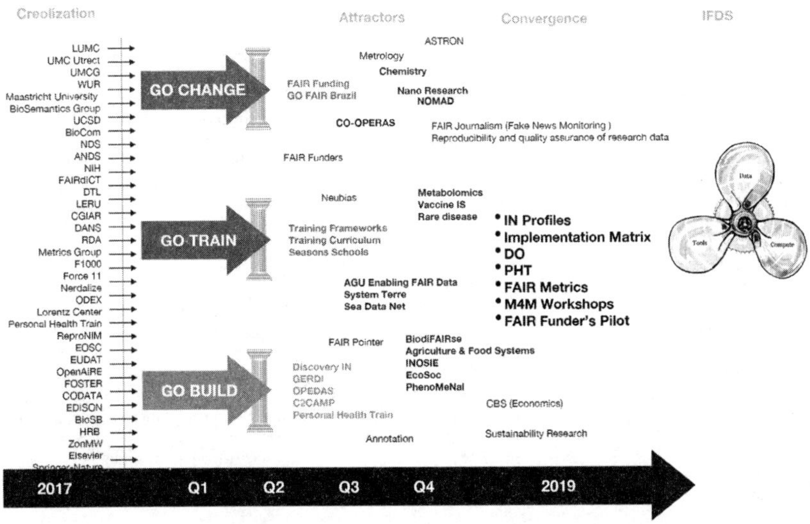

图 2.5　GO FAIR 活动框架[21]

标签、链接地址、API 端口等。Dataportals 是由一些开放数据专家（包括部分国家、地区和地方的政府代表、世界银行等国际组织的代表以及众多的非政府组织代表）策划建立，由开放知识基金会（Open Knowledge Foundation）管理和运行。截至 2019 年 1 月，共收录 551 个数据站点[22]。

2.2.5　数据集注册和数据仓储平台

表 2.7 列出当前具有影响力的开放数据仓储平台，本节将对部分平台加以介绍。

表 2.7　开放数据仓储平台列表

名称	收集范围	域名
DataCite	全学科	https：//search. datacite. org/
OpenAIRE	全学科	https：//explore. openaire. eu/
DataOne DASH	全学科	https：//oneshare. cdlib. org

续表

名称	收集范围	域名
Dryad	科学和医学	https：//datadryad. org
Figshare	全学科	https：//figshare. com
Harvard Dataverse	全学科	https：//dataverse. harvard. edu
Mendeley Data	全学科	https：//data. mendeley. com
openICPSR	人文社会科学	https：//www. openicpsr. org
Open Science Framework	全学科	https：//osf. io
ScratchPads	全学科	http：//scratchpads. eu
UK Data Archive	人文社会科学	http：//www. data-archive. ac. uk
Zenodo	全学科	https：//zenodo. org

（1） DataCite

国际数据注册组织（International Data Citation Initiative，DataCite）是为全球研究数据提供持久标识符注册、数据检索和数据服务的非盈利组织，目的是帮助研究团体定位、识别、引用研究数据。DataCite 提供的服务包括：①为研究数据创建元数据集并分配 DOI。②数据检索和发现。每个 DOI 注册都需要上传元数据至 DataCite，在 DataCite Search 中可以对这些元数据进行检索。③与会员共同推动数据出版及引用机制。DataCite 以会员制方式快速推进全球服务，会员成员包括：数据中心、图书馆、政府机构、大学等。DataCite 由于制定和采用国际数据共享界较为公认的元数据标准 Datacite metadata schema、通过开源系统 Metadata store 进行元数据管理和检索、具有较大数据规模和国际合作力、影响力等因素而成为众多数据仓储优选的注册服务机构[3]。

2015 年 10 月，北京大学图书馆与 DataCite 的挂靠单位德国国家科技图书馆（TIB）签署协议，正式成为数据中心（Data center）。平台数据使用 DataCite 分配的前缀+自定义的后缀，通过改造 Dataverse 平台原有的 DOI 注册模块，实现数据集发布操作时元数据向 DataCite 自动提交和 DOI 注册功能。

当 URL 变更或数据集撤销时，所注册数据需要保持更新维护，保证 DOI 解析结果的有效性，并对数据进行长期存储[23]。

（2）OpenAIRE

欧洲开放存取基础设施研究项目（Open Access Infrastructure Research for Europe，OpenAIRE）自 2006 年开始，从 DRIVER 项目建设欧洲的知识库基础设施，再到第一个 OpenAIRE 项目推动出版物开放获取，进而发展到今天全面推动开放科学，是开放科学和开放数据领域最具影响力的项目。表 2.8 列出 OpenAIRE 发展历程，从中可以看到欧洲在开放科学和开放数据方面的成就与多年持续项目资助和推动发展密不可分[24]。

OpenAIRE 是 2009 年 12 月立项启动，是由欧盟第 7 框架计划（Seventh Framework Programme，简称 FP7）和欧洲研究委员会资助的研究数据基础架构。目前，OpenAIRE 得到欧盟范围内 65 个合作方的积极响应和参与。OpenAIRE 是欧盟开放获取的基础设施，面向研究者、数据提供者、科研管理者和资助机构提供系列基础设施和服务，推动开放科学和学术交流。未来，OpenAIRE 致力于解决新型学术交流关键问题和挑战，研究新技术，提出创新解决方案，实现开放科学愿景目标。

在 OpenAIRE EXPLORE 开放知识库，截至 2019 年 1 月，OpenAIRE 共收录来自 1.5 万个知识库和 18 个资助机构的研究成果、数据与项目信息，收录信息包括：2 684 多万个成果（论文，预印本等），136 万条数据集，欧盟（EU）、美国 NSF、葡萄牙科技基金会（FCT）、澳大利亚研究基金会（Australia Research Council 简称 ARC）和英国维康基金会（Wellcome Trust）等 18 个资助机构的 275 多万个研究项目，9 万多软件和 373 万其他成果信息与链接[25]。OpenAIRE 提供了丰富的 API 接口服务，用户可以利用接口，获取 OpcnΛIRE 的成果、数据与项目信息。

表 2.8 OpenAIRE 发展历程

项目周期	项目名称	项目目标和成果
2006—2007 和 2007—2009	DRIVER I & II	DRIVER 是欧盟第一个探索分布式基础设施建设的项目，旨在增强数据互操作性。DRIVER 建立了包括 10 个成员国家参与建设的知识库，多个成员也是 OpenAIRE 联盟的核心成员。DRIVER 建设了欧洲知识库基础设施，并推动成立了开放知识库联盟（the Confederation of Open Access Repositories，COAR）。
2008—2011	OpenAIRE	FP 资助的 OpenAIRE 旨在采取多种措施推动欧洲开放获取。OpenAIRE 将 DRIVER 扩展到 OpenAIRE 门户和知识库信息基础设施，创建了分布 27 个国家的开放获取分布式服务台（NOAD）。OpenAIRE 项目开始探索提供研究数据管理服务，创建了综合性数据仓储 Zenodo，为研究人员保存和检索数据提供服务。
2012—2015	OpenAIREplus	第二期项目 OpenAIREplus，在 OpenAIRE 成果基础上，扩展服务范围和深度，提供出版物、数据和资助项目服务，开放发布欧洲所有科学产出。项目汇集了 41 个合作伙伴，包括三个跨学科研究团体。通过 OpenAIRE 门户访问和存储服务，并加强研究，为开放科学领域的标准规范、数据问题和互操作性提供研究支持。
2015—2018 年	OpenAIRE2020	配合欧盟“地平线 2020”计划，OpenAIRE2020 旨在促进开放学术和提高 H2020 开放出版物和数据的发现和复用。该计划汇集了来自欧洲 50 个机构的专业人士，开放存取服务台（NOAD）扩展到 33 个国家。项目建设工作流程和服务指南，强力推进研究数据管理。Zenodo 发展迅速。

续表

项目周期	项目名称	项目目标和成果
2015—2018 年	OpenAIRE-Connect	OpenAIRE-Connect 旨在提供技术和交流桥梁，为研究成果（作品，数据和方法）通过语义关联进行数据交换。项目在 OpenAIRE 架构之上，实施开放科学服务（Open Science as a Service，OSaaS），提供用户驱动的即时满足和按需服务，发展研究社区仪表盘服务（Dashboard Service）和通知服务（Catch - All Notification Broker Service），全面提升 OpenAIRE 服务。
2018—2020 年	OpenAIRE-Advance	OpenAIRE-Advance 进一步推动开放存取/开放数据，在前期项目成果基础上，整合和提升服务，推进开放科学，将项目成果发展成为欧洲开放科学云项目重要的信息基础设施。在此阶段，OpenAIRE-Advance 加强对国家开放存取服务台（NOAD）的支持，使其成为各国数据基础设施中的重要部分。加强国际合作，推动全球开放存取和开放科学进程。

（3）Zenodo

Zenodo，名字来源于古希腊亚历山大图书馆第一任馆长泽诺多托斯（Zenodotus，公元前 280 年）。

Zenodo 是 OpenAIRE 项目成果，由欧洲核子研究组织（European Organization for Nuclear Research，CERN）开发与维护，2013 年 5 月发布。Zenodo 是一个多学科研究数据知识库，支持各种内容，包括刊物、演示文稿、论文集、项目、图像、软件（包括与 GitHub 的集成）以及所有语言的数据，对数据格式没有任何限制，最多可以存储 50GB 的数据。数据可长期保存，可以采用不开放（只要未授权都无法访问）、开放或禁止（禁止期内无法访问）的状态储存。Zenodo 为所有公开上传的内容分配数字对象标识符（DOI），使上传变得容易且唯一可用，并支持通过 OAI-PMH 协议收集所有内容。因欧盟地平线计划和 OpenAIRE 项目持续支持，功能和服务良好，Zenodo 已成为研究者保存和发布研究数据的重要平台，截至 2019 年 1 月，用户已经上传存储 100 多万个文件[26]。

（4）figshare

figshare 是一个基于云计算技术的在线商业数据仓储服务平台，由 Digital Science 公司资助支持，于 2012 年正式发布，面向学术机构、出版社、研究者提供强大的数据管理服务。用户可以上传、保存和发布他们的研究成果，包括数据、数据集、图像、视频、海报和代码。figshare 为所有内容对象分配 DOI，采用 Creative Commons 许可协议共享数据，采用基于云的数据管理系统来保证数据存储的安全和可靠性。figShare 提供 2GB 个人空间，单一文件上传限制在 5G 以下。截至 2019 年 1 月，figshare 平台拥有 80 多万用户，2 600 多万浏览量，750 多万下载量，发布学术研究成果（论文、数据集及视频等）共计 200 余万份，涉及生物学、化学、工程学、社会学等近 30 个学科[27]。目前一些高校和出版社通过购买 figshare 服务建立起了自己的数据管理系统，例如澳大利亚莫纳什大学（Monash University）、英国谢菲尔德大学（The University of Sheffield）、威利出版集团（Wiley）、斯普林格自然集团（Springer Nature）等。

（5）SHARE 项目

SHARE 是致力于为新型学术发现（scholarly discovery）开发软件工具和服务的开源社区，促进学术成果重新组织、管理和发布。其使命是通过使研究成果最大范围可访问，可发现和可重复使用来最大限度地提高学术影响力。SHARE 由 ARL，美国大学协会（the Association of American Universities，AAU），公共和土地赠款大学协会（the Association of Public and Land-grant Universities, APLU）联合成立于 2013 年。SHARE 最初由美国博物馆和图书馆服务研究所（Institute of Museum and Library Services，IMLS）和 Alfred P. Sloan

基金会资助，核心技术由开放科学中心（the Center for Open Science，COS）与研究图书馆协会（the Association of Research Libraries，ARL）合作开发。目前，SHARE由国家人文基金会（The National Endowment for the Humanities，NEH）资助支持，推动数字人文融入新型学术网络的研究和应用[28]。

SHARE希望通过开放开源、国际合作，建设标准规范和数据互操作性接口，为新型学术交流提供简单实用的解决方案。SHARE在数字人文领域的研究进展被全球研究者关注。SHARE发现目前从170多个数据仓储收集元数据，并通过API支持数据交换，收集了DataCite、CrossRef、DataONE、Figshare等数据仓储的元数据，在SHARE发现可以对所有收集的元数据进行检索。截至2019年1月，SHARE发现收录6 564万条元数据，其中包括258万个数据集元数据[29]。

（6）Dryad[30]

Dryad数据仓储于2008年9月由美国国家科学基金会资助建立，由北卡罗来纳大学教堂山分校元数据研究中心和国家进化中心合作完成，实现对进化生物学领域期刊论文的研究数据的保存、发现、复用和管理。Dryad是由董事会管理的非营利性会员制组织，会员资格开放给所有数据利益相关机构，其中包括杂志、期刊和出版商、研究机构、图书馆和资助机构等。Dryad是一个储存医学、生物学、生态学等多学科研究数据的开放数据知识库，为学术文献提供基础设施，促进其重复使用，让学术论文的数据可被发现，可复用和可引用。

Dryad数据仓储是被出版机构广为认可的研究数据提交和管理平台。Dryad提出的联合数据存档策略被许多主流期刊采纳，并推荐Dryad作为存储数据推荐平台。Dryad支持许多期刊的整合提交功能，因此当作者将数据与其发表的文章一起提交给Dryad时，数据的链接也会包含在发表的文章中。Dryad支持存放各种类型数据，包括：文本、图像、表格、音频、视频等，提交的数据文件拥有 DOI。

Dryad 在开源软件 DSpace 基础上开发，并开放全部源代码，DOI 由 DataCite 提供，版权协议遵循 Creative Commons 重用条款。Dryad 数据仓储的主要特点包括：①灵活与符合标准的数据格式。②与多个期刊合作，投稿同时提交数据，简化数据提交流程。③为期刊提供在同行评议期间限制访问功能，并允许提交者在出版后设定数据开放时滞期。④数据与相应的出版物互相关联，并与合作数据库（例如 GenBank）互相关联。⑤为数据分配数字对象唯一标识符（DOI），以实现永久保存和引用。⑥提供数据索引、搜索和检索等开放服务，提高数据可见性。⑦数据免费下载，没有复用的法律障碍。⑧严格的校验和管理流程，保障数据和元数据的质量和有效。⑨数据多版本管理，提交者可以更新或增加数据，而不会覆盖数据原始版本。⑩数据长期保存。保障版本升级时数据安全迁移，与 DataONE 合作以保证可长期访问其内容。

Dryad 得到 NSF 和欧盟地平线 2020 计划的资助，并通过会员制方式持续发展。Dryad 与期刊的成功合作，为其可持续发展奠定了基础。截至 2019 年 1 月，与 Dryad 合作的期刊 1 048 种，数据包超过 2. 6 万个。

（7）DataONE[31]

地球数据观测网络（the Data Observation Network for Earth，DataONE）是一个分布式网络基础设施，建设开放、永久、可靠和可持续发展的地球观测数据仓储，满足科学界和公众对地球观测数据的开放访问需求。DataONE 极大地提高了各种相互关联的地球和环境科学数据的可发现性和可访问性，提高了研究效率，使科学家，决策者和其他人能够更轻松地解决有关我们环境和我们在其中的角色的复杂问题。DataONE 成立于 2009 年，由 NSF 资助，旨在提供组织和提供大量科学数据的工具和基础设施，此外还包括建立一个参与社区和开发公开可用的教育资源。

DataONE 采用分布式网络基础架构（当前有 84 个成员节点和 3 个协调节点）和一系列的技术支持，使不同国家、学科和不同规模的观测数据均可以被长期存储、检索和共享。成员节点可以通过 DataONE 服务规范或者 API 复用 DataONE 数据。在成为成员节点后，能够有效增加本地存储数据集的可见度，数据能被更多分析工具应用，增加数据引用率，进而提升研究工作的价值。DataONE 可以将本地数据集复制到另一个成员节点上，增加数据可获取性，降低了数据维护成本，提高数据使用率。DataONE 当前还建设有 3 个协调节点：橡树岭大学、加州大学圣塔芭芭拉分校和新墨西哥大学。协调节点提供广泛的网络服务，通过提供成员节点的数据目录，使全球科学家们都能够很容易地发现数据。

DataONE 通过全球社区合作和工作组方式，高质量完成软件工具开发和研究项目，为研究数据管理提供了一系列软件工具，其研究数据生命周期模型被广泛应用，数据服务被国际社会认可。DataONE 通过培训、在线课程、学术会议和研究成果分享等多种方式有效推动了全球研究数据管理发展。

（8）ICPSR

大学间政治社会研究联盟（Inter－university Consortium for Political and Social Research，ICPSR）建立于 1962 年，是由密歇根大学主导建设的会员制联盟机构，收集保存社会科学和行为科学领域的数据，并为社会行为研究提供数据支持和方法培训。目前共存储有超过 25 万份数据文件，涉及教育、老龄化、刑事司法、物质滥用和恐怖主义等 21 个领域，是全球最有影响的社会科学数据中心[32]。

（9）Data Citation Index[33]

出版机构已经意识到数据的价值和未来发展，加大在研究数据领域的投入，积极参与到研究数据管理和服务中。

Data Citation Index（简称 DCI）是科睿唯安（Clarivate Analytics）公司

Web of Science 中的一个产品，用于收录研究数据并提供检索。DCI 于 2012 年 10 月上线，收录数据涵盖理工科、社会科学以及艺术与人文等。

（10）DataSearch[34]

DataSearch 是 Elsevier 提供的数据搜索服务，发布了 Beta 版，仍在不断开发中。Elsevier 在学术出版领域的强大优势，使 DataSearch 发布后受到广泛关注。DataSearch 提供了数据提交、管理和检索服务，与 Mendeley Data 集成服务，提供文章、元数据和数据的统一检索，并与 Crossref 合作提供服务。

2.2.6 大学案例

政府、资助机构对研究数据管理和开放共享的政策需求，促使全球研究型大学陆续发布数据政策，并由信息技术部门、或图书馆成立单独机构提供研究数据管理服务，高校研究数据管理发展迅速。2016 年，欧洲研究型大学图书馆有 119 个已经或计划开展服务。[35]。2015 年，学者调研发现共有 185 个美国研究型大学图书馆主页发布了研究数据管理服务相关信息[36]。2017 年 3 月，美国联机计算机图书馆中心（Online Computer Library Center，OCLC）发布“研究数据管理现实”系列报告，报告以 12 个北美、欧洲和澳大利亚图书馆为基础，重点对爱丁堡大学（英国）、伊利诺伊大学香槟分校（美国）、蒙纳士大学（澳大利亚）和瓦赫宁根大学（荷兰）4 所大学进行案例分析，研究这些机构的 RDM 能力，为 RDM 服务提供建议[37]。2016 年，张莎莎等对康奈尔大学图书馆、麻省理工学院图书馆、哥伦比亚大学图书馆和耶鲁大学图书馆 4 所美国高校图书馆的研究数据管理服务做了介绍[38]。2017 年，戴舒对美国 9 所高校图书馆的研究数据管理服务进行了分析研究，从生命周期模型、管理服务团队和基础设施 3 个方面做了特点归纳[39]。本节仅以哈佛大学和爱丁堡大学研究数据管理为例，为建设研究数据管理服务提供参考。

（1）哈佛大学 Dataverse 应用

哈佛大学定量社会科学研究所（Harvard Institute for Quantitative Social Science，IQSS）为研究数据管理开发了 Dataverse 软件。该系统的开发始于 2006 年，最初主要聚焦于社会科学数据管理，后引入了天文学、天体物理、生物医学等学科数据，目前已经支持人文与社会科学、地理空间、天文与天体物理、生命科学、政治学等多种元数据方案。2012 年，IQSS 将 Dataverse 开源，随后被许多机构采用，如北京大学、复旦大学、约翰·霍普金斯大学、挪威大学、海德堡大学、南洋理工大学等。在 Re3data. org 中，使用 Dataverse 作为研究数据管理软件的机构有 76 个，在已知软件中排名第 1 位[2]。本书第七章详细介绍了 Dataverse 开源软件，包括：安装指南、配置指南、使用指南、开发指南。

哈佛大学 Dataverse 面向全球研究者提供数据提交和发布服务。截至 2019 年 1 月，哈佛大学存储的数据集已有 8 万多个、下载次数 660 多万。在哈佛大学 Dataverse 平台中，用户可以免费存放自己的研究数据，数据集大小没有限制，单个数据文件大小限制为 2. 5G 以下。哈佛 Dataverse 与亚马逊云合作，解决大数据管理和长期保存问题[40]。哈佛大学 Dataverse 平台，为全球学者、学术机构和出版界提供研究数据管理和发布服务，已成为全球最具影响力和持续发展的数据平台之一。

（2）爱丁堡大学研究数据管理[41]

爱丁堡大学是全球研究数据管理的成功案例，在政策、服务组织架构、服务质量和效果、培训等多方面的经验都值得关注和学习。爱丁堡大学是英国最早发布科研数据管理政策的大学。2011 年 5 月爱丁堡大学重新制定“研究数据管理政策”。作为对科研质量的保证，它要求研究者的新研究计划自采纳之日起必须包括数据管理计划或协议，大学将提供培训、建议、指导和模板，并为数据资产的存储、备份、登记、托管、保留和获取提供配套机制和服务。该政策在数据质量、服务内容、数据共享及隐私保护等方面为服务开展提供了保障，使研究数据管理符合法律法规、学术道德和资助机构需求，保证了科研人员、大学、资助机构及学科发展等多方权益。爱丁堡大学数据政策成为全球研究机构制定数据政策的主要参考文本之一。

为开展研究数据管理，爱丁堡大学成立了专门的研究数据指导委员会，指导委员会由学科专家和IT技术专家组成，为服务开展提供学科知识和技术保障。执行工作组由爱丁堡大学图书馆牵头，具体实施用户服务、运营管理、参考咨询以及RDM服务协调。爱丁堡大学的RDM服务，在强有力的政策支持和责任清晰的组织架构推进下，稳步建设、逐年发展。2017年10月，爱丁堡大学正式发布《2017—2020年研究数据服务规划》第三版（IS Research Data Service Roadmap V3.2），重新审视评估现有服务现状和问题，提出新的发展目标，并明确计划，按照优先级落实推进，将数据服务融入研究过程中。其服务规划再次成为同行学习的范本，规划内容见表2.9，从中可以了解研究数据管理服务的未来发展走向。

基于研究和研究数据生命周期需求，爱丁堡大学设计了研究数据服务体系（图2.6），提供了研究开始前、进行中和结束后的相关服务。服务内容主要包括：

①数据管理计划（data management plan，DMP）：提供DMP相关介绍和培训，采用DCC提供的dmponline在线完成DMP。在服务规划中，扩大DMP应用范围，更多项目要求提供DMP，包括学校资助课题和博士论文。

②研究进行中的数据管理：提供数据资源搜索和重用资源服务；为进行中的研究项目提供DataStore存储，教师和研究生免费使用500G空间，更多空间可以付费使用；提供敏感数据的服务和管理平台Data Safe Haven；提供版本和质量控制服务和工具（Version Control-GitLab和Version Control-Subversion）；提供多个云存储服务，如数据共享服务DataSync，协作写作服务Wiki，文件

共享服务 Sharepoint 等；提供电子实验室笔记服务（Electronic Notebooks）等。

③研究数据的共享和长期保存：提供开放数据服务平台 DataShare（基于 Dspace 开发）；提供数据长期保存服务平台 DataVault；对不在 DataShare 中发布的数据，提供通过科研管理系统 Pure 管理数据元数据，并与 DataVault 中的数据关联的服务。

④RDM 服务培训与指导：提供在线培训资源、慕课（MOOC）、著名在线课程 MANTRA、工作坊等。爱丁堡大学高质量的 RDM 培训资源一直是被推荐的首选学习资源。

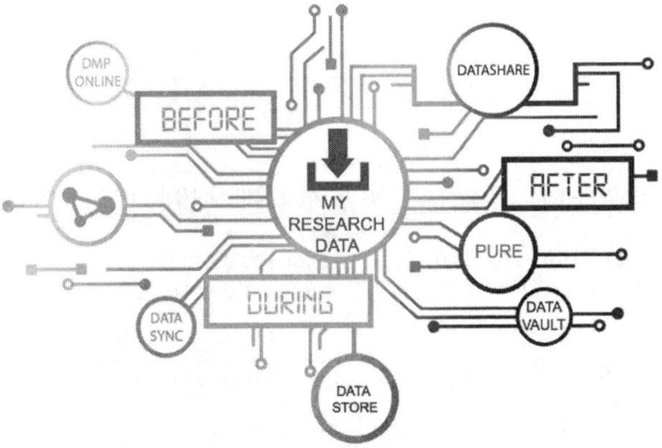

图 2.6　爱丁堡大学研究数据管理服务体系

表 2.9　爱丁堡大学研究数据服务体系部分服务内容

统一服务	为数字研究服务做统一、整体设计	优先级：高
	建设统一、协调服务	优先级：高
	为用户提供简单、方便的主页入口	优先级：高
	调研异构系统数据互操作性方案，如能够将数据从一个系统迁移到另一个系统	优先级：中等
	根据地平线计划评估更换/合并系统组件的可行性	优先级：低

续表

数据管理规划	扩大研究数据管理计划要求范围，包括大学资助的研究	优先级：高
	要求博士论文提供 DMP（从零开始）	优先级：中等
	鼓励将软件管理计划也作为 DMP 的一部分	优先级：中等
	探索和评估研究过程中的活动数据管理计划的可能性	优先级：低
活动数据相关工作	为敏感数据提供安全设置，提供符合 ISO 27001 标准和用户需求的管理控制	优先级：高
	更先进的代码版本管理服务	优先级：高
	提供可用的数据存储空间管理服务	优先级：中等
	推广电子实验室笔记服务	优先级：中等
	为数据库用户提供安全网络备份资源	优先级：中等
	为需要研究数据加密管理服务的用户提供持续，安全的解决方案	优先级：中等
	提供安全稳定、可持续增长的数据存储共享空间	优先级：低/业务常规
	协助研究人员获取研究所需数据集	优先级：低/一切正常
数据管理	提供数据存储中多媒体和数字文件的增强显示功能	优先级：高
	调研更安全和易于长期保存的数据开放共享平台方案	优先级：高
	根据用户需求，提供数据共享和保存选择方案（学科要求，资助要求，项目要求）	优先级：中等
	根据资助要求趋势，数据仓储需满足 FAIR（findable，accessible，interoperable，reusable）原则	优先级：中等
	通过高质量的元数据标准和数据引用提高研究人员积极性	优先级：中等
	采用先进技术和元数据标准，对图像数据进行管理和开放	优先级：低
	持续改进和满足数据资源长期保存需求	优先级：低/业务常规

续表

研究数据支持	改进交流渠道，以确保根据 DRS 目标向所有利益相关方发出关键信息	优先级：高
	数据管理人员和监管人员需持续讨论各自需求和使用情况	优先级：高
	根据 GDPR 目标，推动进行数据保护培训	优先级：高
	隐私影响服务评估	优先级：高
	新工具，开放科学/数字学术，公开、可重复性的新规范等培训	优先级：中等
	确保研究人员能够得到数据匿名和假名化处理的专业指导	优先级：中等
	数据指南，应与大学和学校道德委员会保持一致	优先级：中等
	根据创新项目成果（范围统计），重新评估与 IS 相关的统计培训和咨询服务	优先级：低

2.3 中国案例

2.3.1 数据政策

在政策层面，我国已初步形成以政府、行业机构和领域数据中心为主体的数据政策体系（图 2.7）[42]。其中，《科学数据管理办法》于 2018 年 3 月 17 日生效。该办法首次站在国家高度、面向多领域科学数据，提出开放为主的指导原则，提出对科学数据加以利用和保护的法律态度。但如何操作，仍需要行业机构、资助机构制定和出台配套实施细则，借鉴国际成功案例，多行业同时启动具体项目，落实与推进。2017 年，周立虹等对中国大陆 112 所大学网站调研发现，国内高校图书馆研究数据管理服务处于刚刚起步阶段，112 所大学中，仅 4 所高校明确提供研究数据管理服务，分别是北京大学、复旦大学、武汉大学和上海外国语大学[43]。

机构类型	发布机构	政策名称	发布时间（年/月）
政府部门	国务院	《科学数据管理办法》	2018/3
		《政务信息资源共享管理暂行办法》	2016/9
行业机构	国家海洋局	《中国极地考察数据管理办法》	2018/3
	科技部	《国家科技资源共享服务平台管理办法》	2018/2
		《国家重点基础研究发展计划资源环境领域项目数据汇交暂行办法》	2008/3
	国防科工局	《高分辨率对地观测系统重大专项卫星遥感数据管理暂行办法》	2018/1
	国家海洋信息中心	《海洋生态环境监测数据共享服务程序（试行）》	2015/12
	中国气象局	《气象信息服务管理办法》	2015/3
		《气象资料共享管理办法》	2001/11
	国土资源部	《国土资源数据管理暂行办法》	2010/9
	中国地震局	《地震科学数据共享管理办法》	2006/6
领域数据中心	国家地震科学数据共享中心	《数据共享规范标准》	2016/4
	国家生态系统观测研究共享服务平台	《国家生态系统观测研究网络数据管理与共享条例》	2013/12
	国家人口与健康科学数据共享平台	《医药卫生科学数据共享网暂行管理办法》	2009/9
		《医药卫生数据共享管理细则》	2008/1
		《中医药科研课题数据汇交管理办法》	2007/10
	国家地球系统科学数据共享平台	《地球系统科学数据共享联盟章程》	2008/12
		《地球系统科学数据共享平台章程》	2008/12

图 2.7　部分国内数据政策汇总

2.3.2　中国科学院数据云

中国科学院（以下简称中科院）是中国研究数据管理的先行者。20 世纪 70 年代，中科院开始建设专业数据库。1982 年科学数据库被列入中科院“七五”和后十年的 10 项重大基本建设项目。1986 年国家计委正式批复同意建设“中国科学院科学数据库及其信息系统”，1987 年科学数据库数据资源和信息系统正式启动建设，1997 年获“中国科学院科技进步一等奖”，1998 年获“国家科技进步二等奖”，基本形成了以研究所和课题组自主自治为单元的科学数据资源建设和积累模式。“十五”期间，科学数据库建设逐步系统化、规范化，共建成 503 个专业子库。“十一五”期间，在中科院信息化专项和国家科技基础条件平台等支持下，整合可共享科学数据量达 148TB。“十二五”期间，中科院启动“科技数据资源整合与共享工程”建设。“科技数据资源整合与共享工程”涵盖数据存储与管理云服务环境、海量科学数据分析与应用示范、科学数据整合与共享服务等三个子项目，工程着眼于“海·云”服务思想，开展海量存储基础设施服务、海量数据资源共享服务和数据密集型公共支撑服务，全面推进数据环境建设和持续深化数据应用，成为立足中科院，面向科技界，共享开放、服务创新的国家级科技数据中心。从最早“七五”期间 15 家单位、21 个数据库，发展到“十二五”期间 58 家单位、1 340个数据库，中国科学院数据云整合了从资源学科领域到植物学科领域等多领域数据库资源，提供共享数据量已从 2. 68GB 增加到 655TB，年均在线访问超过千万人次。

2015 年，中国科学院计算机网络信息中心主办的《中国科学数据》创刊，是国家网络连续型出版物的首批试点刊物，是一本专门面向多学科领域研究数据出版的学术期刊，刊物在国内外公开以中英文双语发行。致力于科学数据的开放、共享和引用，推进科学数据的长期保存与数据资产管理，探索科学数据工作的有效评价机制，推动数据科学的发展，促进科学数据的可发现（FINDABLE）、可访问（ACCESSIBLE）、可理解（INTELLIGEBLE）、可重用（REUSABLE）[45]。

2. 3. 3 北京大学开放研究数据平台

2015 年 12 月 25 日，北京大学正式发布开放研究数据服务平台（以下简称“开放数据平台”）、机构知识库、开放出版-期刊网和学者主页四个学术交流生态系统成果服务，构建新型学术交流生态系统，推动开放获取与研究数据管理服务，成为国内高校相关建设的引领者。并在开放数据平台基础上，开展平台、服务、培训、政策研究与推进等一系列研究和服务工作，推动北京大学建设成为研究数据汇集、管理与服务的世界一流引领者。

开放数据平台以“规范产权保护”为基础，以“倡导开放科学”为宗旨，鼓励研究数据的再利用和再生产，促进研究数据引用的实践和计量，并探索数据出版和长期保存，培育和实现跨学科的协同创新。平台基于哈佛大学 Dataverse 软件进行二次定制开发，实现了多个适合中国用户需求的功能，如为满足研究人员希望对数据进行条件性共享的需求，设立数据访问控制、请求与审核机制，完善了 Dataverse 的用户组管理和数据申请审核功能，将用户组管理与数据申请审核流程有效结合，简化了用户对文件的申请次数和数据集管理员的审核工作量。平台与机构知识库实现数据关联，在机构知识库管理与展示数据衍生成果。

开放研究数据平台为研究者提供研究数据的管理、发布和存储服务，鼓励研究者开放和共享数据；为数据用户提供研究数据的浏览、检索和下载等服务，促进研究数据的传播、重用和规范引用。平台还加入针对性的数据支持功能，最大限度地提升用户体验，包括：数据在线浏览和统计分析、数据可视化展示、数据变量搜索、数据关联出版物链接等功能。用户注册后，可以下载开放数据，或站内申请使用受限数据。平台不仅面向北大师生，也面向全国和国外，收录国内和国外、学界和非学界相关组织的优质科研数据。除了鼓励研究者自行提交之外，平台有针对性地向国内外学者或科研机构征集研究数据（以调查类数据为主），对数据进行管理或加工后，免费共享给数据使用者。所征集数据的机构或个人本着自愿的原则，认同平台的有关规定，和平台签署“数据资源共享合作协议”。

为了实现北京大学开放研究数据平台对资源的清晰展示、分面浏览、数据统计、基于元数据的 DOI 注册、系统互操作和数据关联等功能，平台以 Dataverse4.0 平台 DDI 元数据标准为基础，采用 34 个完整字段，并对完整字段顺序重新梳理，参照 DataCite 元数据规范进行了对应修改。平台的学科专有元数据区块已覆盖人文与社会科学、地理空间、天文与天体物理、生命科学、政治学等 12 个学科领域。平台为拥有数据集较多的典型机构设置了元数据模板，使得相同机构的多个数据集之间可以方便地复用元数据预设项。

在数据建设方面，截至 2018 年 12 月，开放数据平台发布数据空间 37 个、数据集 236 个、数据文件 1 096 个，收录中国家庭追踪调查、中国健康与养老追踪调查、综合型语言知识库、中国历代人物传记资料库等多个高质量、具有国际影响力的数据集。为提升北大平台数据的国际影响力，促进国际化的学术交流，北京大学开放研究数据平台已经加入 Dataverse 数据存储库地图，并在 re3data. org 中注册。2017 年 3 月，平台被 Data Citation Index 数据库（简称 DCI）收录。平台是中国高校最早建设发布的开放数据平台，影响力不断提升。图 2. 8 列出了北京大学研究数据管理建设历程。

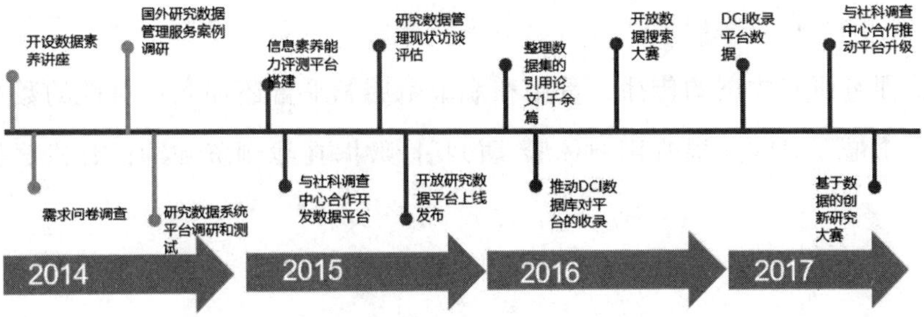

图 2. 8　北京大学研究数据管理服务的建设历程

2. 3. 4　复旦大学社会科学数据研究中心

2011 年，复旦大学成立社会科学数据研究中心，旨在为“收集、整理和开发中国社会经济发展数据，为学者提供最具竞争力的研究条件和数据服务，为学生提供更加坚实的社会科学调查方法和应用的训练，鼓励跨学科的研究，为复旦大学履行大学传承、记录文明的职责和成为‘国家智库’提供重要和基础性的支撑”。复旦大学社会科学数据平台于 2014 年上线，2016 年新版上线。截至 2019 年 1 月，该平台的人文社科数据资源超过 100 TB。2018 年，复旦大学社会科学数据平台跟校内的大数据系统、数据实验教学科研平台融合互通，集大数据基础设施、核心文理医工的数据资产、系统平台、软件工具、规章制度于一体。截至 2019 年 1 月，该平台首页访问量已经接近 500 万人次[46]。

2015 年 10 月，复旦大学大数据学院和大数据研究院成立，并陆续成立多个研究所，如：电力大数据与智慧能源研究所、人口大数据与公共治理研究所、网络空间安全战略研究所、电磁大数据与遥感智能研究所、复旦-中植大数据金融与投资研究所、人工智能与深度学习研究所、大数据理论与技术研究所、人文社会科学数据研究所、碳排放与环境大数据研究所、医学影像智能诊断与医疗信息学研究所等。复旦大学期望将大数据学院及研究院发展成为具有世界影响力的数据生产集成平台、数据科学研发基地、数据价值创造终端、数据人才培养的高地，推动、引领中国乃至全球大数据学科的发展[47]。

2.4 结语

从本章案例介绍中，可以发现国家和资助机构的数据政策是研究数据管理发展的关键因素，国际成功案例都是在政策驱动下得以发展。当今世界，各国将大数据和人工智能视为国家战略重点，中国在政策、资金上投入大量资源支持发展，而研究数据管理领域的全面滞后，势必将影响学术、技术和产业的可持续发展。中国急需出台研究数据管理政策实施细则，推动数据管理和服务。各资助机构和科研机构，应通过学习国际案例，抓住发展机遇，及时制定发布科学、合理、可操作的数据实施政策和流程，与国际发展接轨，支持大数据和人工智能国家发展战略，成为国际研究数据管理领域的引领者。

参考文献

[1] The state of open data report 2018[EB/OL].[2019-01-20].https://figshare.com/articles/The_State_of_Open_Data_Report_2018/7195058/2.

[2] Re3data.Org[EB/OL].[2019-01-20].https://www.re3data.org/.

[3] Datacite[EB/OL].[2019-01-20].https://search.datacite.org/.

[4] NEUMANN J,BRASE J.Datacite and doi names for research data [J].Journal of computer-aided molecular design,2014,28(10):1035-1041.

[5] European open science cloud (eosc)[EB/OL].[2018-12-20].https://ec.europa.eu/research/openscience/index.cfm? pg=open-science-cloud.

[6] Implementation roadmap for the european open science cloud[EB/OL].[2019-01-02].https://ec.europa.eu/research/openscience/pdf/swd_2018_83_f1_staff_working_paper_en.pdf#view=fit&pagemode=none.

[7] Eosc-hub services[EB/OL].[2019-01-12].https://www.eosc-hub.eu/services.

[8] History of the dcc[EB/OL].[219-01-20].http://www.dcc.ac.uk/about-us/history-dcc/history-dcc.

[9] 张萍.英国高校科研数据管理及启示 [J].情报杂志,2015,(4):155-159.

[10] Australian national data service (ands)[EB/OL].[2018-12-01].https://docs.education.gov.au/system/files/doc/other/australian_national_data_service.pdf.

[11] Committee on data of the international council for science[EB/OL].[2018-12-09].http://www.codata.org/.

[12] About wds[EB/OL].[2019-01-09].https://www.icsu-wds.org/organization.

[13] About rda[EB/OL].[2019-01-20].https://www.rd-alliance.org/about-rda.

[14] All recommendations & outputs[EB/OL].[2019-01-20].https://www.rd-alliance.org/recommendations-and-outputs/all-recommendations-and-outputs.

[15] 聂华.全球开放获取运动的新进展——openaire-coar2014 年会的观察与思考 [J].大学图书馆学报,2015,(02):5-12.

[16] The confederation of open access repositories (coar)[EB/OL].[2018-05-01].https://www.coar-repositories.org/.

[17] The uk data service [EB/OL].[2019-01-10].https://www.ukdataservice.ac.uk/about-us.

[18] Nih data sharing repositories [EB/OL]. [2019 - 01 - 02]. https://www. nlm. nih. gov/NIHbmic/nih_data_sharing_repositories.html.

[19] Sustainable digital data preservation and access network partners[EB/OL].[2019-01-10].https://www.nsf.gov/publications/pub_summ.jsp? ods_key=nsf07601.

[20] Fairsharing[EB/OL].[2019-01-06].https://fairsharing.org/.

[21] Go fair introduction[EB/OL].[2019-01-05].https://www.go-fair.org/resources/go-fair-materials/.

[22] Data portals a comprehensive list of open data portals from around the world[EB/OL].[2019-01-11].http://dataportals.org/.

[23] 朱玲,聂华,崔海媛,等.北京大学开放研究数据平台建设:探索与实践 [J].图书情报工作,2016,60(4):44-51.

[24] Meet openaire[EB/OL].[2019-01-20].https://www.openaire.eu/openaire-history.

[25] Openaire search[EB/OL].[2019-01-11].https://explore.openaire.eu/.

[26] About zenodo[EB/OL].[2019-01-06].http://about.zenodo.org/.

[27] 田丽,李佳翼.英国科研数据共享服务的经验与启示——以 figshare 平台为例 [J].图书馆学研究,2018,(23):76-84.

[28] About share[EB/OL].[2019-01-01].http://www. share-research. org/about/about-share/.

[29] Share discovery[EB/OL].[2019-01-02].https://share.osf.io/discover.

[30] The dryad digital repository[EB/OL].[2019-01-02].https://datadryad.org/.

[31] Nsf awards $15 million to dataone[EB/OL].[2019-01-10].https://www.dataone.org/news/nsf-awards-15-million-dataone.

[32] About icpsr[EB/OL].[2019-01-20].https://www.icpsr.umich.edu/icpsrweb/content/about/.

[33] Data citation index[EB/OL].[2019-01-10].https://clarivate.com/products/web-of-science/web-science-form/data-citation-index/.

[34] About datasearch[EB/OL].[2019-01-10].https://www.elsevier.com/about/open-science/research-data#discover.

[35] TENOPIR C, TALJA S, HORSTMANN W, et al. Research data services in european academic research libraries [J].Liber Quarterly,2017,27(1):23-44.

[36] YOON A,SCHULTZ T.Research data management services in academic libraries in the us: A content analysis of libraries' websites [J].College & Research Libraries,2017,78(7): 920-933.

[37] BRYANT R,LAVOIE B,MALPAS C,et al.A tour of the research data management (rdm) service space.The realities of research data management,part 1[EB/OL].[2018-09-20]. https://www.oclc.org/research/publications/2017/oclcresearch-rdm-part-one-service-space-tour.html.

[38] 张莎莎,黄国彬,邸弘阳.美国高校图书馆科研数据管理服务研究 [J].图书馆杂志, 2016,35(07):59-66.

[39] 戴舒.美国高校图书馆科研数据管理服务调查研究 [J].图书馆学研究,2016,(11): 91-95.

[40] Harvard dataverse policies[EB/OL].[2019-01-01].https://dataverse.org/best-practices/harvard-dataverse-policies.

[41] Research data service[EB/OL].[2019-01-10].https://www.ed.ac.uk/information-services/research-support/research-data-service.

[42] 张丽丽,温亮明,石蕾,等.国内外科学数据管理与开放共享的最新进展 [J].中国科学院院刊,2018,33(8):774-782.

[43] 周力虹,段欣余,宋雅倩.我国高校图书馆科研数据管理服务调查与分析 [J].图书情报工作,2017,61(20):77-86.

[44] 开放科学数据,助推科技创新——中国科学院建成开放服务的科学数据云[EB/OL]. [2019-01-10].http://www.csdb.cn/news/613.jhtml.

[45] 中国科学数据[EB/OL].[2019-01-10].http://csdata.org/p/static/33/.

[46] 殷沈琴.面向数据出版的高校社会科学数据资源库的建设 [J].科技与出版,2019,38(4):23-29.

[47] 复旦大学大数据学院[EB/OL].[2019-01-02].http://www.sds.fudan.edu.cn/.

第三章 研究数据管理的框架体系

3.1 研究数据管理生命周期模型

3.1.1 概念与分类

研究数据管理生命周期模型（Research Data Management Lifecycle Model），也常被称为研究数据监管生命周期模型（Research Data Curation Management Lifecycle Model），是一种将数据收集、数据利用、数据分析和数据保存等活动细化到要素阶段，从而确定在每个节点各个相关成员可以完成或应该完成的管理任务的方法[1]。

研究数据管理生命周期与研究项目周期密切相关，并且往往相较后者持续更长的时间。例如，研究项目结题后，数据仍然具有分析、持久保存、再利用的价值和需求。如果能在研究项目开展的同时进行良好的数据组织、管理和保存，将有助于提升科研效率和促进科研创新。研究数据管理生命周期模型可以帮助数据管理服务的提供者在项目开始之前，更好地认识、掌握和应对周期模型中的各种数据活动和相应的服务需求，也帮助研究者更好地分析和总结数据管理现状中存在的问题并寻求改进途径和帮助，提高实践水平。

英国、美国、澳大利亚等国的研究机构和组织在项目实践中提出了多种研究数据管理生命周期模型，根据“地球观测卫星委员会”（Committee On Earth Observation Satellites，CEOS）信息系统和服务工作组（Working Group on Information Systems and Services，WGISS）2012 年 4 月的调研结果，各类研究数据管理生命周期模型已超过 50 个[2]。

根据已有的研究成果[3]，研究数据管理生命周期模型大体可按照以下几个维度进行划分：从研究主体来看，可以划分为高校、数据管理机构、研究机构、政府部门等；从大的学科范畴划分，可以分为人文社会科学数据管理生命周期与自然科学数据管理生命周期；从数据规模来划分，可以分为“小科学”数据管理生命周期与“大科学”数据管理生命周期；从模型结构来划分，可以分为线性模型与循环模型。这些维度并不是单一存在的，某一研究数据管理生命周期模型可以由多个维度构成。

3.1.2 典型实例

本小节列举 4 种典型的研究数据管理生命周期模型，阐述其抽象模型和理念，并结合模型层级或阶段介绍相关联的科研活动内容和工作流程。

（1）DCC 数据生命周期模型

DCC 数据生命周期模型从较高角度对一个成功的数据监管和保存案例阶段进行剖析，呈现为一种集合了各方面元素的多层环形结构[4]（图 3.1）。

核心为数据（Data），也可以为数字化对象（Digital Objects）或数据库（Database）。其中数字化对象可以是简单对象，例如文本、图像或音频及相关的标识符和元数据，也可以是复杂对象，例如网页等汇总了一系列简单对象的数字化对象。数据库是指存储在电脑系统中的结构化数据记录集合。

贯穿整个生命周期的有四种行动（Actions）：

①描述性和表现性信息（Description and Representation Information）：分配

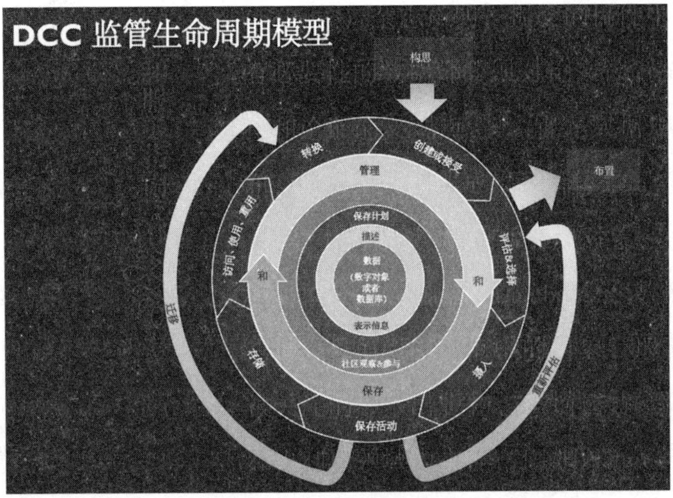

图 3.1 DCC 生命周期模型

管理性、描述性、技术性、结构性和保存性元数据，采取合适的标准，保障长期策略对数据的充分描述和控制。

②长期保存计划（Preservation Planning）：关于数据长期保管和管理的计划。

③社区观察与参与（Community Watch and Participation）：对社区活动进行适当的观察，参与共享标准、工具和软件工具的发展过程。

④监管和保存（Curate and Preserve）：认识并承担被计划用于促进数据监管和保存的保管和管理行动。

适用于生命周期各个特定阶段的有八种行动：

①概念化（Conceptualize）：构想和计划如何创建数据，包括捕获和保存。

②创建或接收（Create or Receive）：创建包含管理性、描述性、技术性、结构性元数据的数据，也可包含保存性元数据。

③评估和选择（Appraise and Select）：评估数据，选择进行长期监管和保存的数据。

④导入（Ingest）：将数据转移到相关存档（Archive）、仓储（repository）、数据中心或其他管理者。

⑤长期保存（Preservation Action）：采取行动保证长期保存并且保留数据权威性，应确保数据保持真实性、可靠性、可用性和完整性。相关行动包括数据清理、验证，为数据分配用于长期保存的元数据信息，并且保证可接受的数据结构和文件格式。

⑥存储（Store）：采用安全方式存储数据，遵从相关标准。

⑦获取、利用和再利用（Access，Use and Reuse）：保证数据可被有利用或再利用需求的人员获取并且及时跟进更新，可以采用公开发布信息的方式进行。同时可能需要应用强大的访问控制机制和认证程序。

⑧改造（Transform）：基于原有数据改造创建新的数据，例如：通过迁移到新的格式，通过创建子集、选择或者查询，来创建新的派生数据，用于发表等用途。

此外，有三种可选行动：

①处置（Dispose）：处置因不符合政策、指南、或法律规定等而未被选择用于长期保存的数据，通常这些数据将被转移到另外的档案、仓储、数据中心或者保管者。有时数据会被销毁，由于某些数据的特性，可能必须按照法律要求进行安全销毁。

②重新评估（Reappraise）：返回未能通过验证程序的数据，以便进行重新评估和选择。

③迁移（Migrate）：将数据迁移为不同的格式。可能出于存储环境或者确保数据免遭软硬件报废影响的需要。

（2）DDI 3.0 联合生命周期模型

DDI 3.0 研究数据联合生命周期模型（Data Documentation Initiative Version 3.0 Combined Lifecycle Model）[5]面向社会科学数据需求设计。该模型主体为

线型，包含一个可选路径和一个反馈循环路径（图3.2）。模型包含8个元素：

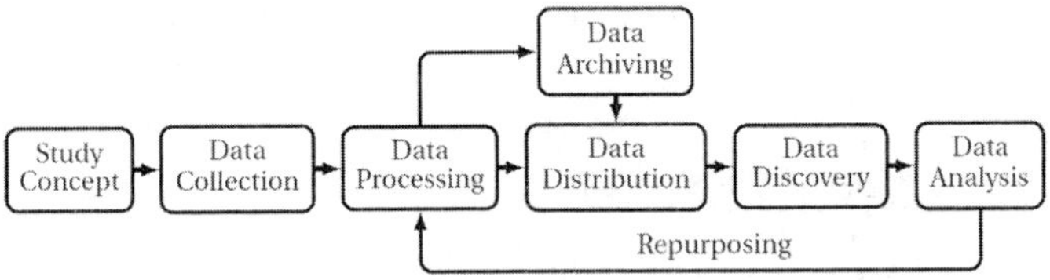

图3.2　DDI 3.0联合生命周期模型

①研究构想（Study Concept）：调查设计是模型的早期阶段。这个阶段不仅包括需要回答的研究问题和收集必要数据的方法，还包括数据表格形式，如何进行数据处理、分析和如何使用数据回答预先提出的研究问题的计划。在这个阶段研究者还应该定义此项研究各种输出数据之间的关系。

②数据收集（Data Collection）：收集的方法和来源包括：问卷调查，人口调查，选举和健康记录，商业统计和网络数据。应该清晰区分主要和次要的数据来源。

③数据处理（Data Processing）：输入数据被收集后，将进行处理和分析以便生产用于回答研究问题的输出数据。这些输出数据可以采用机器可读的方式或者以人为导向的方式（例如技术报告）来进行记录。

④数据存档（Data Archiving）：为了保证对数据的长期获取，数据应该交给存档机构而不是仅由研究者保存。存档机构不仅保存数据和元数据，还在保存期间对数据有增值贡献。

⑤数据分发（Data Distribution）：数据被分发给用户，可以直接或者通过图书馆或数据存档机构等间接分发。

⑥数据发现（Data Discovery）：数据通过著作、期刊、网页或其他在线服务进行发布。

⑦数据分析（Data Analysis）：数据可以在原始概念范围之内被他人使用，例如，选出用于研究报告的关键统计数据。

⑧数据重新规划（Repurposing）：数据可以被用在另一个不同的概念框架，例如，对数据进行重新取样和重组，将数据与其他类似的数据集结合，或者基于数据发展教学材料。

（3）DataOne 数据生命周期模型

DataOne 数据生命周期模型[6]提供对成功实现数据利用和再利用的数据管理和保存案例的阶段俯视图（图 3.3）。由于领域和社区的不同，该模型在实践中可以演化为多个版本。DataOne 数据周期模型由 DataOne 决策层和社区成员共同设计，并且基于美国国家自然科学基金（NSF）在之前的 DataNet solicitation 项目[7]中提出的生命周期模型改造。

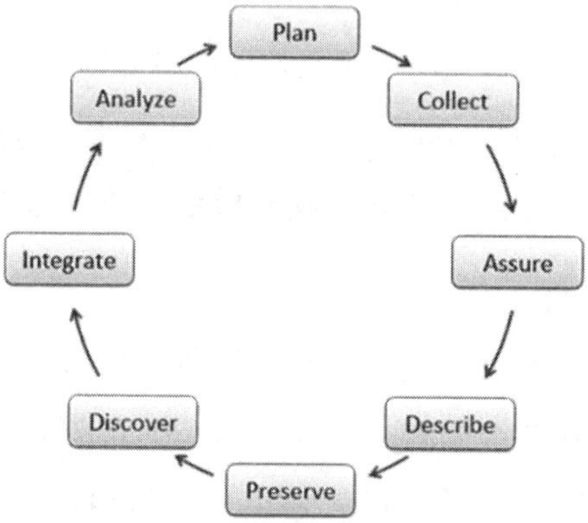

图 3.3　DataOne 数据生命周期模型

DataOne 数据生命周期模型具有 8 个组成部分：

①计划（Plan）：描述数据如何被汇集，以及数据如何被管理，如何在其生命周期过程中提供获取。

②收集（Collect）：通过人工或者探测器、仪器设备等观测数据，并且将数据采集为数字形式。

③确保（Assure）：通过验证和检查来确保数据质量。

④描述（Describe）：采用适当的元数据标准对数据进行准确和全面的

描述。

⑤保存（Preserve）：数据被提交到适当的长期保存存档机构（例如，数据中心）。

⑥发现（Discover）：具有可用潜力的数据被定位和获取，与数据相关信息一起（元数据）。

⑦整合（Integrate）：不同来源的数据被结合在一起形成同质的、可被分析的数据集。

⑧分析（Analyze）：数据被分析。

某些研究活动可能只用到生命周期模型的部分内容：例如，一个涉及元数据分析的项目可能重点集中于发现、整合和分析阶段；一个主要进行基本的数据收集和分析的项目可能跳过发现和整合阶段。此外，一些项目可能不会遵循上述线性路径，或者可能需要进行多个循环路径。进一步的，某些科学家或者科研团队（例如，建模和分析领域）可能会在发现、整合、分析和合成数据的过程中创建新的数据。

DataOne 数据生命周期模型主要被用作 DataOne 最佳实践数据库[8]的导航工具，帮助用户提供如何有效地在整个数据生命周期中完成数据工作的推荐和建议。DataOne 还发展了一系列工具[9]来支持研究者应对生命周期的不同阶段。

（4）I2S2 理想化科研活动生命周期模型

I2S2 理想化科研活动生命周期模型（I2S2 Idealised Scientific Research Activity Lifecycle Model）[10]以蓝色文字框代表一个典型物理学实验项目的流程和阶段（图 3.4）。

这些阶段包括：准备研究提案；对研究提案的同行评审；进行实验；处理、分析和解释数据，这些数据最终以各种研究产出的形式被发布。

除了这些熟知的阶段，该模型还加入了几个理想化阶段（深黑色文字框）

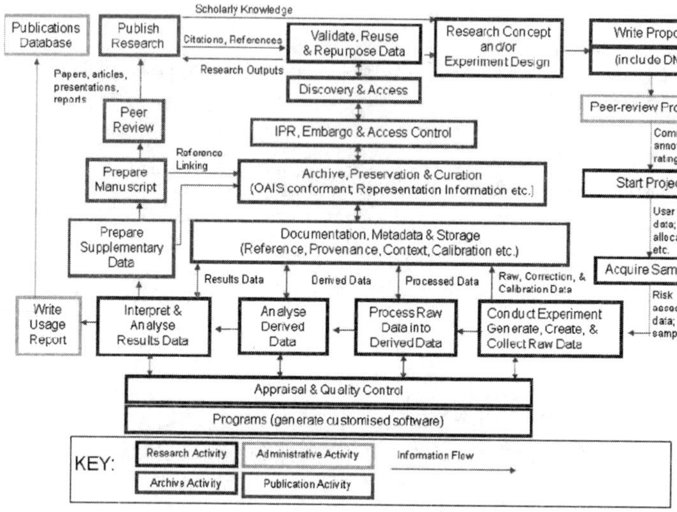

图 3.4　I2S2 理想化科研活动生命周期模型

来实现科学数据的长期管理和可用性：这些阶段包括评估和质量控制；元数据和上下文信息的文档记录；存储、存档、长期保存和监管；知识产权、禁锢期和获取控制。

该模型强调需要将数据产生、处理、分析、管理等方面的上下文信息进行透明化和提供获取，为所有类型的数据（原始数据、缩减数据、处理后数据、衍生数据、结果数据）记录和保存文档，包括提供充分的元数据、上下文信息和呈现信息，覆盖各个研究阶段。

3.2　研究数据管理计划

3.2.1　发展背景

研究数据管理计划（Data Management Plan，DMP）是概要介绍研究过程及研究项目完成后数据处理方式的正式文件[11]。事实上，虽然许多研究者在收集数据时都有一定的计划，但是缺乏充分的文档记录和深思熟虑。在研究项目开始阶段制定一份书面的、清晰的研究数据管理计划，提前规划在研究过程中如何进行数据管理、描述、分析和存储，在研究结束后如何分享和长期保存数据，可以评估和确认研究项目数据管理中的薄弱环节和问题，寻求相关服务机构（例如，图书馆）和资源的合作与支持，使得研究项目更好地达到预定目标。

研究数据管理计划的制定确保了研究数据的长期保存和共享，从以下几个方面促进了科研的进步与发展[12]：①具有数据引证和以数据分析为基础的研究成果有更强的可信度和影响力；② 为研究成果提供以数据为基础的证明；③ 符合基金管理机构的数据管理政策，包括版权遵守和道德准则的规范约束；④ 确保研究数据的长期保存和重复利用；⑤ 便于数据的共享，推动跨学科研究和基于已有数据的创新性研究。

科研数据管理与共享离不开政策上的指导和规范，政策一般来源于政府、基金机构、科研机构、期刊和出版商等[13]。近年来，国外一些发达国家的基金资助机构纷纷制定了数据管理政策，要求项目申请者在提交申请时同时提交一份有具体要求的研究数据管理计划。

自 2011 年 1 月开始，美国国家自然科学基金委员会（National Science Foundation，NSF）要求基金申请书必须附带一份不少于两页的研究数据管理计划书（Research data management plan，DMP），以说明将怎样遵循 NSF 研究成果传播和共享方针。主要包括研究过程将产生的资源和数据类型、所采用的数据格式和内容标准、获取和共享方针（即隐私政策、保密性、安全性、知识产权及其他权限要求的相关规定）、衍生产品的重用和再传播政策和规定、研究数据和成果存档及长期保存和访问利用计划等内容[14]。此后，美国国立卫生研究院 NIH、美国国家食品与农业研究所 NIFA，美国疾控与预防中心 CDC，美国能源部 USDE，美国国防部 DOD，美国农业部 USDA，美国国家航空及太空总署 NASA 等主要科研资助机构也相继在项目申请指南中对研究数据管理计划提出明确要求。

2011 年 4 月，英国研究理事会（Research Councils UK，RCUK）发布数据管理共同原则[15]，其中明确指出“机构和特定项目的数据管理政策和计划应当遵守相应学术圈内的标准和最佳实践，公认有长期价值的数据要长期保存，为支持将来的研究保证可获取性和可利用性”，“为保证研究数据可被发现或有效再利用，研究项目必须记录充足的元数据并且开放利用”。在此共同原则指导下，RCUK 属下的各学科领域研究理事会（AHRC，BBSRC，EPSRC，ESRC，MRC，NERC，STFC）分别发布了包含数据管理计划要求的数据管理政策，表 3.1 列出了 RCUK 战略合作伙伴数据管理计划概况[16]。

表 3.1　英国研究理事会战略合作伙伴数据管理计划概况

基金机构	数据计划	数据共享	长期保存	费用
经济和社会研究理事会（ESRC）	数据管理与共享计划	研究项目结束后的三个月内必须要将数据准备好以备重用和存档	ESRC 数据服务提供商负责数据管理和长期保存	项目经费预算
科学和技术设施理事会（STFC）	数据管理计划	除特殊情况外，在一定时期后，数据应提供公共访问	原始数据留存 10 年以上，无法重复数据永久保存	没有具体规定
艺术与人文研究理事会（AHRC）	技术附件	项目结束后，数据需存储并提供访问	至少三年；考古数据需提交给 ADS	没有具体规定
英国工程和自然科学研究理事会（EPSRC）	数据管理与共享计划	结构元数据在线发布（通常要求在 12 个月以内）；出版物需说明怎样访问支持数据	禁止访问或第三方访问限制结束后，数据至少安全保存 10 年	研究机构必须确保研究数据长期监管所需的充足的资源

续表

基金机构	数据计划	数据共享	长期保存	费用
英国生物技术与生物科学研究理事会（BBSRC）	数据共享计划	及时负责任地（主要研究成果发表前）共享数据	项目完成后数据需保留10年	只要正当合理，可列入研究项目经费预算中
英国医学研究理事会（MRC）	数据管理计划	有价值的数据必须以尽可能少的限制供学术界使用，并以及时和负责任的态度共享	项目完成后，原始研究数据至少保留10年，临床和公共健康研究记录至少保留20年	没有具体规定
英国自然环境研究理事会	数据管理计划大纲	环境数据对公众有好处，需提供公共访问以便他人使用	有永久价值的数据需提交给NERC，以便长期管理和传播	基金申请必须明确所有数据管理计划实施所需的资源

3.2.2 研究数据管理计划构成要素

不同资助机构对研究数据管理计划的要求不尽相同，本小节基于英国数据监管中心（DCC）的研究数据管理计划建议清单[17]、美国校际社会科学数据共享联盟（ICPSR）的研究数据管理计划元素和样例[18]，美国地质调查局（USGS）的研究数据管理计划内容要求清单[19]，对研究数据管理计划的构成要素进行梳理（表3.2）。

表 3.2　研究数据管理计划构成要素

分类	子类	元素	DCC	ICPSR	USGS
数据监管过程	数据收集	数据特征/数据描述：类型，格式，量级，软件	Y	Y	Y
		已存在的数据资源：内容、获取步骤、更新	Y	Y	
		文件组织：命名方式、数据项名称、版本管理		Y	Y
		收集方法、流程或标准	Y		
		质量保证措施	Y	Y	
	数据处理和分析	数据转换、同步和其他数据处理流程：可使用工作流软件			Y
		数据分析技术和模型			Y
		举例说明数据模型、数据软件的输入数据和输出数据			Y
	数据存储和备份	存储：位置、容量、联系人	Y	Y	Y
		备份：备份方式，备份负责人，数据恢复策略	Y	Y	Y
		数据获取权限控制	Y	Y	Y
		数据安全策略：为合作者提供安全获取，保证安全传输，风险控制	Y	Y	
	数据选择和长期保存	选择：如何选择性地保留、分享、长期保存数据，数据长期保存格式、容量，数据将来的重用场景	Y	Y	Y
		非数字化数据和老旧格式数据：如何保存和转换	Y	Y	Y
		期限：保留和长期保存期限	Y	Y	
		技术和机制：基于何种数据仓储中心或平台	Y		Y
		成本预算	Y	Y	
	数据分享	分享计划、对象、时机和条件	Y	Y	Y
		技术和机制：基于何种数据仓储中心或平台	Y	Y	
		唯一标识符	Y		Y
		数据使用协议	Y		Y
		是否存在限制：限制原因和策略	Y	Y	Y
		如何维护和更新			Y

续表

分类	子类	元素	DCC	ICPSR	USGS
文档和元数据		描述内容和范围	Y	Y	
		元数据创建工具或流程	Y	Y	Y
		所采用元数据标准	Y	Y	
		元数据负责人			Y
伦理和法律问题		数据所有权和知识产权	Y	Y	
		数据采集和保存是否获得授权	Y		
		敏感数据保护	Y	Y	
		隐私数据保护	Y	Y	
		使用已存在资源时是否存在限制	Y		
		数据重用授权	Y		
计划执行		计划执行责任：责任人及负责的部分、联系方式	Y	Y	Y
		计划执行所需资源：专业人员支持，软硬件保障，成本预算	Y		Y

下面从数据监管过程、文档和元数据、伦理与法律问题、计划执行四个方面进行分析和阐述：

（1）数据监管过程

数据监管过程是研究数据管理计划描述的主体内容，有助于科研项目实现贯穿于整个研究数据生命周期的规范化数据管理流程，保障科研数据的清晰组织和安全存储，最大化科研数据的价值潜力。

①数据收集：包括将要收集或创建的数据概况和特征，以及数据组织方式和工作流程。计划应该简要描述将产生的数据，以及来自第三方、已存在的数据资源，并预计数据的格式和体量，还应说明是否应用了该学科或者学术社区的成熟数据标准。数据质量控制是科研项目学术成果可靠性的前提，计划应当解释如何控制数据的一致性和质量，例如数据校验、重复试验等。

②数据处理和分析：数据处理和分析过程记录是数据将来重用的基础，

尤其对于数据分析流程较为复杂、涉及多种软件或者模型的学科。计划应当记录数据转换步骤，例如采用 VisTrails 等辅助软件记录工作流。此外，计划应当描述数据分析所采用的技术、软件、模型或代码，并列举软件或代码的输入数据和输出数据。

③数据存储和备份：为了避免数据丢失或损坏的风险，数据应该采用适当的存储位置和备份措施。计划应当考虑存储的位置、容量、成本和数据获取的便捷性，并且要着重保证存储的可靠性和安全性。计划应当说明数据备份和恢复方案。数据备份策略包括：内容选择、介质、地点、方法、频率、备份保存的时长以及对备份数据的正确性验证等[20]。如果选择第三方服务，应该考察服务的可靠性以及是否与资助机构的要求相符合，并且设置适当的获取权限。

④数据选择和长期保存：计划应当说明哪些数据更加具有长期保存和未来重用的价值，将如何选择长期保存数据以及计划的保存时限。计划中应该包含具体实践措施，并且提出令人信服的观点和证据，确保在项目结束后数据依然可以得到长期存取和利用，例如长期保存之前的数据准备和格式转换，长期保存需要选择的基础设施，以及成本预算。

⑤数据分享：计划应当设想将在何时何地分享数据、可能的分享对象、分享对象将如何再利用数据，综合考虑数据类型、大小、复杂度和敏感性，并据此选择分享时机和分享方式。如果适用，最好列出计划基于何种数据仓储中心或平台进行数据分享，数据集将被授予何种标识符，将提供何种方式的获取，是否存在限制，数据使用协议内容等。

（2）文档和元数据

文档和元数据是贯穿和连接整个数据监管过程的核心。文档记录是数据管理中一项重要的辅助工作，对数据进行清晰、详细的描述以及注释，其目的是使数据易于使用和分享，可以被其他用户理解和解释[21]。元数据的生成和维护越来越多地被视为数字对象的重用和保存的关键。元数据可划分为描述性、管理性和结构性等类型，元数据标准的选择和应用保障了数据在生命周期和工作流中的信息传递和呼应，并决定了数据交换和再利用的潜力。

①文档：计划应当描述与数据相伴的文档记录种类和内容。文档记录需要满足的最基本要求是可以帮助其他使用者找到数据，例如数据标题和创建时间。更详细地，还可以说明数据创建或收集使用的方法、分析和处理信息、变量和词汇表的定义、数据的格式和文件类型等。如果适用，应当指明使用了所属学术社区的何种标准做法。

②元数据：计划应当说明使用何种元数据创建工具或流程，例如，是否应用自动化元数据创建工具。如果适用，计划应当列出所选用的学科领域元数据标准或通用元数据标准。进一步地，为了保障元数据的创建责任和质量，计划应当列明元数据负责人，以及元数据将如何维护和更新。

（3）伦理和法律问题

在项目开始之前就要明确将产生数据的所有权和知识产权，还需确保数据采集、存储和发布等过程符合政策，遵守关于伦理、敏感、隐私、安全的各项法律法规。

计划应当说明项目中产生数据的所有权和知识产权归属，数据的再利用许可将基于归属情况制定。对于有多个合作者的资助项目，数据权益还需符合资助机构的政策要求，并且就权益归属进行明确的定义和划分，达成一致协议。计划应当说明是否存在敏感、隐私数据以及处理措施，数据分享是否存在限制。

（4）计划执行

为保证研究数据管理计划顺利进行，需要划分计划执行责任和指定负责人，并且对所需的人员、软硬件设施、仪器设备、专业知识技能、专业服务等保障资源进行成本预算。

3.3 研究数据发布与共享

3.3.1 研究数据开放共享平台

在科学研究领域，开放数据正在成为推进数字学术交流和科学研究的关键角色。Christine L. Borgman[22]撰文指出，开放共享研究数据具有四大重要意义：① 有助于进行研究的再现和验证。②公共资助的结果能够为公众所使用。③ 使其他人能够利用已有的数据提出新的问题。④ 提升全人类科学研究和创新的水平。近年来，来自国家政府、科研机构、研究基金组织、各专业学会和协会，以及期刊出版联盟组织在内的政策推进，成为推动科学数据进入开放共享行列的动力[23]。

在开放数据的发展趋势和各方政策的共同推动下，越来越多的研究数据仓储平台被建立，并提供数据的公共访问获取。如美国国家生物技术信息中心（National Center for Biotechnology Information，NCBI）建立的DNA序列数据库 GenBank[24]、英国 York 大学在 AHRC 等资助机构资助下建立的考古学数据平台 Archaeology Data Service[25]、哈佛大学定量社会研究所 IQSS 建立的 Dataverse[26]、普渡大学建立的 PURR[27]、由期刊与科学学会社区共同管理的 Dryad[28]，与 Wiley 建立合作伙伴关系发布期刊数据的 figshare[29]等。

国内在研究数据的开放和共享平台建设和服务方面也做了许多积极探索。“国家科学数据共享工程”已在多个领域构建了 50 多个科学数据中心[30]；中国科学院已经建成了具有分布式海量存储环境的科学数据云[31]；武汉大学图书馆基于 DSpace 尝试建立科学数据管理平台[32]；复旦大学基于 Dataverse 3.3 开展社会科学数据的共享与交换服务[33]；北京大学建立 PKU-OPEN DATA 开放研究数据平台促进高校研究数据的开放共享[34]。

使用数据开放共享平台进行数据的发布和存储已经成为学术界越来越普遍的行为，对于研究者、资助机构、出版商和学术机构来说，如何从众多的列表选择更合适、更可靠的数据仓储平台，就成了迫切问题。在国际研究图书馆联盟 CRL（Center for Research Libraries）与联机计算机图书馆中心 OCLC（Online Computer Library Center）联合发布的报告《审查与认证可靠的仓储平台：标准与清单（Trustworthy Repositories Audit & Certification：Criteria and Checklist，TRAC）》[35]中，提出了包含 3 个类别和 14 个子项的认证标准（表 3.3）。这些认证标准既为数据仓储平台的选择提供指导，也可以帮助数据仓储平台的管理者进行建设规划、自我评估和改进。

表 3.3　TRAC 认证标准列表

类别	子项
A 负责机构的组织体系	A1 管理和机构可行性
	A2 机构结构和员工
	A3 程序问责与政策框架
	A4 财务可持续性
	A5 合同、许可和负债
B 数字对象管理	B1 数据摄取：内容获取
	B2 数据摄取：可存档数据包的创建
	B3 长期保存计划
	B4 存储和长期保存/API 管理
	B5 信息管理
	B6 获取管理
C 技术、技术基础设施和安全	C1 系统架构
	C2 适用技术
	C3 安全

2012 年，为了实现对数据仓储平台更便捷的浏览、搜索和使用，提高平台数据的可见性和可获取性，由德国科研基金会（DFG）资助，由德国柏林

洪堡大学图书馆与信息科学学院、德国地球科学研究中心（GFZ）的图书馆和信息服务部门（LIS），德国卡尔斯鲁厄理工学院的 KIT 图书馆共同发起，建立了针对数据仓储平台的注册和浏览门户 re3data. org[36]。在美国，为了帮助研究人员更好地遵从资助机构关于数据管理和共享的要求［例如美国国家自然科学基金会（NSF）］，由普渡大学牵头，于 2012 年建立了数据仓储在线查找平台 databib. org[37]，对数据仓储平台相关信息进行呈现、链接和整合。2014 年，二者合并为国际研究数据仓储注册系统 re3data. org。re3data 打破了全球研究数据仓储发展中的零散状态，通过更加标准化、规范化、可视化的方式为世界范围内的研究数据仓储（Research Data Repository，RDR）提供全景概览。

Re3data 发展了“描述研究数据仓储的元数据标准”，并基于该标准和最低收录条件建立规范注册机制。Re3data 关注的研究数据仓储平台关键要素包括：一般信息、质量标准、技术标准、法律议题、政策（图 3. 5）。

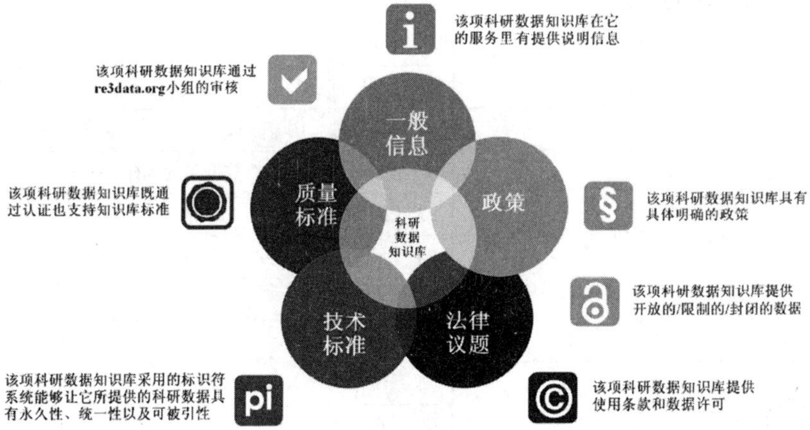

图 3. 5　re3data 中研究数据仓储的关键要素以及相关图标[38,39]

与 re3data. org 类似，专门针对数据仓储平台的收录网站还有 FAIRsharing. org（biosharing）[40]，商业平台 Data Citation Index 数据库等[41]。此外，

OpenDOAR[42]收录全世界范围内的开放获取知识库，其中除文献成果知识库之外，也包含研究数据知识库；Open Access Directory：Data Repository[43]中收录了来自43个学科和跨学科领域的数据仓储平台。

3.3.2 研究数据发布与共享的最佳实践

（1）选择与审视数据

目前，越来越多的资助机构要求研究者分享数据或将其公开。将数据分享到数据开放共享平台，不仅可以满足资助机构的政策要求，增加引用、获得学术认可和增加学术影响力，还便于对数据进行管理、存储和长期保存。因此，数据发布与共享越来越成为研究者的共识行为。在共享数据之前，需要对数据进行选择和审视，不仅应该考虑需要提供哪些数据以及元数据，还应该考虑共享数据涉及的隐私、知识产权、版权或许可问题。

① 数据评估和选择：可以从科研过程和政策要求两个角度进行。

从科研角度来看，一些数据集更适合作为数据共享的备选，例如，“独特的数据”：在学术和再利用价值上尤为重要；“最终研究数据”：是指具有一定独立性和完整性，经过组织和整理过的、能够验证研究结果的数据，不包括实验室笔记本和初步分析等。同时，也可以先考察本学科领域已经进行共享的数据范例，例如，生物科学在遗传图谱数据方面的共享先例。

从政策角度考虑，需要在制定数据管理计划时就确定资助机构对于数据共享和公众获取的要求[43]，例如，有的资助机构要求在发表研究成果时同时分享数据，有的资助机构要求在发表成果的12个月之内分享数据，有的资助机构对数据分享的开放共享平台进行了推荐，有的资助机构对发现数据的标识符提出了要求。此外，还需要遵从所属研究机构的政策要求。如果计划将数据集和论文结合发表，还需要确定论文拟投期刊的要求。

② 元数据准备：通过清楚、规范地填写元数据内容，描述研究数据，便

于数据分享的对象更好地理解这些数据，也方便自己在多年之后对数据进行再利用。

对元数据标准/模式的基本了解是准备元数据的基础。例如：Dublin 这样广泛采用的通用元数据往往易于使用，但往往需要进行扩展以涵盖更具体的信息；特定于某学术领域的元数据具有更丰富的词汇和结构，但往往更加专业化。研究者需要根据自己的需求选择采用通用型还是学科领域特定型的元数据。

一般来说，研究者应该能够找到适合需求的元数据模式和标准。如果只能发现一个接近需求但不完美的元数据标准，可以尝试扩展或缩短它以满足需求（参考最小要素）。

在填写元数据字段时，建议多从数据潜在用户的观点考虑，选择一个对访问和使用数据的用户以及管理和保存数据的用户更方便的方案。

③知识产权、隐私和许可确认

在数据共享之前，应当明确数据的所有权和知识产权，包括发明，专利，许可，版权和有形研究资产。对于有多个合作者的资助项目，需要就权益归属进行明确的定义和划分，达成一致协议。此外，还需要考虑保密性和隐私问题，例如，共享来自人类受试者的数据（例如调查，临床研究）时，应当保护研究参与者的身份和隐私。通常，研究者还需要为数据共享分配许可或指定限制。如果包含来自其他来源的数据，需要确认是否有权利共享这些数据，可以检查与这些数据相关的许可来验证操作合法性。

（2）选择数据发布与共享方式

数据发布与分享方式分为三种：

① 作为数据集独立发布

独立发布的数据集可以来自研究项目或者实验观测项目、调查项目，具有一定的独特性和较高的再利用价值，可以支持较广的学术研究需求。例如，作为历史悠久的社会科学数据中心，美国校际社会科学数据共享联盟 ICPSR 中的大部分数据集属于社会科学领域的独立发布数据集。

② 作为数据集发布，并与期刊论文关联

越来越多的学术期刊对数据共享提出要求，即要求将文章的支持数据公之于众。这时，需要考察期刊的数据共享政策，选择合适的数据开放共享平台发布数据集，并在数据集和期刊论文之间建立有效连接。例如，《科学》(Science) 期刊要求大数据必须在发布之前存储在带有标识符的数据库中，并且所有数据和资料必须在发布后才能公开[44]。

③ 作为数据集发布，并与数据论文关联

新型的数据型期刊将同行评审引入数据描述论文的发表流程，获得了研究数据共享领域的关注。数据论文用于描述具有科学价值的数据集，所描述的数据集常常与论文关联发布。例如，自然出版集团推出的《科学数据》(Scientific Data) 期刊，专门发表研究数据集的描述论文，包括收集数据的方法和支持测量质量的技术分析[45]。

(3) 选择合适的数据仓储平台

寻找适合开放共享研究数据的研究数据平台可能是一个挑战，尽管一些学科已经建立了研究数据平台，但是许多研究领域还没有可用和易用的数据存档和在线访问平台。数据仓储平台的选择应当综合考虑分享数据的原因，研究资助机构的相关政策，和研究数据对研究者所属的研究团体和其他领域的价值。研究者可以通过检索 re3data. org，FAIRSharing. org，OPEN DOAR 等知识仓储平台的目录知识库，结合研究数据特征和开放共享需求，从以下十个方面[46]进行考虑和选择。

①学术同行评价：这个仓储平台是否是学术同行倾向于搜索和使用的平台。(re3data. org 可以帮助找到适合数据的仓储平台)

② 数据格式支持：是否支持研究数据以研究者所属学科（和其他学科）

中通常使用的格式上传。

③访问限制支持：研究者是否可以根据需要限制对数据的访问。

④标识符支持：数据是否可以以独有而持久的方式被引用和找到，是否提供数据引用文本和数字对象唯一标识符（DOI）。

⑤数据存储支持：仓储平台是否采取保存措施来保持研究数据的完整性。这些可能包括保持文件完整性、保留多个副本等步骤。

⑥保存期限政策：研究数据将在仓储平台中保留的期限。数据保留期结束时将如何处理。

⑦服务支持：是否提供对数据文档和/或数据存储的支持服务。

⑧发布者权益支持：研究数据发布者的权益是否明确。

⑨访问许可支持：研究数据可以被访问和使用的权利和许可是否清晰。(例如通过使用条款)

⑩成本预算：研究数据存储在此仓储平台中的成本预算。

3.4 研究数据引用

3.4.1 研究数据引用的意义和原则

研究数据引用是指类似于研究人员通常为期刊文章、报告和会议文章等提供书目参考一样提供数据参考的做法[47]，一致的、清晰的研究数据引用目前被认为是使数据作为科研成果得到应有认可、促进数据分享和再利用的关键步骤。

研究数据引用的意义可以归纳为三个方面[48-50]：

① 实现数据查找的溯源。同文献引用类似，数据引用作为一个数据定位或参考机制，可以通过其直接而明确地链接到所使用的精确数据。引用为现

有的工作提供了该领域发展进步的线索，是理解某一主题随着时间产生变化的重要途径。引用帮助读者快速定位并获取数据，增加了数据重用性和共享能力，也提升了信息利用的效率和收益，有助于加快科学发现与创新的步伐。

②使数据生产者的贡献得到认可。数据生产者花费了大量时间和精力进行数据创建和分享，其贡献应该得到承认并且量化贡献度。将数据纳入科研成果评价体系，可以提供一种使所有为数据产生付出努力的人的工作都得到认可的系统。在参考文献部分对数据进行引用标注，有利于数据引用的统计和持续跟踪。

③有利于科研过程的验证。允许其他人获取基本数据有助于对数据和假设进行重新解读，也有助于发现任何可能存在的错误或不一致之处。通过数据引用获取研究过程的原始数据集，按照研究过程进行实施，可以重现研究过程，验证科学研究的结果，提高科研过程的可靠性和透明度。

数据引用日益增长的需求及重要性与现实引用实践的反差，引起了众多国际组织、科研项目、数据仓储或数据中心以及学术期刊出版商的关注[51]。2013 年夏，数据引用综合小组（Data Citation Synthesis Group）成立，旨在统一各种并行建议。通过解构以往的数据引用原则，形成了包含超过 25 家机构投入的综合集，并在研究数据联盟（Research Data Alliance）举办了为期两天的公开研讨会。2013 年 11 月，发表“数据引用原则联合声明（Joint Declaration of Data Citation Principles）”的征求意见稿，并于 2014 年 2 月底正式定稿[52]。“数据引用原则联合声明”中的原则仅提供数据引用建议，不包括执行的详细说明，或关注具体的技术、工具或研究数据知识库，原则应当可以扩展到所有学科和各类数据。如下所示，“数据引用原则联合声明”反映了各方努力，并最终汇聚为八项核心原则[53]：

①重要性（Importance）：数据应被视为合法的，可以被引用的科研产品。数据引用应当在学术记录中得到与其他研究产出（如出版物）同等的重要性。

② 认可和归属（Credit and Attribution）：数据引用应该促进为所有数据贡献者赋予学术认可和法律归属，考虑到单一的认可和归属风格或机制可能并不适用于所有的数据。

③论据（Evidence）：在学术文献中，无论何时何地，如果学术观点依赖于数据，则应引用相应的数据。

④ 唯一标识（Unique Identification）：数据引用应包括一个持久的识别方式，满足机器可识别的、全球唯一的、并被学术社区广泛使用的条件。

⑤获取（Access）：引用应该有助于访问数据本身，以及相关元数据、文档、代码和其他资料，以便知情合理地使用所引用的数据。

⑥持久性（Persistence）：唯一标识符、描述数据及其部署的元数据应该持续存在，甚至超出其描述的数据生命期。

⑦ 特定性和可验证性（Specificity and Verifiability）：数据引用应该有助于识别、访问和验证支持学术观点的特定数据。引用或者引用元数据应包括关于出处和标定性的信息，以便充分验证随后获取的数据的具体时间、版本和/或粒度与最初引用的相同。

⑧互操作性和灵活性（Interoperability and Flexibility）：数据引用方法应该足够灵活，以适应各个学术社区的不同实践，但不应该过度灵活而影响交互性。

截至 2017 年 12 月，“数据引用原则联合声明”已经获得 116 个机构组织和 259 位个人署名认可，包括很多重要出版商和数据存储机构，例如 Elsevier, Scientific Data, Australian National Data Service, UK Data Service, ICPSR 等[54]。

在上述原则基础上，出版商、研究数据知识库、学术社区等对原则如何应用和实现进行了探讨。例如，DataCite、IQSS、EMBL-EBI 等 10 个机构共同制定了针对研究数据知识库的“数据引用路线图”建议[55]，共 11 个步骤，包括持久标识符、持久标识符粒度、登录页面、登录页面包含持久标识符、文档和支持，共五个必备步骤；登录页面包含元数据、登录页面元数据标准、元数据 html 标签、机器可读内容协议，共四个推荐步骤以及三个可选步骤。

3.4.2 研究数据引用的规范和元素

在专门针对研究数据引用规范出现之前，国际通用的学术论文写作规范中已经有部分针对数据引用的要求，但这些格式指南文件都存在着一些普遍问题：① 对引用对象的定义与划分缺少一致性，不能相互兼容。② 由于科学数据的类型多样，数据的引用缺乏系统的、统一的标准。③ 没有包含唯一标识符。

2007 年，M. Altman 等发表论文[56]，对数据引用包含的最小元素集、可选元素等进行了透彻的分析和建议，该文是最早探索数据引用标准的论文之一。2009 年，OECD 出版白皮书，分析了当前数据引用出版的实践、现状和需求，提供了详细的数据集元数据和出版元数据列表[57]。2009 年，国际合作机构 DataCite 成立，主要宗旨是通过为数据注册数字对象标识符推进数据引用规范化。2011 年，DataCite 发布用于数据引用的元数据方案“DataCite Metadata Schema”（截至 2017 年 12 月，已更新至 4.1 版）[58]，给出了核心元数据列表，包含属性和使用规则建议。数据监管中心（DCC）、澳大利亚国家数据服务（ANDS）、美国校际社会科学数据共享联盟（ICPSR）等数据管理和存储服务机构也发布了数据引用相关指南和建议，包含相应的数据引用规范。

研究数据引用规范不仅包含引用元素和格式，还必须考虑一系列相关问题，例如“如何引用”，“引用什么”，“何时引用”，“相关技术”，“利益相关者”等[49-50,58]。

“如何引用”，是指需要制定面向研究数据的元数据规范，建立能够承认作者贡献的评价体系并提供支持科学数据引用的参考文献管理工具。《科学》

（Science）杂志声明，提交的稿件中，所有对于理解、获取和延伸该论文观点有必要性的数据都必须对论文读者提供访问途径，未发布的数据不能用于支持和论证论文观点[59]。研究数据规范引用的基础是数据基于元数据进行发布，并且纳入科研成果评价体系。

"引用什么"，包括引用对象、引用版本、引用粒度等问题。传统上，引用对象分为数据库（Database）、数据集（Data set）、数据记录（Data record）三种，目前引用规范中的对象一般指数据集。近年来，数据论文成为越来越被关注的学术出版物，以描述特定数据集的产生背景、收集过程、内容结构和再利用领域为主体，例如 Nature 集团的《科学数据（Scientific Data）》杂志。何时应当引用数据论文或数据集或同时引用二者，目前并没有通行的规定。个别研究数据仓储，例如 Dryad，要求同时引用二者。引用版本对于数据引用尤其重要，因为数据集可能因为多种原因而改变，数据引用必须包含数据发布者在数据变化过程中标记的版本号。引用粒度本质上是数据引用层次的问题，当前有两种解决方案：一是例如 PANGAEA[60] 等设计的针对不同层次数据引用的引用格式，二是 Altman M. 等[56] 将粒度问题阐述为"深层引用"并且建议在简单的水平上进行引用即可。

"何时引用"：科研论文中所有对于理解、获取和延伸该论文观点有必要性的数据都必须对论文读者提供访问途径，引用是提供访问途径的重要方式。引用的数据可能来自某篇论文中包含解释的数据，作为论文补充材料的数据，存储在数据仓储中以及在数据期刊中发表的数据。需要注意，未出版的私有数据原则上不应该引用。

"相关技术"主要涉及唯一标识符技术和数字指纹技术。唯一标识符技术能够保证引用的唯一性和持久性。标识符类型主要有 DOI 数字对象标识符、ARK 持久标识符架构、Handle 句柄系统标识符等，目前使用最多并且普遍认可的是 DOI 标识符。DataCite 作为通过为数据注册数字对象标识符推进数据引用规范化的国际合作机构，截至 2017 年 12 月已为数据集注册 DOI 标识符总计 1 200 余万个[61]。统一数字指纹（UNF）是一个用于验证数据矩阵或者相关数字对象的方法，能够判断数据在传输、转移之后是否发生改变。例如，Dataverse 平台对 . tab 格式的数据文件自动生成 UNF 数字指纹[62]。

“利益相关者”包括研究资助机构、研究机构、数据生产者、数据中心(数据仓储)、图书馆、学术出版商、数据使用者。研究资助机构和研究机构分别是推动数据引用的外部力量和内部力量，通过制定政策共同为数据引用产生学术激励提供导向。数据生产者是数据引用过程中的首要受益角色，科研认可和持续的经费支持将进一步促进高质量数据集的产生、管理和标引。数据中心和图书馆是数据引用的服务提供者，为数据引用提供平台和实践指导。学术出版商是数据出版媒介，通过学术成果体系的杠杆促进数据引用规范的执行。数据使用者践行规范的数据引用，将提高学术成果的可信度和发表率，也为更多的数据潜在用户提供便利。

“数据引用元数据元素”是数据引用规范的核心组成部分。虽然目前关于引用数据的元数据元素并没有统一的协议，信息标准组织 NISO 也没有编纂相应的标准，但是许多相关机构，例如数据引用国际组织（DataCite[63]）、数据监管机构（DCC[64]）、社会科学数据中心（ICPSR[65]）、数据共享项目（PANGAEA[65]，基础科学数据共享网[65]）都已经对引用元素提供了规范指导，表 3. 4 对上述机构或项目提供的数据引用元素进行了比较。

表 3. 4 数据监管机构或共享项目的数据引用元素比较

引用元素	DataCite	DCC	ICPSR	PANGAEA	基础科学数据共享网
Author/Creator	√√	√	√	√	√√
Title	√√	√	√	√	√√
Publisher/Producer	√√	√	√	√	√√
Identifier	√√	√	√	√	√√

续表

引用元素	DataCite	DCC	ICPSR	PANGAEA	基础科学数据共享网
Publication Date/Publication Year	√√	√	√	√	√√
Edition/Version	√	√			√
Resource type	√	√			
Disseminate Agency/Distributor			√		√√
Location		√	√		
URL					√√
Disseminate Date					√√
UNF		√			
Feature name and URI		√			
Produce Date			√		

注：√√代表强制性元素，√代表未区分元素或可选元素

从表中可以得出，研究数据规范引用的五个必备核心元素为：

①Author/Creator：数据集的创建者

②Title：数据集名称

③Publisher/Producer：数据集发布机构/生产机构

④Identifier：唯一标识符

⑤Publication Date/Publication Year：发布日期

另有一个符合研究数据引用最新发展趋势的推荐元素：

Edition/Version：数据集版本

此外，还有若干一般元素/可选 Resource type

①Disseminate Agency/Distributor：传播机构/分发机构

②Location：发布机构或传播机构的地理信息

③URL：解析网址

④ Disseminate Date：传播日期

⑤ UNF：数字指纹

⑥Feature name and URI：特性名称和标识其标准定义的 URI，用于选出数据子集

⑦Produce Date：生产日期

参考文献

[1] Weber, N. M., Thomer, A. K., Hu, X., Chu, S., & Downie, J. S. (2015). Data Curation Institute:University of Hong Kong.February,25-27.

[2] Data Life Cycle Models and Concepts-CEOS Version 1.2.http://wgiss.ceos.org/dsig/whitepapers/Data%20Lifecycle%20Models%20and%20Concepts%20v12.docx.[2018-07-05].

[3] 丁宁,马浩琴.国外高校科学数据生命周期管理模型比较研究及借鉴[J].图书情报工作,2013,57(6):18-22.

[4] The DCC curation lifecyle model. https://www.era.lib.ed.ac.uk/bitstream/handle/1842/3350/Higgins%20DCCLifecycle.pdf? sequence=1.[2018-07-05].

[5] DDI version 3.0 conceptual model.https://www.ddialliance.org/sites/default/files/Concept-Model-WD.pdf.[2018-07-05].

[6] DataOne-data lifecycle.https://www.dataone.org/data-life-cycle.[2018-07-05].

[7] NSF DataNet solicitation.https://www.nsf.gov/pubs/2007/nsf07601/nsf07601.htm.[2018-07-05].

[8] DataOne-best practices.https://www.dataone.org/best-practices.[2018-07-05].

[9] DataOne-investigator toolkit.https://www.dataone.org/investigator-toolkit.[2018-07-05].

[10] I2S2 Idealised Scientific Research Activity Lifecycle Model.http://www.ukoln.ac.uk/projects/I2S2/documents/I2S2-ResearchActivityLifecycleModel-110407.pdf.[2018-07-05].

[11] Data Management General Guidance.https://dmptool.org/dm_guidance.[2018-07-05].

[12] Kennedy Library Data services.http://guides.lib.calpoly.edu/dataservices.[2018-07-05].

[13] 何琳,常颖聪.国内外科学数据出版研究进展[J].图书情报工作,2014,58(5):104-110.

[14] The National Science Foundation. Dissemination and Sharing of Research Results. https://www.nsf.gov/bfa/dias/policy/dmp.jsp.[2018-07-05].

[15] RCUK Common Principles on Data Policy. http://www.rcuk.ac.uk/research/datapolicy/.[2018-07-05].

[16] 杨淑娟,陈家翠.研究成果传播与共享--英美国家基金项目数据管理计划概述[J].情报杂志,2012(12):176-179.

[17] Checklist for a Data Management Plan. http://www.dcc.ac.uk/sites/default/files/documents/resource/DMP/DMP_Checklist_2013.pdf.[2018-07-05].

[18] ICPSR Guidelines for Effective Data Management Plans. https://www.icpsr.umich.edu/files/datamanagement/DataManagementPlans-All.pdf.[2018-07-05].

[19] USGS Data Management Plan Checklist. https://www2.usgs.gov/datamanagement/documents/data-management-checklist.pdf.[2018-07-05].

[20] UK Data Services - Storing and securing your data. http://ukdataservice.ac.uk/media/440284/storingdata.pdf.[2018-07-05].

[21] Kozlowski W. Guidelines for writing "readme" style metadata. http://data.research.cornell.edu/sites/default/files/SciMD_ReadMe_Guidelines_v4_1_0.pdf.[2018-07-05].

[22] Borgman C L. The conundrum of sharing research data[J]. Journal of the American Society for Information Science and Technology, 2012, 63(6): 1059-1078.

[23] 李慧芳.大数据时代高校图书馆开放科学数据服务[J].中国中医药图书情报杂志,2015,39(2):24-27.

[24] Genbank database. https://www.ncbi.nlm.nih.gov/genbank/.[2018-07-05].

[25] Archaeology Data Service. http://archaeologydataservice.ac.uk/.[2018-07-05].

[26] Harvard Dataverse Network. https://dataverse.harvard.edu/.[2018-07-05].

[27] PURR. http://purr.purdue.edu/.[2018-07-05].

[28] Dryad. http://www.datadryad.org/.[2018-07-05].

[29] Figshare. https://figshare.com/.[2018-07-05].

[30] 徐坤,曹锦丹.高校图书馆参与科学数据管理研究[J].图书馆论坛,2014(5):92-98.

［31］ 黎建辉，虞路清，张波，等.中科院科学数据云架构探析［J］.中国教育网络，2015（10）：33-34.

［32］ 刘霞，饶艳.高校图书馆科学数据管理与服务初探——武汉大学图书馆案例分析［J］.图书情报工作，2013，57（6）：33-38.

［33］ 张计龙，殷沈琴，张用，等.社会科学数据的共享与服务——以复旦大学社会科学数据共享平台为例［J］.大学图书馆学报，2015，33（01）：74-79

［34］ 朱玲，聂华，崔海媛，等.北京大学开放研究数据平台建设：探索与实践［J］.图书情报工作，2016，60（4）：44-51.

［35］ Trustworthy Repositories Audit & Certification.http://www.crl.edu/sites/default/files/d6/attachments/pages/trac_0.pdf.［2018-07-05］.

［36］ re3data homepage.http://www.re3data.org/.［2018-07-05］.

［37］ Michael Witt.Databib：An Online Bibliography of Research Data Repositories.ACRL Digital Curation Interest Group，ALA Annual Conference，Anaheim，California.2012.

［38］ 顾立平.呈现科研数据知识库：re3data.org 注册机制［J］.现代图书情报技术，2014，30（3）：26-34.

［39］ FAIRsharing.https://fairsharing.org/databases/.［2018-07-05］.

［40］ Data Citation Index.http://wokinfo.com/products_tools/multidisciplinary/dci/.［2018-07-05］.

［41］ OpenDOAR.http://www.opendoar.org/countrylist.php.［2018-07-05］.

［42］ Open Access Directory：Data Repository.http://oad.simmons.edu/oadwiki/Disciplinary_repositories.［2018-07-05］.

［43］ Funder Requirements on data management plan and data sharing.https://purr.purdue.edu/dmp/funders.［2018-07-05］.

［44］ Academic Journals Data Sharing Requirements.http://dms.data.jhu.edu/data-management-resources/plan-research/funders-data-sharing-requirement/academic-journals-and-data-sharing-requirements/.［2018-07-05］.

［45］ Scientific Data.https://www.nature.com/sdata/publish.［2018-07-05］.

[46] Selecting a Repository for Data Deposit. http://dms.data.jhu.edu/data-management-resources/publish-and-share/find-a-repository/selecting-a-repository-for-data-deposit/. [2018-07-05].

[47] Data Citation.http://www.ands.org.au/working-with-data/citation-and-identifiers/data-citation.[2018-07-05].

[48] Citing Data.http://www.data-archive.ac.uk/conditions/citing-data.[2018-07-05].

[49] 李丹丹,吴振新.研究数据引用研究[J].图书馆杂志,2013,32(5):65-71.

[50] 王丹丹.科学数据规范引用关键问题探析[J].图书情报工作,2015,59(8):42-47.

[51] 张静蓓,吕俊生,田野.国外科学数据引用研究进展[J].图书情报工作,2014,58(8):91-95.

[52] Data Citation Synthesis Group:Joint Declaration of Data Citation Principles.https://www.force11.org/group/joint-declaration-data-citation-principles-final.[2018-07-05].

[53] An Introduction to the Joint Principles for Data Citation.https://scholar.harvard.edu/files/mercecrosas/files/febmar15_rdap_altman_etal.pdf.[2018-07-05].

[54] ENDORSE THE DATA CITATION PRINCIPLES.https://www.force11.org/datacitation/endorsements.[2018-07-05].

[55] A Data Citation Roadmap for Scholarly Data Repositories.https://www.biorxiv.org/content/biorxiv/early/2017/10/09/097196.full.pdf.[2018-07-05].

[56] Altman,M.& King,G.(2007).A proposed standard for the scholarly citation of quantitative data.D-Lib Magazine,13(3/4).

[57] We Need Publishing Standards for Datasets and Data Tables.http://www.unece.org/fileadmin/DAM/stats/documents/ece/ces/ge.40/2010/wp.8.e.pdf.[2018-07-05].

[58] 张静蓓,田野,吕俊生.科学数据引用规范研究进展[J].图书与情报,2014(11):100-104.

[59] Science Journals:editorial policies.http://cemag.org/authors/science-editorial-policies#dataavail.[2018-07-05].

[60] PANGAEA:Data Publisher for Earth & Environmental Science.https://www.pangaea.de/.

[2018-07-05].

[61] Datacite Statistics.https://stats.datacite.org/.[2018-07-05].

[62] 北京大学开放研究数据平台:中国家庭追踪调查.http://opendata.pku.edu.cn/dataset.xhtml? persistentId=doi:10.18170/DVN/45LCSO.[2018-07-05].

[63] DataCite Metadata Schema Documentation for the Publication and Citation of Research Data.Version 4.0.DataCite e.V.http://doi.org/10.5438/0012.[2018-07-05].

[64] DCC-How to Cite Datasets and Link to Publications.http://www.dcc.ac.uk/resources/how-guides.[2018-07-05].

[65] 基础科学数据共享网项目标准:科学数据引用规范.http://www.nsdata.cn/upload/120822/1208220929441440.pdf.[2018-07-05].

第四章　研究数据管理政策框架与制订

当代科学研究正在向数据密集型转变，以数字形式存在的研究数据逐渐成为学术交流基本元素。研究数据的开放获取具有重大的科学价值、经济价值和社会价值，如今已经逐渐成为世界主要科技大国的发展战略。研究数据的开放共享离不开数据政策体系的保障，研究数据生命周期中的每个步骤都需要有相应的政策做支持。国外一些发达国家的政府、资助/教育机构已制定了较完善的研究数据管理与共享的相关政策。

英国是最早开始探索研究数据管理领域的国家之一，英国数据监管中心（Digital Curation Centre，DCC）是引领相关研究和实践的核心机构。自成立以来，它为科研资助和教育机构提供数据存储、管理和分享、政策制定方面的建议和帮助[1]。在数据政策方面，DCC 在《DCC Curation Policy Report》一文中讲到目前全球已有的数据政策可以分为三类：数据管理和分享计划；机构政策；存储库或数据中心政策。其中每一类政策对数据生命周期的不同步骤都提出了不同的要求，如表 4.1 所示。

表 4.1 DCC 生命周期与政策之间的对应关系

	数据生命周期中对应的步骤
数据管理和分享计划	概念创建-数据创建-元数据-存储-保存-访问和重用
机构/部门政策	数据创建-元数据-评估-存储-保存-访问和重用
机构存储库或数据中心政策	评估-存储-采集-保存/转换-元数据-访问和重用

本章选取美国、英国、澳大利亚等较具代表性和借鉴意义的国家作为调查对象，通过学习其国家政府、科研资助机构、科研教育机构和学术期刊的数据政策，结合英国数据监管中心总结的政策特征覆盖表，提炼出了一个数据政策的通用框架，并对研究数据管理政策的制定提出建议。

4.1 研究数据管理政策的发展概况

4.1.1 国家政府的数据政策

美国于 2009 年开始实施“开放政府计划（Open Government Initiative）”，提出利用开放的网络平台公开政府信息，以鼓励公众参与和交流，增进政府信息的可及性，提高政府效率，推动政府管理向开放、协同、合作迈进[2]。2012 年 3 月，美国政府正式启动“大数据研究和发展[3]”计划，宣布投资 2 亿多美元资助 6 个联邦政府机构和部门，以提高美国政府从海量复杂的数据中提炼信息和获取知识的能力与水平。该计划由白宫科技政策办公室（Office of Science and Technology Policy，OSTP）和美国国家科学基金牵头，带领美国国家卫生研究院、美国国防部、美国国防部高级研究计划局、美国能源部、美国国家科学基金、美国地质勘探局，共同努力推进“研发收集，存储，保存，管理，分析和分享大量数据所需的最先进的核心技术；利用这些技术加快科技工作的发现速度，加强国家安全，转变教学观念；并扩充开发和使用大数据技术所需的人员队伍”[4]。2012—2013 年美国政府更是向亚马逊云服务大量采购了云服务，以支撑大数据应用。目前为止，美国政府已开放195 781个数据集[5]，数据内容涉及农业、气候、消费、生态系统、教育、能源、金融等 14 个主题。2013 年 5 月，美国白宫管理预算办公室和科技政策办公室颁布了开放数据政策-将信息作为资产管理[6]，确保联邦政府部门将政务信息作为资产对待。开放数据政策的初衷是将封闭的政府数据向企业、研究者和公众开放，从而推动新产品、服务和创业。政策中要求全部或者部分受到联邦资助的科研项目所产生的数字形式的科研数据都应该存储起来，并提供检索和使用等公共访问获取服务。

在英国，2010 年首相卡梅伦给所有政府部门发了一封开放数据的公开信，提议为减少财政赤字和创造更好的公共支出效益，政府部门必须对透明度提出新的标准。英国国家档案馆发布的《对公共部门信息的开放政府许可》规定了公共部门信息被许可的具体条件。与此同时，英国政府门户网站的建立，意味着这些政策的具体条款开始落实和实施[7]。2010 年英国政府开放数据门户网站 Data. gov. uk 正式上线以来，英国政府开放数据范围已涵盖商业经济、环境、地图、犯罪与公正、政府、社会、健康、教育、交通等 12 个领域，涉及人们日常生活的各方面[8]。英国政府鼓励民众通过这个网站了解政府运营情况或者利用这些数据做进一步研究或提供服务。2013 年英国政府发布了《抓住数据机遇：英国数据能力策略》，强调政府必须优化公民参与方式，改变服务政策和服务方式，改变责任的承担方式，从“技术”“基础设施、软件和协作”“安全与恰当地共享和链接数据”三个方面提高数据处理能力。英国内阁办公室发布的《2013 年至 2015 年英国开放政府伙伴关系行动计划》从开放数据、诚信缺失、财政透明度、公民赋权、自然资源的透明度五个方面规划了 2013 年至 2015 年的行动计划。2015 年 3 月，内阁办公室公布的《国家信息基础设施执行文件（National Information Infrastructure，NII）》进一步强调具有战略意义的数据的再利用。

继英美之后，很多国家和地区政府纷纷建设“一站式”数据门户，如加拿大、法国、挪威、肯尼亚、澳大利亚、秘鲁、韩国、新加坡等。2013 年 6 月，八国集团首脑在北爱尔兰 G8 Summit 峰会上签署《开放数据宪章[9]》，宪章中提出了五点要求：①使开放数据成为规则；②注重数据质量和数量；③让所有人都可以使用；④为了改善数据发布的管理流程；⑤发布数据为创新服务。法国、美国、英国、德国、日本、意大利、加拿大和俄罗斯承诺，在 2013 年年底前，制定开放数据行动方案，最迟在 2015 年末按照宪章和技术附件要求来进一步向公众开放可机读的政府数据。2014 年，芬兰的 Academy of Finland 也开始向全国研究者提倡将他们自己的研究成果和数据公开出来。

在我国，2015 年 8 月 31 日，国务院以国发〔2015〕50 号印发《促进大数据发展行动纲要》[10]。该《纲要》中明确提出的主要任务中第一条就是加快政府数据开放共享，推动资源整合，提升治理能力。

4.1.2 科研资助机构的数据政策

在美国，美国国立卫生研究院（National Institutes of Health，NIH）是具备比较成熟的开放获取政策的科研资助机构。它于 2002 年就发布了一个关于分享研究数据的声明草案[11]。2003 年，NIH 正式发布了数据分享政策和实施指南[12]，要求在 2003 年 10 月 1 日以后，申请经费每年超过 50 万美元的项目，必须提供数据共享计划。美国的另一个基础研究主要资助机构美国科学基金会（National Science Foundation，NSF）明确表示了对开放获取的支持，并于 2010 年 1 月发布的项目管理指南（NSF Award and Administration Guide，January2010，VI. D. 4）中明确提出了研究数据共享传播的要求[13]，希望研究者在合理的期间内，将由 NSF 资助项目产生或收集的主要数据、样品、物品或其他支持性材料分享给其他的研究者。另外，从2011年1月18日开始，所有提交到NSF的项目申请书必须包含一份不超过两页的“数据管理计划”的补充文档，这个补充文档的提议应该符合NSF研究成果共享传播政策[14]。除了以上两大机构外，美国航空航天局（National Aeronautics and Space Administration，NASA）强制要求所有的NASA科研项目和科研人员在数据管理计划中详述数据的产生过程和数据分享及存储的时间计划表，对于不能进行分享和存储的数据必须仔细列明原因[15]。美国农业部（US Agricultural Department，USDA）的州际研究、教育和推广局（Cooperative State Research，Education and Extension Service，CSREES）要求所有受资助的研究数据必须没有限制地向公众开放[16]。此外，其他一些规模相对较小的政府资助机构也有相应的数据管理政策，如美国疾病控制与预防中心（Centers for Disease Control and Prevention，CDC）制定了《CDC数据发布与共享政策》[17]。

在英国，为了响应2004年1月经济合作与发展组织（The Organization for Economic Co-operation and Development，OECD）的成员国签署的《开放获取公共资助研究数据的宣言》，英国科研资助机构开始大规模制定数据政策。医学研究理事会（Medical Research Committee，MRC）、生物技术与生物科学研究理事会（Biotechnology and Biological Sciences Research Council，BBSRC）、惠康基金（Wellcome Trust）和研究信息网络（The Research Information Network，RIN）相继在2005—2007年间以OECD的数据政策为蓝本制定了数据管理与共享政策。之后，英国研究理事会（Research Councils UK，RCUK）在2011年发布了《RCUK数据政策通用原则（RCUK Common Principle on Data Policy）》，这在数据开放获取运动史上具有里程碑意义。它除了要求提交数据管理、存储和分享计划外，还要求记录并公开数据的元数据；对于已经发表的文章要提供如何获取支持数据的信息[18]。WellcomeTrust受RCUK的影响，工程和自然科学研究理事会（Engineering and Physical Sciences Research Council，

EPSRC）和科学与技术设施理事会（Science and Technology Facilities Council, STFC）分别在2011年5月和9月发布了其数据政策[19]。此外，自然环境研究理事会（Natural Environment Research Council, NERC）、经济与社会研究理事会（Economic and Social Research Council, ESRC）这两个制定政策较早的机构也在2010—2011年间更新了他们的数据政策[20]。

表 4.2 英国科研资助机构数据管理与共享政策发布的时间

科研资助机构	政策名称	政策发布时间
RUCK	RUCK 公共科研行为维护条例	1998 年 12 月
	RUCK 公共研究行为管理的准则与政策	2009 年 7 月
	RUCK 数据政策通用原则	2011 年 4 月
AHRC	数据集要求	未发布正式的数据政策，但 1999 年提出了关于数据访问及保存的要求
BBSRC	数据共享政策	2007 年 4 月开始实行，2010 年 6 月版本更新为 V1.1
EPSRC	科研数据政策框架	2011 年 3 月制定，2011 年 5 月正式实施。要求科研人员在 2012 年 5 月 1 日开始执行，在 1015 年 5 月 1 日前完全执行
ESRC	科研数据政策	2000 年 4 月发布数据政策，2010 年 9 月发布新的数据政策，要求科研人员在 2011 年春季开始执行
MRC	研究数据共享政策	2005 年制定，2006 年 1 月正式实行，2011 年 9 月更新
NERC	数据政策	1996 年发布数据政策手册，1999 年及 2002 年进行了更新，2010 年 9 月发布新的数据政策，2011 年 1 月正式生效
STFC	科学数据政策	2011 年 9 月发布
Wellcome Trust	数据管理与共享政策	2007 年 1 月发布，2010 年 8 月更新
RIN	研究数据管理的原则与指南	2007 年中期发布

在澳大利亚，2007 年国家卫生医学研究理事会（National Health and Medical Research Council，NH&MRC）和研究理事会（Australian Research Council，ARC）连同大学共同发布了澳大利亚负责任研究行为准则（Australian Code for the Responsible Conduct of Research，CODE），要求研究者对数据管理的所有权、伦理、保留和处置等进行清楚的阐述。ARC 自 2007 年起鼓励研究者将他们在研究项目中产生的数据存储到公众可以访问的存储库中去。自 2014 年 2 月，ARC 要求接受资助的研究者提交他们的研究数据管理计划[21]。

4.1.3 科研教育机构的数据政策

美国最早在大学政策中就体现出对科研数据保存和管理的重视。1994 年，杜克大学就出台了科研数据保存和获取政策。斯坦福大学在 1997 年发布了大学科研数据材料保留政策，要求大学相关部门以及研究项目主管最少保留原始研究数据三年。肯塔基大学在 1999 年也公开了该校的科研数据保留政策。2001 年密歇根大学研究理事会发布一份指南“研究数据：管理、控制和访问”，以类似政策的形式对科研数据的所有权、保存、转移、冲突管理等进行了说明。随着 NIH、NSF 等资助机构出台数据共享政策，以及科研界对科研数据管理越来越重视，2008—2012 年间，越来越多的大学制定了科研数据管理政策。约翰霍普金斯大学于 2008 年发布了《关于获取和保存研究数据和材料的政策（Policy on Access and Retention of Reserch Data and Materials）》[22]，该政策涵盖了涵盖数据所有权，保留，获取和维护研究数据四个方面。康奈尔大学研究数据管理服务小组成立于 2010 年，发布了《满足基金会的数据政策：研究数据管理服务小组蓝皮书[23]》，总结了数据管理计划中的元素，提出一种虚拟组织结构，构建校内各机构组织之间的合作。典型代表还包括莱斯大学、西北大学、田纳西州州立大学、纽约大学、新罕布什尔大学、弗吉尼亚联邦大学等。政策名称上，美国多数大学以“科研数据的保留、存储与获取政策”来命名。

英国大学科研数据管理政策主要在2011—2013年间制定，其产生的直接契机是艺术与人文研究委员会（Arts and Humanities Research Council，AHRC）、生物技术与生物科学研究委员会（Biotechnology and Biological Sciences Research Council，BBSRC）、英国研究理事会（Research Councils UK，RCUK）、工程与物理科学研究理事会（Engineering and Physical Sciences Research Council，EPSRC）、经济与社会研究理事会（Economic and Social Research Council，ESRC）、医学研究委员会（Medical Research Council，MRC）等科研资助机构制定的数据管理要求。最早发布科研数据管理政策的英国大学是爱丁堡大学。2011年5月爱丁堡大学重新制定“研究数据管理政策”作为对科研质量的保证。它要求研究者的新研究计划自采纳之日起必须包括数据管理计划或协议，大学将提供培训、建议、指导和模板，并为数据资产的存储、备份、登记、托管、保留和获取提供配套机制和服务。根据英国DCC网站上的统计，目前已有79所大学出台科研数据管理政策[24]，包括牛津大学、南安普顿大学、北安普顿大学、伦敦大学国王学院、利兹大学、东伦敦大学、谢菲尔德大学等英国知名大学[25]。

在澳大利亚，国家数据服务（Australian National Data Service，ANDS）在CODE的基础上提出了一个大学数据管理政策指导性意见，其目的是为大学建立科研数据管理政策提供研究思路和起点。在CODE、ANDS影响下，2008年底开始，莫纳什大学、纽卡斯尔大学、昆士兰科技大学、墨尔本大学、南澳大利亚大学、詹姆斯·库克大学、新南威尔士大学、卧龙岗大学等纷纷出台科研数据管理准则或政策[26]。

4.1.4 学术期刊的数据政策

Springer Nature自然杂志社要求旗下的所有杂志都要强制作者将期刊论文

中使用的数据、材料、代码或其他附加信息存储于可公开访问的数据库中（如GenBank、Protein DataBank等）[27]。牛津大学出版社的Quarterly Journal of Economics杂志则要求研究者将数据存储到一个可供访问的数据库即可，当有研究者希望复制实验时提供访问链接。实际上，很多学术期刊还没有提出强力的强制性数据政策，而只是提供作者指南或者建议。剑桥大学出版社的Cambridge Core杂志没有发布强制政策，只是推荐研究者将数据存储到Dyrad数据库。

期刊出版商PLOS One在2008年制定了数据共享政策，建议研究人员在发表论文时，提交相关的附加数据，并建议将数据保存在开放获取的机构数据库或多学科数据库（如GenBank、Dryad）中[28]。Elsevier出版社在研究数据管理政策中表示它鼓励和支持研究者在尽量早的时间将研究数据分享在合适的存储库；同时Elsevier支持研究数据作为一个单独的同行评议学术成果来发表，以此来提高数据的重用率，并给作者提供更多的肯定他们的工作的途径。英国的Ubiquity Press要求旗下的所有期刊和书籍应该大力鼓励作者提供发表的成果相关的支持材料的开放获取，如研究数据、软件、生物信息和方法。这样同行评议的专家可以更好地评估他们提出的理论的基础，研究团体和公众也同样可以验证作者的工作，并更方便的基于这些资料做出更多的研究成果[29]。Wiley出版社没有发布明确的数据政策，但是他们提供数据分享服务以帮助作者管理、发布和存储自己的研究数据[30]。Taylor & Francis出版社也只是在作者服务网站中，建议作者将数据公开，以提高文章曝光率，让更多的人可以引用这些数据。

主打科研数据出版的期刊则通常采用强制性的数据政策。Data in Brief杂志要求其录用的数据文章中描述的所有数据都必须提供公开访问[31]。Scientific Data杂志遵循Nature杂志社对数据开放获取的强制政策，要求作者将数据描述文章的数据尽量公开在学科化的，被广泛认可的数据库中，在找不到合适的学科存储库时才使用通用存储库。

4.2 研究数据管理政策框架

科研教育机构研究数据管理政策的制定和科研资助机构研究数据管理政策的出台有直接的因果关联性，两者在内容上也同样有类似的关联性。本小节结合权威科研机构给出的研究数据管理政策框架，分析了英、美、澳三国的科研资助与教育机构的研究数据管理政策的实例，在最后总结并梳理了一个通用政策框架，并对框架中的各个元素进行了介绍。

4.2.1 政策框架研究现状

目前，已经有一些著名的科研资助机构或研究机构对科研数据管理政策的框架、内容或涉及范围给出了建议或发布了相关的制定指南，但由于大多是建立在对科研资助机构的数据政策进行调研的基础上提出的，所以内容更适用于资助机构。但由于科研教育机构的研究数据管理政策大部分受到资助机构的影响或制约，所以对已有的资助机构研究数据政策框架进行研究有助于机构的研究数据管理政策制定工作。

（1）DCC 科研资助机构研究数据管理政策框架建议[32]

DCC 通过分析 9 个英国科研资助机构的数据政策，总结出这类政策通常应包含 4 个大方面：数据计划，数据分享，数据保存和费用：

①数据计划：是否要求提供数据管理或分享计划；

②数据分享：包含数据分享的方式，时间，开放范围等；

③数据保存：包含数据保存的地方，时长，技术手段等；

④费用：是否对数据的管理和存储提供资金资助。

（2）RECODE 科研资助机构研究数据管理政策框架建议

欧洲研究数据开放获取政策建议（The Policy RECommendations for Open Access to Research Data in Europe，RECODE）是欧洲的一个专门针对研究数据开放获取的政策研究项目。RECODE 对于数据政策内容的分类更为细致，它建议科研资助机构的数据政策应该包含以下 10 个部分[33]：

①默认开放获取。该部分政策应将研究数据的开放获取设置作为默认和强制性要求，并提供适当的支持和资金（例如存储费用）。当数据明显涉及伦理，版权，保密，安全和类似的问题时，才能选择不公开。

②职责。该部分政策应该为所涉及的主要利益相关方分配责任和设立期望，即：资助者，研究人员（根据其授权申请人或授权人的能力），研究机构，数据中心和知识库。

③适用范围。该部分政策应该明确地说明应该开放哪些数据。用于验证出版物中的科研结论的研究数据，和项目中生成的其他数据应该被要求将数据和元数据开放获取。虽然开放获取研究数据本身并不总是可能的，但是应该要求在提供开放元数据的存储库/数据中心中进行存储。

④数据管理计划。该部分政策应要求受资助的将会生成项目数据的申请人，提供数据管理计划作为全面处理数据管理（包括获取数据）的主要工具。同时应提供数据管理计划的模板。

⑤存储时间。该部分政策应要求数据支持性出版物在出版文章的同时提供数据的获取链接，同时在项目结束时提供其他数据。

⑥存储位置。该部分政策应要求数据在被科学界/科研团体认证和信任的存储库和/或数据中心进行存储，或在资助机构建议或要求的特定数据中心或资料库进行存储。

⑦允许再利用的技术规范。为了保证研究数据的重用和引用，资助机构应在政策中明确在元数据，DOI，系统互操作性，机器可读性和可挖掘性以及

软件等方面的要求。

⑧研究数据的使用许可。该部分政策应要求研究数据附带许可描述使用条款，例如知识共享许可证。最好许可信息应该是机器可操作的。

⑨长期获取条款。该部分政策应包括长期提供数据获取的规定，因为重用和可用性是开放获取研究数据管理的主要目的。

⑩政策遵守。该部分政策应就研究人员遵守情况作出陈述，并澄清不遵守时的措施（如资助机构可能在研究人员不遵守政策规定的情况下，不交付全部资助资金）。

（3）英国研究信息网（Research Information Network，RIN）科研资助机构研究信息产出管理政策内容建议

RIN 通过调研英国各大研究资助机构在研究数据管理方面的政策和实践经验后，总结了研究数据政策的 10 个必须涉及的方面：

①角色和责任。政策中应该将研究数据的研究和管理工作的关键参与者（包括研究人员，资助者，研究机构，图书馆，专业数据中心和服务）的作用和责任列明。

②发表和未发表研究信息产出的类别。很多资助机构的政策目前只涉及期刊文章和会议论文，其实书籍、学位论文、灰色文献和研究数据同样应该受到重视。

③成本和资助。政策中应该涉及研究信息产出管理的短期和长期成本预算，以及资助机构将提供的资助或者服务。

④效益。对成本的关注不应该排除对提供有效管理信息输出的投资的利益的评估，提高研究的效率和增强其影响。

⑤知识转移（Knowledge Transfer，KT）。KT 是一个越来越重要的政策必要条件，但资助机构对于制定支持和促进 KT 所需的研究的信息产出的政策，或者如何传播和推广还没形成统一的规范。同样，资助机构对于如何使研究

成果可以获取和理解也没有统一的共识。

⑥知识产权。在保护知识产权的情况下，将研究信息产出尽可能地开放和传播。

⑦存储库。政策中应该涉及存储库的目标，内容收缴范围，存储机制等。

⑧开放获取期刊。如果依赖出版物费用作为商业模式的关键部分的开放获取期刊，长期而言为了可持续发展，研究机构和其他资助者必须建立支付此类费用的机制。

⑨元数据和互操作性。高质量的元数据对于确保信息产出得到有效管理并使他人能够访问至关重要。资助者和研究机构在提供指导和建立程序以支持研究人员提供高质量元数据方面发挥至关重要的作用。同样，重要的是，如2005年RCUK立场声明所示，研究资助者应与其他相关机构（包括监委会，英国图书馆，RIN和出版商）共同制定积极和一致的方法来开发工具和标准，以确保最大限度地利用信息产出成果的交换和再利用的机会。

⑩监管和保存。研究人员现在生产的大多数信息输出都是数字形式。为了确保有价值的产出不被损坏或丢失，必须采取积极措施收集，策划和保存。数据和信息政策对此而言至关重要，需要在资助者，研究机构和专业机构之间进行协调。

4.2.2 研究数据管理政策的内容元素

（1）科研资助机构研究数据管理政策的内容元素

本小节通过对美国、英国、澳大利亚21个科研资助机构的研究数据管理政策内容元素进行了梳理，将科研资助机构研究数据管理政策的内容元素大致分为三大类（表4.3）：

①一般政策：一般包含对数据管理政策执行情况的监督机制，对数据管理的资金支持，数据的范围定义；

②数据管理政策：一般包含数据质量控制政策，数据共享利用政策，数据保存政策，数据合法保护政策；

③支持提供：这部分政策通常会列明希望研究者进行数据存储的推荐或自荐机构库或数据中心，以及针对研究数据管理提供的指导与服务；

表 4.3 中按照三个分类罗列出了 15 个被采用的比较多的研究数据管理政策元素的被采纳情况：数据管理计划、政策执行监督、资金支持、数据范围、数据标准、元数据标准、数据访问、时滞期、数据共享、数据保存、机构库、数据中心、数据管理指导与服务、数据版权、数据隐私[34]。除此之外，一些资助机构还会在政策中涉及更细节的元素，如数据管理计划时间表，相关法律，费用等等。

表 4.3 科研资助机构研究数据管理政策涵盖的政策框架元素

国家	科研资助机构	一般政策			数据管理政策									支持提供		
					数据管理计划	数据质量控制		数据共享利用			数据保存	数据合法保护				
		政策执行监督	资金支持	数据范围		数据标准	元数据标准	数据访问	时滞期	数据共享		知识产权	数据隐私	机构库	数据中心	指导与服务
美国	NSF				√	√	√	√	√		√					
	BREAD		√	√	√	√		√	√						√	
	EAR	√		√	√			√	√		√	√		√	√	
	USDA				√	√	√	√	√		√	√		√		
	NIH	√	√	√	√		√	√	√		√			√	√	
	DOE								√							
	DoEd										√					
	EPA															
	USAID							√			√					
	NASA	√	√	√	√			√			√			√	√	

续表

国家	科研资助机构	一般政策			数据管理政策									支持提供		
					数据管理计划	数据质量控制		数据共享利用			数据保存	数据合法保护				
		政策执行监督	资金支持	数据范围		数据标准	元数据标准	数据访问	时滞期	数据共享		知识产权	数据隐私	机构库	数据中心	指导与服务
英国	RCUK		√				√	√	√	√	√	√				
	AHRC				√		√	√	√	√	√	√	√		√	√
	BBSRC	√	√	√	√	√	√	√	√	√	√	√	√	√	√	√
	EPSRC	√	√	√	√		√	√	√	√	√	√				√
	ESRC	√	√	√	√	√	√	√	√	√	√	√	√	√	√	√
	MRC		√	√	√	√	√	√	√	√	√	√	√	√		√
	NERC	√	√	√	√	√	√	√	√	√	√	√	√	√	√	√
	STFC	√		√	√	√	√	√	√	√	√			√	√	√
	Wellcome Trust	√	√		√			√	√	√	√			√	√	√
	RIN		√	√		√	√	√		√	√	√	√			√
澳大利亚	ARC			√		√	√	√		√	√	√	√	√	√	√

（2）科研教育机构研究数据管理政策的内容元素

本小节选取了美国、英国、澳大利亚三个国家中 USNEWS 全球最佳高校排名中排名靠前且发布研究数据管理政策的高校共 27 所，对选取高校的研究数据管理政策内容元素进行了梳理，将科研教育机构研究数据管理政策的内容元素大致分为两大类（表 4.4）：

①一般政策：一般包含术语定义，政策目的、原则，权利与责任，适用性和范围，政策修订等 5 个方面；

②数据管理政策：一般包含数据管理计划，数据共享利用政策，数据保存政策，数据质量控制政策，数据合法保护政策等 5 个方面；

表 4.4 中按照三个分类罗列出了 14 个被采用得比较多的政策元素的被采纳情况[35-36]：术语定义，政策目的与原则，权利与责任，适用性与范围，政策修订，数据管理计划，数据共享，数据使用，数据维护，数据保存，元数据要求，数据要求，知识产权，道德要求。除此之外，一些教育机构还会在政策中涉及更细节的元素，如问责机制，不满上诉，撤回政策，费用，相关法律，制裁措施等。

表 4.4　科研教育机构研究数据管理政策涵盖的政策框架元素

国家	科研教育机构	一般政策					数据管理政策								
							数据管理计划	数据共享利用		数据保存		数据质量控制		数据合法安全保护	
		术语定义	政策目的与原则	权利与责任	适用性与范围	政策修订		数据共享	数据使用	数据维护	数据保存	元数据要求	数据要求	知识产权	道德要求
美国	约翰霍普金斯大学	√	√		√				√	√	√			√	
	斯坦福大学	√	√		√				√	√	√			√	
	西北大学	√	√	√	√	√				√	√			√	
	犹他大学	√	√		√	√									
	田纳西州立大学	√	√	√			√			√	√				
	爱达荷州立大学	√	√				√								
	新罕布什尔大学	√		√	√			√	√		√			√	
	肯塔基大学	√			√					√					
	罗切斯特大学	√	√	√											
	詹姆斯麦迪逊大学	√	√	√	√										

续表

国家	科研教育机构	一般政策					数据管理政策								
							数据管理计划	数据共享利用		数据保存		数据质量控制		数据合法安全保护	
		术语定义	政策目的与原则	权利与责任	适用性与范围	政策修订		数据共享	数据使用	数据维护	数据保存	元数据要求	数据要求	知识产权	道德要求
英国	牛津大学		√				√			√	√				
	巴斯大学				√		√	√	√		√	√	√		√
	伯明翰大学			√	√		√	√	√			√	√		√
	爱丁堡大学		√	√	√		√	√	√		√	√	√	√	√
	伦敦国王学院			√	√	√	√	√	√						√
	利物浦大学	√		√	√	√	√		√		√	√	√	√	√
	曼彻斯特大学			√	√	√	√	√	√		√	√	√	√	√
	诺丁汉大学	√		√			√	√	√			√	√		√
	伦敦大学学院	√		√	√		√		√		√	√	√		√
	约克大学	√		√	√	√	√		√		√	√	√	√	√
澳大利亚	昆士兰科技大学	√	√	√		√	√				√	√	√	√	√
	莫纳什大学	√		√		√	√			√	√	√		√	√
	墨尔本大学	√	√	√		√		√	√	√	√			√	√
	纽卡斯尔大学	√			√				√	√	√				
	卧龙岗大学	√	√	√	√	√				√	√			√	√
	新南威尔士大学	√	√	√					√	√	√				
	南澳大利亚大学	√	√	√		√					√			√	√

4.3 研究数据管理政策的制订建议

通过分析和总结科研资助机构和教育机构的研究数据管理政策的内容元

素，本小节总结出了一份研究数据管理政策的元素清单[37-39]，具体内容如下：

（1）一般政策：

①目的与原则：制定政策的目的、预期目标、原则。比如在数据准确性、完整性、真实可靠性、安全性、符合法律和道德规范等方面的要求；

②术语定义：该部分政策通常会给出政策中的关键名词术语的解释和适用范围说明；

③适用性与范围：界定政策的受众人群。通常有项目负责人、一般研究人员、院系的部门主任、研究学生、研究生导师等；

④权利与责任：该部分政策通常会定义参与研究数据管理工作的各个角色的责任与义务；

⑤问责机制：政策实施过程中各角色的职责（政策执行过程中的监督机制，负责政策解释的部门，负责数据库或存储库建设的部门等等），甚至会包含不遵循政策时的惩罚机制；

⑥政策修订：历史版本信息政策制定时间、修改记录、更新机制以及最新版本说明等；

（2）数据管理政策：

①数据管理计划要求：此部分政策应明确是否强制/建议研究人员提供（研究机构或资助机构要求的）研究数据管理计划；可选择性提供数据管理计划模板；

②数据质量保证：

- 元数据标准或要求：制定元数据格式和字段标准对于数据的再利用很重要。元数据包含数据的相关信息，可以为其他研究者使用数据时提供必要的信息，协助他人更方便的查找和正确的使用数据。对于一些专业性很强的数据，通常会建议采用学科领域已经通用的元数据标准；
- 数据标准或要求：定义政策适用的数据范围，是所有研究数据还是某些类型的数据。制定数据或数据集的标准或要求有利于研究人员选择有价值的数据以尽可能长期有效的方式和格式进行长期保存和日常管理；

③数据共享与利用：

• 数据访问：该部分政策通常定义数据的授权访问者、对数据的访问方式、数据的分级访问深度及自由度，正式公开的时延期，访问授权；

• 数据使用：该部分政策通常包含对数据和元数据再利用的规范，例如引用方式，要求遵循的共享协议等；

④数据保存：该部分政策通常包括保存范围、项目或研究完成后还要继续保存的最低期限（各机构对此的要求各不相同，最常见的期限要求是10年)、存储格式要求，存储工具与平台，数据备份机制，长期存储技术等信息；

⑤数据维护：该部分政策通常包括数据撤回，数据销毁，数据转移等方面的机制或流程。

• 数据撤回和销毁包括申请程序、执行人等规定。例如，规定至少在最低保留期限之后才可以销毁数据，并要求有书面的申请。但有些情况不能销毁数据，比如卧龙岗大学规定涉及学术不端行为指控的相关研究记录不得销毁；

• 数据转移：指科研人员调离岗位后，科研数据的移交、保存，责任转移，知识产权和所有权的处理等问题说明；

⑥数据合法保护

• 知识产权及所有权：数据开放使用过程中应该尊重各利益相关者的合法权利和利益。该部分政策应涉及数据所有权以及版权的说明，以及遵循的共享许可协议[40]；

• 数据安全：数据安全的保护，保密的原则性或保密协议说明，关于数据限制性访问的说明；

• 道德方面的声明：该部分政策通常用于申明数据使用或重用过程中涉及的道德方面的问题：隐私保护，涉及学术不端行为或学术抄袭等道德问题时的处理机制；

（3）机构提供的支持：机构为推动政策实施而提供支持性服务：

①存储服务：如机构知识库，机构存储库，数据中心，数据存储服务等；

②存储建议：提供建议的存储库或数据中心的链接；

③培训教育：如研究数据管理计划的指导，研究数据管理相关的技能/工具培训，数据素养提高的培训等等；

④研究数据管理工具：工具的下载或访问链接；

（4）其他可考虑的政策元素[41]：

①费用[42]：是否提供数据管理工作相关的资金支持；对数据管理工作可能产生的费用的预估或者预算。

②合作研究：跨部门、跨机构的合作科研数据保存说明。如共享知识产权、科研成果管理、利益冲突管理、科研成果商业化的数据所有权、是否按照其他机构的数据管理计划进行保护等；

③相关文件或法律政策：机构已有科研规定、管理规定、数据管理支持文件、数据管理要求等；相关的版权、隐私保护等法律政策、信息自由、信息安全条例、开放获取、电子邮件管理条例等；

④其他规定：比如研究成果的出版传播、著作署名权问题、同行评审、利益冲突的解决 办法说明、科研不端行为指控的解决框架。

对政策元素清单进行分类和组织，可以得到如表 4.5 所示的政策通用框架表格。

表 4.5　科研数据管理政策通用框架

一般政策	目的与原则	
	术语定义	
	适用性和范围	
	权利与责任	
	问责机制	
	政策修订	
数据管理政策	数据管理计划要求	
	数据质量保证	元数据标准或要求
		数据标准或要求
	数据共享与利用	数据访问
		数据使用
	数据保存	
	数据维护	数据撤回
		销毁
		数据转移
	数据合法保护	知识产权及所有权
		数据安全
		道德方面的声明
机构提供的支持	存储服务	
	存储建议	
	培训教育	
	研究数据管理工具	
其他元素	费用	
	合作研究	
	相关文件或法律政策	

4.4 结语

本章选取美国、英国、澳大利亚三个国家的国家政府、科研资助机构、科研教育机构和学术期刊作为调研对象，对其发展近况进行了概述，通过梳理科研资助机构和科研教育机构的数据政策元素，结合英国数据监管中心总结的政策特征覆盖表，提炼出了一个数据政策的通用框架，并对研究数据管理政策的制定提出建议。希望能够为我国相关机构制定与完善研究数据管理政策、推进研究数据的开放获取提供借鉴。

参考文献

[1] 杨鹤林.英国数据监护研究成果及其在高校图书馆的应用--DCC 建设回顾[J].图书馆杂志,2014,33(3):84-90.

[2] 周志峰,黄如花.国外政府开放数据门户服务功能探析[J].情报杂志,2013(3):144-147.

[3] Big Data R&D Initiative [EB/OL].[2017-07-10].https://www.nist.gov/sites/default/files/documents/itl/ssd/is/NIST-BD-Platforms-05-Big-Data-Wactlar-slides.pdf.

[4] Gianchandani,E."Obama administration unveils $200 m big data r&d initiative." The Computing Community Consortium (CCC) Blog (2012).

[5] 关汉卿,国内外政府数据政策发展、开放趋势及对比[EB/OL].[2017-07-10].https://www.saluzi.com/t/topic/22905.

[6] Open data policy:Managing information as an asset[EB/OL].[2017-07-10].https://www.whitehouse.gov/sites/default/files/omb/memoranda/2013/m-13-13.pdf.

[7] 朱贝,盛小平.英国政府开放数据政策研究[J].图书馆论坛,2016,36(3):121-126.

[8] UK Data [EB/OL].[2017-07-10].Data.gov.uk.

[9] G8 Open Data Charter [EB/OL].[2017-07-10].https://www.gov.uk/government/publi-

cations/open-data-charter/g8-open-data-charter-and-technical-annex.

[10] 促进大数据发展行动纲要[EB/OL].[2018-12-23].http://www.gov.cn/zhengce/content/2015-09/05/content_10137.htm.

[11] NIH announces draft statement on sharing research data (2002) [EB/OL].[2017-07-10].https://grants.nih.gov/grants/guide/notice-files/NOT-OD-02-035.html.

[12] National Institutes of Health." NIH data sharing policy and implementation guidance." Retrieved June 9 (2003), https://grants.nih.gov/grants/policy/data_sharing/data_sharing_guidance.htm.

[13] NSF data sharing policy, https://www.nsf.gov/bfa/dias/policy/dmp.jsp.

[14] 谢艳秋,钱鹏.国外科学数据共享政策的发展研究[J].新世纪图书馆,2014(1):67-71.

[15] NASA´s Data Management Plan, https://www.nasa.gov/sites/default/files/atoms/files/206985_2015_nasa_plan-for-web.pdf.

[16] https://www.usda.gov/sites/default/files/documents/odp-communications-plan.pdf.

[17] 司莉,邢文明.国外科学数据管理与共享政策调查及对我国的启示[J].情报资料工作,2013,34(1):61-66.

[18] Research data policy briefing [EB/OL].[2017-07-10].http://www.dcc.ac.uk/sites/default/files/documents/resource/policy/DCC_policy_briefing_2011.pdf.

[19] Jones, Sarah." Developments in research funder data policy." International Journal of Digital Curation 7.1 (2012):114-125.

[20] 陈大庆.英国科研资助机构的数据管理与共享政策调查及启示[J].图书情报工作,2013,57(8):5-11.

[21] Australian Code for the Responsible Conduct of Research [EB/OL].[2018-12-25].https://nhmrc.gov.au/sites/default/files/documents/attachments/grant%20documents/The-australian-code-for-the-responsible-conduct-of-research-2018.pdf.

[22] Policy on Access and Retention of Research Data and Materials [EB/OL].[2017-07-10]. http://dms. data. jhu. edu/files/2016/08/JHUDataRetentionPolicy2008 _

WithAppendices.pdf.

[23] The research data management service group [EB/OL].[2018-12-25].https:/ /confluence.Cornell.edu/display/rdmsgweb/About.

[24] Overview of UK Institution RDM Policies(Version 6 August 2016)[EB/OL].[2017-07-10].http://www.dcc.ac.uk/resources/policy-and-legal/institutional-data-policies.

[25] 丁培.国外大学科研数据管理政策研究[J].图书馆论坛,2014(5):99-106.

[26] 丁培.国外大学科研数据管理政策研究[J].图书馆论坛,2014(5):99-106.

[27] Availability of data,material and method,http://www.nature.com/authors/policies/availability.html.

[28] 林芳芳,赵辉.美国 Dryad 数据库共享政策及启示[J].中国科技资源导刊,2015,47(6):48-52.

[29] Ubiquity Press Research Data [EB/OL].[2017-07-10].http://www.ubiquitypress.com/site/research-integrity/#----------research-data--------

[30] Wiley´s Data Sharing Service [EB/OL].[2017-07-10].https://authorservices.wiley.com/author-resources/Journal-Authors/licensing-open-access/open-access/data-sharing.html.

[31] Data in brief data policy [EB/OL].[2017-07-10].https://www.journals.elsevier.com/data-in-brief/policies-and-guidelines/data-in-brief-faq.

[32] DCC Research data policy briefing [EB/OL].[2018-12-26].http://www.dcc.ac.uk/sites/default/files/documents/resource/policy/DCC_policy_briefing_2011.pdf.

[33] Sveinsdottir,Thordis,et al." Policy recommendations for Open Access to research data in Europe-Stakeholder values and ecosystems." Information Services & Use 34.3-4 (2014):331-333.

[34] 陈大庆.英国科研资助机构的数据管理与共享政策调查及启示[J].图书情报工作,2013.

[35] 司莉,邢文明.国外科学数据管理与共享政策调查及对我国的启示[J].情报资料工作,2013 (1):61-66.

[36] 丁培.国外大学科研数据管理政策研究[J].图书馆论坛,2014(5):99-106.

[37] 丁培.国外大学科研数据管理政策研究[J].图书馆论坛,2014(5):99-106.

[38] Horton, L, DCC Overview of UK Institution RDM Policies´(Version 6 August 2016, Digital Curation Centre.)[EB/OL].[2017-07-10].http://www.dcc.ac.uk/resources/policy-and-legal/institutional-data-policies.

[39] Dietrich D, Adamus T, Miner A, et al. De-mystifying the data management requirements of research funders[J]. Issues in Science and Technology Librarianship, 2012, 70(1).

[40] 刘细文,熊瑞.国外科学数据开放获取政策特点分析[J].2009.

[41] 丁培.国外大学科研数据管理政策研究[J].图书馆论坛,2014(5):99-106.

[42] Research data policy briefing[EB/OL].[2017-07-10].http://www.dcc.ac.uk/sites/default/files/documents/resource/policy/DCC_policy_briefing_2011.pdf.

第五章 研究数据管理中的元数据

5.1 研究数据元数据概述

元数据，被定义为“描述数据的数据”。研究数据，是指科学研究活动中，科研人员通过观察、探测、实验、建模、仿真和调查等形式收集的，所有能够用于验证研究发现和结论的研究过程的完整事实材料和数字产品，例如：文档、数据文件、问卷、模型、算法、软件或代码、图片、音视频资料等。相应地，研究数据元数据是指描述研究数据集的创建者、上下文、空间、时间、起源、历史、数据质量等信息，以便支持数据使用者对数据的发现、选择、定位、获取、解释和再利用等功能，以及数据拥有者或管理者对数据的组织、管理、共享和长期保存等功能的数据。

2011 年，英国数字监管中心（Digital Curation Center）发布《数字监管参考手册—科学数据元数据部分（Digital Curation Reference Manual-Instalment on scientific metadata）》，论述了科学数据元数据的特征和角色，指出元数据在数据仓储的管理和数据监管中扮演中心角色[1]。研究数据元数据在数据管理计划和公共资助研究项目研究数据的公众获取中也扮演着核心角色，例如，

2011 年美国国家自然科学基金会（NSF）新增的研究数据管理计划要求中明确把“将使用的数据和元数据格式标准”列为重要建议[2]。2012 年，欧洲研究图书馆协会（LIBER）发布的《图书馆开始从事研究数据管理的十条建议》中指出，图书馆应该参与元数据和相关数据标准的建设，同时应当提供研究数据相关的元数据服务[3]。美国密歇根大学校际政治及社会研究联盟（Inter-university Consortium for Political and Social Research，ICPSR）在其《维持领域数据仓储白皮书》（Sustaining Domain Repositories for Digital Data：A White Paper）中指出，元数据标准如保存元数据框架对于数据仓储的发现、检索、获取和科研群体标准的转变是非常必要的[4]。

5.1.1 研究数据元数据的功能需求

研究数据的产生和积累正在呈指数级增长，科学研究和科技创新越来越依赖于对海量数据的管理、分析和再利用。科学是收集事实和发展理论的结合，数据是科学事业的基础和核心。目前，越来越多的在线研究数据仓储正在被建立，为学术期刊提供作为论文基础的研究数据的链接和获取。为了支持研究数据的发现、获取、解析和再利用，描述和呈现研究数据的元数据应该满足资源发现和使用、数据解析互通性、自动或半自动的元数据生成、学术成果与支撑数据之间的相互链接、数据/元数据质量控制、数据安全等功能需求。

研究数据元数据功能需求模型[5]（图 5.1）将元数据功能需求分为四个象限：数据管理、数据质量控制、数据发现、数据利用。这四个象限分别支持不同的数据任务：数据管理象限支持元数据自动或半自动生成、数据管理、数据存储、数据安全、数据互通；数据质量控制象限支持数据验证、复制；数据发现象限支持数据分享（发布、引用）和数据发现（选择、唯一确定、获取）；数据使用象限支持数据分析、可视化等。

研究数据元数据对研究数据生命周期中的用户数据活动的支持，体现在为数据活动需要的信息设计相应的元数据模块和字段。例如，数据发现、数据唯一确定、数据选择、数据获取，属于与传统文献类似的一般性任务，元数据以描述性、身份标识、语义信息模块为主，并为数据选择活动的需求提供技术性、科研上下文、时空信息模块。数据验证、数据分析属于科研任务，元数据主要以描述性、科研上下文，时空信息模块为主。数据管理、数据存档属于数据监管任务，元数据主要以描述性、管理性、结构性和技术性模块为主，并以身份标识、语义信息、科研上下文、时空信息作为补充。数据发布、数据引用属于传播任务，元数据主要是描述性、身份标识、语义信息为主，并以科研上下文、时空信息作为补充。

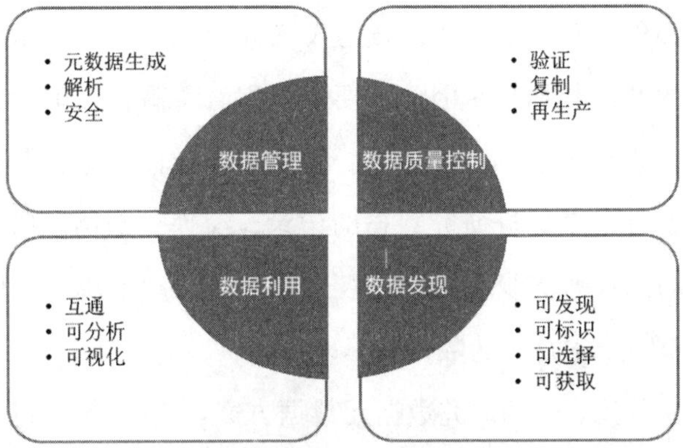

图 5.1　研究数据元数据功能需求模型

针对不同的对象，研究数据元数据发挥的作用也不同[6]：对于数据用户而言，元数据是他们正确选择、使用、交换数据的不可缺少的工具。元数据通过对数据资源的内容、分类、质量和存储等的详细描述，回答了用户的一系列问题：有什么数据？数据怎么样？如何获取数据？怎么使用数据？对于数据管理者而言，元数据方便了他们集成各种数据库，为数据集（或库）建立目录，更有效地管理并维护海量数据。对于数据生产者而言，元数据的存在方便了数据的生产、加工和更新，并可以使数据归档更高效，使数据成为了有生命力的资源，不必担心随着时间或者人员的变化而影响到数据的生产，数据的增值具有了持久性。研究数据元数据的最大用户是科研人员，元数据是他们发现数据、评价数据和使用数据的不可或缺的工具。

5.1.2 研究数据元数据的目标

传统文献元数据方案应达到的主要目标，普遍认为可以总结为以下几点[7]：多功能性；可扩展性；开放性和透明性；低门槛，高天花板；合作管理；模块化；层次性；细粒度；失败兼容性。

作为研究数据的表现和描述的研究数据元数据，是当代科学交流活动的重要元素。大部分研究数据元数据致力于描述数据集，尤其是研究数据生命周期最末阶段的产出数据集，因此需要实现保存、解析、重用和分享研究数据的目标。过去几十年来，来自物理、生命和社会科学等学术社区已经开发了各自的元数据方案来促进研究数据的记录，交换，归档和研究重用。这些源于社区驱动的元数据实践取得了积极成果，包括超越单一实验室的对科学学科的支持和整个学术社区的数据共享。

通过分析 9 种代表性的研究数据元数据方案，Craig 等[8]将方案中阐明或者蕴含的目标标定为 22 种：用于标准之间互通的模块化；核心集；数据生命周期；数据可移植性；标准简易性；数据兼容性；标准稳定性；数据起源；元素细化；标准一致性；充足性（最小集合）；数据验证；用于标准内互通的模块化；抽象模型；灵活性；综合性；数据存档；数据发布；数据交换；数据检索；数据记录；可扩展性。

其中，不受学科限制的目标包括可扩展性、灵活性、模块化和可移植性。不受学科限制但源于仓储特定需求的目标包括数据记录、数据互换、数据检索和数据存档。不同的元数据方案的目标也存在明显不同之处，例如对综合性和充足性的要求。CIF 等元数据方案提出数据综合性要求，即应当提供一个支持对该领域数据的透彻描述的元素集；MiNIML 等元数据方案则提出数据充足性要求，即聚焦在支持对于描述实验数据必备的最小信息集合；DDI 等元数据方案则同时提到了两种要求，即支持综合性的同时也支持使用最小数量的必备元素的元数据实例。

此外，考虑到使用元数据的用户对专业知识和技能的掌握程度不同，一些元数据方案还提出了简易性目标。例如 DDI 等元数据方案专门创建了简易版本，以适应不同层次用户的需求。

5.2 研究数据元数据标准

5.2.1 国内外研究数据元数据标准的发展和分布

元数据是保证研究数据获取和再利用的关键因素，国外许多学科领域和学者社区都采取了各种行动制定和发展该学科需要遵守的元数据标准或规范，英国数字监管中心（Digital Curation Center）列出了目前国际上各学科的主流研究数据元数据标准[9]：

表 5.1 国际主流研究数据元数据标准

学科分类	元数据标准名称	元数据标准简介
生物学	ABCD - Access to Biological Collection Data	主要用于获取和交换生物多样性数据。
	Darwin Core	用于加速生物多样性领域的信息分享的标准和词汇表，同时提供定义、样例和评论。
	EML-Ecological Metadata Language	专为生态学领域发展出的元数据规范。
	Genome Metadata	Pathosystems 资源整合中心内单基因组的描述性数据。

续表

学科分类	元数据标准名称	元数据标准简介
	ISA-Tab	用于“omics-based”实验中产生的数据的捕获和交流。
	MIBBI-Minimum Information for Biological and Biomedical Investigations	一组用于描述近40个生物学子学科的最小信息的清单。
	Observ-OM	用于整合和比较来自实验项目、疾病数据库、临床记录的观察数据。
	OME-XML-Open Microscopy Environment XML	生物光学显微镜数据的元数据标准和数据文件格式。
	Protocol Data Element Definitions	用于在美国国立卫生研究院网站ClinicalTrials.gov注册人类受试者的临床研究。
地球科学	AgMES-Agricultural Metadata Element Set	一种语义标准，用于各种农业信息资源的数据描述、资源发现、解析和数据交换。
	CF（Climate and Forecast）Metadata Conventions	一种气候和预测“使用元数据”的标准，用于区分数量和将数据定位到空间。
	CIM-Common Information Model	一种用于描述地球系统建模研究者社区的数字实验、使用模型、产出数据的模型。
	DIF-Directory Interchange Format	地球科学研究者社区的早期元数据行动，用于描述科学数据集，包括仪器、时间空间特征、数据所属项目等。
	ISO 19115	国际认可的元数据框架，用于描述地理图像信息和服务，包括确定、范围、质量、时间和空间特征、空间参照和分布。
	FGDC/CSDGM	不再作为当前标准，从2010年开始鼓励向ISO转换。
物理学	CIF-Crystallographic Information Framework	一种可扩展的标准文件格式和一系列协议，用于交换晶体学和相关的结构数据。
	CSMD-CCLRC Core Scientific Metadata Model	面向研究数据的模型，用于捕获物理学科学研究宏观信息和产出数据。

续表

学科分类	元数据标准名称	元数据标准简介
	FITS-Flexible Image Transport System	开始被天文研究者社区用于描述望远镜图像，现在演变为一组描述多维数据，以及可能存在的缩放扭曲的标准。
	International Virtual Observatory Alliance Technical Specifications	一组规范，包括元数据标准，用于将多个天文学存档整合到一个国际虚拟天文台。
	NeXus	用于存储和交换中子，x 射线和介子实验数据的国际标准。
	SDAC-Standard for Documentation of Astronomical Catalogues	用于作为存档天文数据时 FITS 的替代选择，格式更易于人类获取和命令行工具。
	SPASE Data Model	一种描述太阳物理数据环境的信息模型。
社会科学与人文学科	DDI-Data Documentation Initiative	国际标准，用于描述社会学、人类行为学和经济学数据，采用 XML，支持整个研究数据生命周期。
	MIDAS-Heritage	英国文化遗产标准，用于记录建筑物，考古遗址，沉船等地区和文物等信息。
	OAI-ORE-Open Archives Initiative Object Reuse and Exchange	定义了用于网络资源汇总描述和交换的标准。
	QuDEx-Qualitative Data Exchange Format	一种定性数据的交换模型，用于数据存档和互换。
	SDMX-Statistical Data and Metadata Exchange	一组技术和统计标准和指南，用于促进统计数据和元数据的充分交换和分享。
跨学科（物理学、地球科学）	AVM-Astronomy Visualization Metadata	一种定义完全渲染的天文图像的发现元数据的标准。
跨学科（物理学、生物学）	PDBx/mmCIF-Protein Data Bank Exchange Dictionary and the Macromolecular Crystallographic Information Framework	Protein Data Bank（PDB）使用的标准存档格式，蛋白质数据库交换词典和大分子晶体学信息框架。
通用（学科不限）	CERIF-Common European Research Information Format	欧盟推荐用于记录研究活动信息的标准。

续表

学科分类	元数据标准名称	元数据标准简介
	Data Package	用于交换数据的通用包装器格式，文件夹中包括数据文件和描述文件。
	DataCite Metadata Schema	一个学科不限的核心元数据属性列表，用于准确和持久的数据引用和检索获取。
	DCAT-Data Catalog Vocabulary	一个 RDF 词汇表，用于促进网络上发布的数据目录之间的互操作性。
	Dublin Core	目前认知度最高、使用最广的元数据标准，学科不限，易于理解和实现。
	OAI-ORE-Open Archives Initiative Object Reuse and Exchange	定义了一套描述和交换网络资源汇总的标准。
	Observations and Measurements	该标准为 OGC 和 ISO 观察和测量概念模型的指定了一种 XML 实现。
	PREMIS	定义了一套元数据，帮助数字资源仓储进行长期保存。
	PROV	一种交换来源信息的规范，提供词汇表。
	RDF Data Cube Vocabulary	支持扩展词汇表，可以实现统计数据流或者其他多维数据集其他方面的发布。

与国外相比，我国研究数据元数据标准的制定起步较晚，但近年来在科学数据共享工程等项目推动下，取得了较快的发展。科学数据共享工程试点建立了 9 个学科领域（气象、地球系统、水文、海洋、地震、国土、农业、林业、人口健康数据共享）的科学数据共享平台。为了满足科学数据共享工程对元数据内容的基本需求，促进数据加工的规范化、标准化，科学数据共享工程办公室制定了《科学数据共享元数据内容》作为参考元数据标准[10]。以此为基础，各领域逐渐建立了各自的科学元数据标准或者元数据应用方案[11-17]。另外，中科院为了实现院内科学数据库群的资源利用、共享、交换和整合，制定了《科学数据库核心元数据标准》[18]，并为满足各学科领域的

特殊要求，制定了元数据应用扩展方案的规则和方法。

表 5.2　国内主要科学数据元数据标准

项目或机构	元数据标准名称
科学数据共享工程	科学数据共享元数据内容[10]
	人口健康科学数据共享元数据标准[11]
	气象数据集元数据格式标准[12]
	农业科学数据元数据标准和核心元数据标准[13]
	水利科学数据元数据标准[14]
	地球系统科学数据核心元数据标准[15]
	地震科学数据-元数据编写指南[16]
	生态科学数据元数据标准[17]
	交通运输科学数据共享元数据内容[19]
中科院	科学数据库核心元数据标准[18]

5.2.2　研究数据元数据标准结构

科研活动中的研究数据需要具备可验证性、互通性、可分析性和可解读性。与文献资源元数据标准相较，研究数据元数据标准结构和元素设计往往更为庞杂，为数据交换和数据操作提供更有力的支持。例如，研究数据元数据标准的元素可能包含：科研活动的上下文信息（context）、技术和设备信息（Technical）、时空维度信息（Temporal，Geospatial）、数据来源和数据处理历史记录信息（provenance，history）等，研究数据元数据标准可按描述粒度分为数据集层级、文件层级、变量层级，还可按照可发现程度分为核心层级、学科层级、项目层级。

MODAL 框架[20]是一种用于分析和比较研究数据元数据标准基础特征的方法。MODAL 框架包含三个域，分别是：环境域，关注负责制定元数据标准学科或者学术社区；对象分类域，关注元数据标准描述的对象分类，例如事件、人物、地点、信息资源等；对象格式域，关注描述对象的格式，例如地理空间资料、多媒体、数字对象、书籍等。MODAL 框架还包含元数据标准结构设计信息的捕捉。MODAL 框架对元数据标准实施文件组织的考察，包括编码方式（encodings），结构类型（Structural types），元素规模（extent），实施文件数量，层级数量（levels of hierachy）。Craig Willis 等[21]应用 MODAL 框架对 9 种研究数据元数据标准的结构特征进行了分析，结果表明，9 种标准中有 8 种标准支持 XSD，平均具有 563 个元数据元素（最少 142 个元素，最多 1802 个元素），平均有 9 个实施文件（最少 1 个文件，最多 25 个文件），平均有 5 个元素层级（最少 3 个层级，最多 10 个层级）。基于 MODAL 框架的元数据标准结构特征比较结果如表 5.3 所示。

表 5.3 基于 MODAL 框架的元数据标准结构特征比较

元数据标准	编码方式	结构类型	元素规模	实施文件数量	层级数量
CIF	STAR DDL XSD	数据模块 类别 数据项	18 62 486	1 DDL	5
Darwin Core	XSD RDF CSV	数据项/属性 分类	178 9	10 XSD	3
DDI	XSD	元素 综合类型 简单类型	797 296 599	22 XSD	6+
EML	XSD	资源模块 补充模块 元素 综合类型 简单类型	4 6 579 174 54	25 XSD	5+

续表

元数据标准	编码方式	结构类型	元素规模	实施文件数量	层级数量
MAGE	DTD Flat file	包 实体 元素	16 76 423	1 DTD	10
MINiML	XSD Flat File	元素 综合类型 简单类型	142	1 XSD	4
MmCIF	STAR DDLXSD	数据区块 类别 数据项	25 168 1，802	1 DDL	5
NeXML	XSD Flat File	区块 元素 综合类型 简单类型	8 196 132 71	21 XSD	5+
ThermoML	XSD	区块 元素 综合类型 简单类型	4 470 94 52		

5.2.3 研究数据元数据标准内容

Qin 等[5]提出一种研究数据元数据内容结构视图（图 5.2），将研究数据元数据元素归属于结构模块，这些结构模块组合成研究数据元数据的总体框架，数据集对象的综合信息透过此总体框架得以呈现。识别元数据（Identity metadata）模块包含可以用于识别该数据集的所有实体信息，以及实体信息与该数据集的相互关系，例如数据集创建人、负责机构、数据集标识符等。识别元数据模块提供支持识别功能和发现功能的基础信息。语义元数据

（semantic metadata）模块提供学科、主题、分类等信息，可以用于学科分类和链接到相关领域的其他数据。科研活动上下文（Scientific context）模块包含工作流程、所用模型、数据来源、实验方法和参数等信息，这些信息可以被研究数据流程管理系统用于确定下一步数据分析操作。时间元数据（temporal metadata）和地理空间元数据（geospatial metadata）包含数据集所采用的时间和空间维度以及覆盖的范围。无法归于上面所列模块的其他元数据元素放入混合元数据（miscellany）模块。

本小节通过对三种通用学科研究数据元数据标准（Dublin Core，Datacite，中科院科学数据库核心元数据标准），以及五种特定学科研究数据元数据标准（生物学 Darwin Core，物理学 AVM，地球科学 CF，社会科学 DDI，人口健康科学数据共享元数据标准）的元素或者元素分类应用图 5.2 视图进行分析，探讨研究数据元数据标准的内容特征，结果如表 5.4 所示。

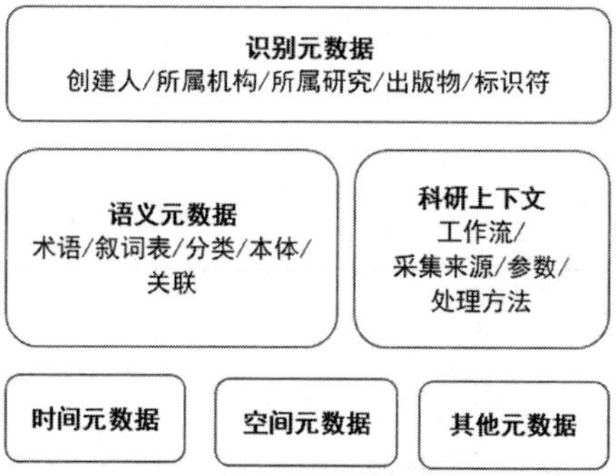

图 5.2　研究数据元数据内容结构视图

表 5.4　八种元数据标准内容的结构视图分析

研究数据元数据内容更结构视图模块	识别元数据	科研活动上下文	语义元数据	地理/空间元数据	时间元数据
Dublin Core[22]	元数据元素：①贡献者②时空覆盖范围③创建者④日期⑤描述⑥格式⑦标识符⑧语言⑨出版者⑩关系⑪权益⑫来源⑬主题⑭标题⑮类型				
	√ ①③⑦⑨⑪⑭	√ ⑫	√ ⑥⑧⑩⑬⑮	√ ②	√ ②④
Datacite V4.0[23]	元数据属性：①标识符②创建者③标题④出版者⑤出版年⑥资源类型⑦主题⑧贡献者⑩日期⑩语言⑪替代标识符⑫相关标识符⑬大小⑭格式⑮版本⑯权益⑰描述⑱地理位置⑲资助项				
	√ ①②③④⑧⑪⑫⑯⑲	√ ⑬⑭⑰⑮	√ ⑥⑦⑩	√ ⑱	√ ⑤⑨
Darwin Core[24]	元数据元素分类：①数据集层元素项②类群出现信息③生物种群信息④材料样本⑤活标本⑥保存标本⑦化石标本⑧事件⑨人的观察⑩仪器观测⑪位置⑫地质环境⑬标识符⑭类群⑮测量或事实⑯资源关系				
	√ ①⑬	√ ②③④⑤⑥⑦⑧⑨⑩⑫⑭⑮	√ ①⑯	√ ⑪⑫	√ ⑧
AVM V1.2 rc1[25]	元数据标签分类：①核心类（创建者、权益、ID、出版时间、版本等）②语义类（主题等）③AVM 特有语义类（主题、观测仪器等）④数据解析综合类⑤WCS 参考系信息基础类⑥WCS 参考系信息完整类				
	√ ①	√ ③④⑤⑥①	√ ②③	√ ⑤⑥	√ ①
CF V1.7[26]	全局属性或变量属性分类：①文件描述类（标题、机构、来源、历史、参考资料、评论）②变量属性类（单位、标准名称、长名称、辅助数据、旗标）③坐标类型类（经度坐标、维度坐标、高度坐标、时间坐标、离散轴）④坐标系⑤标签（地理位置）⑥网格类（边界、气候统计）				
	√ ①	√ ②③④⑥		√ ⑤	√ ③

续表

研究数据元数据内容更结构视图模块	识别元数据	科研活动上下文	语义元数据	地理/空间元数据	时间元数据
DDI 3.0[27]	元数据元素模块（支持整个数据统计生命周期）：①存档②比较③概念组件④数据采集⑤都柏林核心元素⑥DDI 配置文件⑦分组⑧实例（根元素，包含子元素：引用、覆盖范围、分组、资源包、学习单元等）⑨逻辑产品⑩物理数据产出⑪物理实例⑫学习单元				
	√ ①⑤⑧	√ ②③④⑦⑧⑨⑩⑪⑫	√ ⑤	√ ⑧	√ ⑧
人口健康科学数据共享元数据标准[11]	元数据子集：①引用信息②标识信息③内容信息④分发信息⑤数据质量信息⑥数据表现信息⑦扩展信息（人口健康领域在《科学数据共享元数据内容》之外的扩展）⑧数据模式信息⑨限制信息⑩维护信息				
	√ ①②	√ ⑤⑥⑦⑧⑨⑩	√ ③		√ ①
科学数据库核心元数据标准 v2.2[28]	元数据元素类：①描述类：标题②描述类：URI③描述类：简介/目标④描述类：关键词/分类/类型/语言⑤描述类：时空覆盖范围⑥描述类：责任人⑦描述类：来源/数据志/更新频率⑧描述类：质量报告⑨描述类：大小/格式⑩描述类：资源关系⑪描述类：权益/分享⑫参考信息类⑬联系信息类				
	√ ①②⑥⑩⑪⑫⑬	√ ③⑦⑧⑨	√ ④	√ ⑤	√ ⑤

（1）元数据标准内容结构特征

Dublin core 元数据标准是一种平行或并列结构，包含 15 个元素，有的元素具有对元素语义做进一步限定的修饰词，修饰词的语义包含于被修饰词（即元素）之中，对于不了解修饰词使用方法的用户来说，可以直接使用元素本身来描述资源。

Datacite 元数据标准、Darwin Core 元数据标准、AVM 元数据标准可以看作是一种树状结构，其中只有叶节点才真正有值。例如，Darwin Core 标准下的每一个元素类可以看作是“根”下面的一个“枝”，下面的元素是“叶”。Datacite、AVM 的一级元素可以看作直接附属在“根”下面的“叶”，而二级元素可以看作附属在“根”下面一个“枝”上的“叶”。

科学数据库核心元数据标准、人口健康科学数据共享元数据标准可以看作是一种多层父子结构，其中最顶层的根元素属于复合型元素，下面可包含其他复合型元素或单纯型元素作为子元素。递归地，每一级的复合型元素都由一个或多个下一级复合型或单纯型子元素组成。

以上 6 种元数据标准重点都是从数据集层面的特征进行描述，而 CF 元数据标准和 DDI 元数据标准则更进一步引入了用于变量定义和描述的庞大的变量属性集，支持专业领域的变量理解和操作。这两种元数据标准在数据集层面描述上可以看作平行或并列结构，在变量描述上可以看作是带有庞大修饰词体系（变量属性：例如变量单位、坐标、取值范围、测量误差、缺失插值等）的可重复元素的平行或并列结构。

（2）元数据标准内容分布特征

从上文中的内容结构视图分析可以得出，通用学科研究数据元数据标准内容更大比例分布在识别元数据模块，而特定学科研究数据元数据标准内容更大比例分布在科研活动上下文模块，其中：

Dublin Core 元数据标准定义了 Web 资源都应遵循的通用的核心标准，其内容较少，也比较通用，描述对象并不限于研究数据，因此其元数据元素主要为识别类和语义类，较少覆盖科研活动上下文模块。

Datacite 元数据标准、科学数据库核心元数据标准，这两种元数据标准以描述通用学科的研究数据为目标，其元数据内容主要分布在识别模块和科研活动上下文模块，但科研活动上下文的字段与学科无关。

Darwin Core 元数据标准、AVM 元数据标准、人口健康科学数据共享元数据标准，这三种元数据标准的特征是设计了较多的子类和字段对特定学科领域的科研活动上下文进行描述，描述主要以数据收集、观测等科研活动的参数为对象。

CF 元数据标准、DDI 元数据标准，这两种元数据标准也有较多的字段属于科研活动上下文模块，但其特征在于对本学科的数据、文件、变量等进行了较为充分的分层描述。

5.2.4 研究数据元数据标准发展趋势

（1）支持跨学科数据分享和发现

近年来，各个学科领域的学术社区已经开发了各自的元数据方案来促进研究数据的记录，交换，归档和研究重用。虽然这些源于社区驱动的元数据实践取得了积极成果，但专门针对学科需求的元数据标准的增长也为跨学科的数据发现和再利用造成了一定的人为障碍，这些障碍体现在元数据语义信息和数据结构的多样性，以及对多学科的科学进程的干扰。当代科学被认为是一个结合了专业化和多学科或跨学科的综合研究，越来越多的成果和突破来自学科之间的边界区域，研究者需要越来越频繁地与其他学科领域交换信息、技术和工具。

在科研数据快速增长和技术进步的背景下，打破数据孤岛和提供跨学科的数据获取的需求变得更加迫切。作为对跨学科领域研究数据分享的理论支持，Craig[21] 提出研究数据元数据的 11 个基础目标，其中抽象模型、可扩展性、灵活性、模块化、综合性、充足性、简易性共七个目标适用于跨学科领域的数据分享实践。本文研究表明：从研究数据元数据元素的类别分布来看，分布极不均匀，例如科研上下文类别中的元素种数远超其他类别的元素种数；从研究数据元数据元素的统计频次来看，在不同标准中具有最高统计频次的元素都属于描述类别，且大部分与 DC 元素重叠；少数语义性的一般元素在标准中也出现较多的频次；其余的元素统计频次很少，共同形成了具有各自领域特定语义的长尾部分。为了支持跨学科领域的研究数据分享，研究数据元数据标准的设计和实施中，需要重点考虑模块化、可扩展性、灵活性、综合性、充足性、简易性等目标。

（2）嵌入研究数据生命周期

研究数据的生命周期管理是确保其连续性的必要条件。如果元数据希望捕捉更加动态的结构，认识到什么信息在持续，而什么信息在数据随着时间的推移期间发生了什么变化，就必须基于对研究数据生命周期的理解和应用。例如，DDI 生命周期模型包含研究构想、数据收集、数据处理、数据分发、数据发现和数据分析等线性模块，以及作为可选路径的数据存档模块和作为反馈循环路径的数据重新规划模块。相应地，DDI 元数据标准的元素（Codebook）也遵循这些模块内容来设计，例如，DDI 针对数据收集模块设计了 2. 3Method 小节、2. 5 othrStdyMat 小节和 4. 8qstn 小节的元素。通过将研究数据生命周期与元数据标准元素结合设计，DDI 可以使用该模型作为数据创建者、数据管理者和数据用户的培训工具，并组织和规划他们的资源，策划计划管理策略。此外，为了在科研过程和数据活动管理的同时，收集、自动或者半自动地生成所需的元数据信息，有必要构建元数据基础设施服务。相应地，研究数据元数据标准的设计也需要与研究数据生命周期的结合，为元数据基础设施服务的应用提供前提和一致性。

（3）语义数据和语义工具应用

资源描述框架（Resource Description Framework，RDF），网络本体语言（Web Ontology Language，OWL），关联数据（Linked Data）等新技术的发展，为元数据更深入和细粒度地表达和关联研究数据，更有力地支持数据驱动的科研活动提供了更多可能。研究数据元数据中的语义元数据扮演着两种角色：一是进行数据主题识别，二是作为主题分类依据，支持相似主题链接机制。

目前，统一医学语言系统（Unified Medical Language System，UMLS），国会图书馆主题列表（Congress Subject Headings，LCSH）等一些大型语义工具，已被转换成为 RDF 等编码方式，这就为在元数据中应用这些语义工具，实现对数据的更加灵活和广泛的表达和链接功能提供了支持。例如，我们可以使用主题项的 URI 或者其他标识方式来代替用自然语言描述研究数据的主题，并且在数据、主题项之间通过主题关系建立 RDF 的三元组。通过这种方式，可以使得研究数据的发现、分类和关联变得更为智能和准确，避免经常返回无关数据的情况。目前，应用语义数据和语义工具，发展关联数据形式的大规模研究数据语义元数据[30]，探索跨学科的数据发现和关联[31]等，都取得了初步进展，是研究数据元数据标准值得期待的发展方向。

5.3 研究数据元数据应用实践

5.3.1 数据仓储平台/数据库建设

元数据作为数据资源存放、管理和交换的重要手段，在科学数据共享和数据仓储平台建设中发挥着极其重要的作用，包括：数据描述作用、数据发现作用、数据管理作用、数据互换互通作用、资源整合作用、数据引用作用和知识产权保护作用[32]。设计或采用满足特定需求的元数据方案是数据仓储平台/数据库建设的基础和前提。

学科性数据仓储平台/数据建设往往选择或者开发能够满足学科数据和学术社区需求的元数据标准，具有较高的专业性和针对性（表 5.5）。

表 5.5 学科性数据仓储平台/数据库采用元数据标准举例

数据仓储平台/数据库名称	所采用元数据标准	所属学科
剑桥结构数据库（CSD）	Crystallographic Information File (CIF)	物理学-结晶学
美国校际社会科学数据共享联盟平台 (ICPSR)	DDI	社会科学
全球生物多样性信息设施数据门户 (GBIF Data Portal)	Darwin Core	生物学
美国生态学会数据注册平台（ESA）	EML	生态学
蛋白质结构数据库（PDB）	mmCIF	结构生物学
高通量基因表达数据库（GEO）	MINiML	分子生物学
ArrayExpress 公共知识库	MAGE-ML	分子生物学
TreeBase 数据库	NEXML	进化生物学
ThermoML 仓储	ThermoML	物理学-热力学
国家人口与健康科学数据共享平台	人口健康科学数据共享元数据标准	人口与健康
交通科学数据共享平台	交通运输科学数据共享元数据内容	交通运输
中国气象数据网	气象数据集元数据格式标准	气象科学

通用性数据仓储平台/数据库通常选择和应用通用学科元数据标准，或者通过一定的改造结合应用若干种元数据标准。例如，Dryad 平台的元数据方案[33]，是在对通过元数据标准 Dublin Core，社会科学元数据标准 DDI，科学元数据标准 EML 和 Darwin Core，以及长期保存元数据标准 PREMIS 进行横向分析、提取和归一的基础上，按照新加坡框架的要求，分两个层级进行实现的。第一个层级满足当前平台数据摄取、存储和发布的需求，第二个层级则为未来实现更复杂的数据再利用和分析功能预留空间。

表 5.6　通用性数据仓储平台/数据库采用元数据标准举例

数据仓储平台/数据库名称	所采用元数据标准
Dryad	结合应用 Dublin Core，DDI，EML，Darwin Core，PREMIS 等标准
Harvard Dataverse	基于 DDI 扩展
PURR	结合应用 DC，METS，MODS

5.3.2　研究数据元数据服务

美国国家自然科学基金会（NSF）在其申请指南中指出，数据管理计划应当包括用于数据和元数据的格式和内容的相关标准。美国高校图书馆在研究数据管理计划撰写中扮演协助和咨询的积极角色，包括协助科研工作者了解元数据的概念、功能和工作方法，选择恰当的研究数据元数据标准等。英国研究理事会（RCUK），英国数据监管中心（DCC），澳大利亚国家数据服务中心（ANDS）等也将元数据视为数据管理计划必不可少的元素，或贯穿数据监管整个生命周期的核心角色。在数据开放共享、数据管理和长期保存需求推动下，欧美高校图书馆界、数据中心、科研项目和学术协会探索开设了一系列针对研究数据元数据的服务。

研究数据元数据服务类型包括指南、培训、工具等，本小节列出来自图书馆界、数据中心、科研项目和学术协会等具有较强针对性和代表性的服务实例，如表 5.7 所示。

表 5.7 研究数据元数据服务实例

所属机构	服务对象	服务类型和内容
北卡罗来纳大学图书馆[34,35]	科研工作者	在线指南“数据管理中的元数据”，在线视频教程“研究数据管理和分享——元数据”。
麻省理工大学图书馆[36]	科研工作者	在线指南“文档和元数据”，工作坊“文件组织”。
约翰霍普金斯大学图书馆[37]	科研工作者	在线指南“元数据：为了更有效的研究数据管理”。
数据监管中心(DCC)[38-41]	图书馆员，数据监管专业人才	在线指南“什么是元数据标准”，在线指南“数据监管手册-元数据”，在线指南“数据监管手册-长期保存元数据”，在线指南“数据监管手册-科学元数据”。
澳大利亚国家数据服务中心（ANDS)[42]	图书馆员，数据监管专业人才	在线指南“操作层面元数据指南”。
英国联合信息系统委员会（JISC)[43]	图书馆员，数据监管专业人才	在线指南“元数据全面指南”。
DataONE[44]	科研工作者，数据管理者	在线指南“元数据”，培训练习材料“元数据实操练习”，培训练习材料“实操练习数据”。
数据标注和检索研究中心（CEDAR)[45]	生物医药科研工作者	工具集“CEDAR 元数据工具”。
丹麦数据存档中心(DDA)	社会科学研究者	工具“DdiEditor”。
Datacite 国际组织	数据中心管理者	接口“DataCite Metadata Store API”。

高校图书馆将元数据服务作为其开展研究数据管理服务实践的重要部分，协助科研工作者了解元数据的基础知识和在数据管理中的重要性，如何在实际科研工作流程中选择元数据标准、应用元数据技能创建数据、管理数据、分享数据、查找数据和引用数据，服务类型一般以在线指南和专题咨询为主。例如：北卡罗来纳大学图书馆开设了《数据管理中的元数据》在线指南，内容覆盖元数据介绍和定义、元数据需求、元数据基础元素、元数据标准、控

制词表、数据仓储平台、最佳实践和外部资源链接等模块，并提供元数据咨询；此外，北卡罗来纳大学图书馆在 coursera 网站上还推出了“研究数据管理和分享——元数据”在线视频教程。

英国数据监管中心（DCC）是引领数据监管领域研究和实践核心机构之一，DCC 提供面向图书馆员和数据监管人才的专业在线指南：“什么是元数据标准”，“数据监管手册-元数据”，“数据监管手册-长期保存元数据”，“数据监管手册-科学元数据”，致力于帮助图书馆员和数据监管人才掌握研究数据元数据背景和特征，关注和追踪研究数据元数据标准的发展趋势，以及在数据监管活动中有效应用元数据概念、技术和方法开展实践。澳大利亚国家数据服务中心（ANDS），英国联合信息系统委员会（JISC）等也推出元数据专题的在线指南，支持数据监管和数据管理领域的需求。

地球数据观测网络（DataONE）作为推动地球和环境领域数据共享、推广研究数据管理最佳实践的科研项目，在网站教育模块提供在线指南“元数据”，内容包括元数据的价值和功能，如何选择元数据标准，以及创建好的元数据需要的步骤和要点等。在此基础上，还制作了元数据创建练习的实际操作培训材料，帮助科研人员或数据管理者在案例中体会和提高元数据信息提取、评价等实践技能。

元数据工具方面，数据标注和检索研究中心（CEDAR）为生物医药科研工作者提供元数据工具集，覆盖的功能包括：元数据创建、元数据更新、元数据验证、元数据搜索、元数据分析、元数据发表。通过这些工具集，CEDAR 希望帮助生物医药科研工作者更好地向数据仓储平台上传数据和创建元数据，更好地理解和实现元数据标准规范，更方便地建立机构或个人元数据模板，实现元数据重用。丹麦数据存档中心（DDA），DataCite 国际组织也积极开发元数据工具，为科研工作者提供贯穿研究数据生命周期的元数据创建和维护工具，为数据管理者提供元数据互操作接口。

参考文献

[1] Digital Curation Reference Manual - Instalment on scientific metadata.http://www.dcc.ac.uk/sites/default/files/documents/resource/curation - manual/chapters/metadata/metadata.pdf.[2018-07-05].

[2] The National Science Foundation.Dissemination and Sharing of Research Results.https://www.nsf.gov/bfa/dias/policy/dmp.jsp.[2018-07-05].

[3] Ten recommendations for libraries to get started with research data management.http://libereurope.eu/wp-content/uploads/WGSC_20120801.pdf.[2018-07-05].

[4] Ember C,Hanisch R.Sustaining Domain Repositories for Digital Data:A White Paper.http://datacommunity.icpsr.umich.edu/sites/default/files/WhitePaper_ICPSR_SDRDD_121113.pdf.[2018-07-05].

[5] Qin J,Greenberg J,Greenberg J.Functional and architectural requirements for metadata:supporting discovery and management of scientific data[C]// International Conference on Dublin Core and Metadata Applications.Dublin Core Metadata Initiative,2012:62-71.

[6] 赵华,王健.科学数据元数据功能与内容分析[J].科技管理研究,2015(17):232-235.

[7] Tennant,Roy."A bibliographic metadata infrastructure for the twenty-first century." Library Hi Tech 22.2 (2004):175-181.

[8] Willis,Craig,Jane Greenberg,and Hollie White."Analysis and synthesis of metadata goals for scientific data." Journal of the Association for Information Science and Technology 63.8 (2012):1505-1520.

[9] List of Metadata Standards - Disciplinary Metadata.http://www.dcc.ac.uk/resources/metadata-standards.[2018-07-05].

[10] 《科学数据共享元数据内容》标准培训教材.http://www.doc88.com/p-3704312750141.html.[2018-07-05].

[11] 人口健康科学数据共享元数据标准(征求意见稿).http://www.ncmi.cn/info/108/1052.[2018-07-05].

[12] 王国复,徐枫,吴增祥.气象元数据标准与信息发布技术研究[J].应用气象学报,2005,16(1):114-120.

[13] 赵华,王健.元数据标准与我国农业科学数据元数据[J].中国科技资源导刊,2014(5):79-83.

[14] 朱星明,张行南,白婧怡,等.水利科学数据共享元数据理论的应用探讨[J].水利学报,2005,36(8):946-949.

[15] 王卷乐,陈义华.基于元数据管理的地球系统科学数据共享研究[C]// 中国地理信息系统协会年会.2004.

[16] 地震科学数据共享工程技术标准-元数据编写指南. https://wenku.baidu.com/view/98bab95c3b3567ec102d8af5.html.[2018-07-05].

[17] 吴彬.生态科学数据元数据及其标准研究[J].中南林业科技大学学报,2010,30(12):75-79.

[18] 朱艳华,刘宁,胡良霖.科学数据库核心元数据标准的修订与实践[C]// 科学数据库与信息技术学术研讨会.2010.

[19] 王辉,林垚,周紫君.基于元数据的交通运输科学数据共享平台设计[J].交通信息与安全,2008,26(2):86-89.

[20] Greenberg,Jane."Understanding metadata and metadata schemes." Cataloging & classification quarterly 40.3-4 (2005):17-36.

[21] Willis,Craig,Jane Greenberg,and Hollie White."Analysis and synthesis of metadata goals for scientific data." Journal of the Association for Information Science and Technology 63.8 (2012):1505-1520.

[22] Dublin Core Metadata Element Set,Version 1.1:Reference Description.http://dublincore.org/documents/dces/.[2018-07-05].

[23] Datacite metadata schema 4.0.https://schema.datacite.org/meta/kernel-4.0/doc/DataCite-MetadataKernel_v4.0.pdf.[2018-07-05].

[24] Darwin Core Terms:A quick reference guide.http://rs.tdwg.org/dwc/terms/index.htm.[2018-07-05].

[25] Astronomy Visualization Metadata (AVM) Standard –Version 1.2 rc1.https://www.virtualastronomy.org/AVM_DRAFTVersion12_rlh02.pdf.[2018-07-05].

[26] NetCDF Climate and Forecast metadata conventions – version 1.7.http://cfconventions.org/Data/cf-conventions/cf-conventions-1.7/cf-conventions.pdf.[2018-07-05].

[27] DDI _ 3. 0 _ Part _ I _ Overview. pdf. https://bitbucket. org/ddi – alliance/ddi – lifecycle/downloads/DDI_3_0_2008-04-28_Documentation_XMLSchema.zip.[2018-07-05].

[28] 科学数据库核心元数据标准.https://wenku.baidu.com/view/db2808365a8102d276a22f51.html.[2018-07-05].

[29] DDI Conceptual Model.https://www.ddialliance.org/sites/default/files/Concept-Model-WD.pdf.[2018-07-05].

[30] Bizer, Christian, Tom Heath, and Tim Berners – Lee." Linked data – the story so far." Semantic services, interoperability and web applications: emerging concepts (2009): 205 –227.

[31] Bechhofer, Sean, et al." Why linked data is not enough for scientists." Future Generation Computer Systems 29.2 (2013):599–611.

[32] 王国复,涂勇,王卷乐,等.科学数据共享中的元数据技术研究[J].中国科技资源导刊,2008,40(1):30–36.

[33] Sarah W.Carrier.The Dryad Repository Application Profile: Process, Development, and Refinement.A Master´s paper for the M.S.in I.S.degree.April,2008.69 pages.

[34] Metadata for Data Management: A Tutorial.http://guides.lib.unc.edu/c.php? g=8749&p=44498.[2018-07-05].

[35] Research Data Management and Sharing.https://www.coursera.org/learn/data-management/lecture/eIFYN/metadata.[2018-07-05].

[36] Documentation & Metadata.https://libraries.mit.edu/data-management/store/documentation/.[2018-07-05].

[37] Metadata for Effective Research Data Management.http://dms.data.jhu.edu/data-management-resources/manage-and-analyze/documentation-and-metadata/metadata-for-

effective-research-data-management/.[2018-07-05].

[38] What are Metadata Standards.http://www.dcc.ac.uk/resources/briefing-papers/standards-watch-papers/what-are-metadata-standards#3.[2018-07-05].

[39] DCC Digital Curation Manual - metadata.http://www.dcc.ac.uk/resource/curation-manual/chapters/metadata/.[2018-07-05].

[40] DCC Digital Curation Manual - Preservation Metadata.http://www.dcc.ac.uk/resource/curation-manual/chapters/preservation-metadata.[2018-07-05].

[41] DCC Digital Curation Manual - Scientific Metadata.http://www.dcc.ac.uk/resources/curation-reference-manual/scientific-metadata.[2018-07-05].

[42] ANDS metadata - working level.http://www.ands.org.au/__data/assets/pdf_file/0004/728041/Metadata-Working-level.pdf.[2018-07-05].

[43] Metadata Full Guide.https://www.jisc.ac.uk/full-guide/metadata.[2018-07-05].

[44] Education Modules on Metadata.https://www.dataone.org/education-modules.[2018-07-05].

[45] CEDAR Metadata Tools.https://metadatacenter.org/tools-training/cedar-metadata-tools.[2018-07-05].

第六章　研究数据管理平台与工具

研究数据管理服务需要以平台和工具为基础，离开了相应的管理系统，数据管理服务便是空中楼阁。已经存在各种各样的系统平台和工具来处理研究数据管理生命周期[1]各个环节中的数据管理问题，图 6.1 给出了一些重要的数据管理工具类型。在研究设计和项目申请阶段，数据管理计划工具可用于构建满足各基金资助机构的数据管理计划；在研究进行过程中，实验室电子笔记和活动数据存储平台可以帮助研究者保存并管理数据与文档资料；在研究成果需要发表时，存档数据存储平台可以用于研究数据的长期保存和发布，与此同时，需要为数据集赋予持久标识符，便于将来数据引用和查找；在数据发布后，数据发现系统能够帮助其他研究用户发现、重用现有数据，提高科学研究的可重复性和继承性。

在本章中，将分别对研究数据管理计划工具、实验室电子笔记、活动数据存储平台、存档数据存储平台、持久标识符系统、数据检索系统进行详细介绍，并在各类工具中选择若干具有代表性的系统进行详述。最后，通过扫描全球研究数据管理环境，对研究数据管理系统的发展趋势做一些分析。

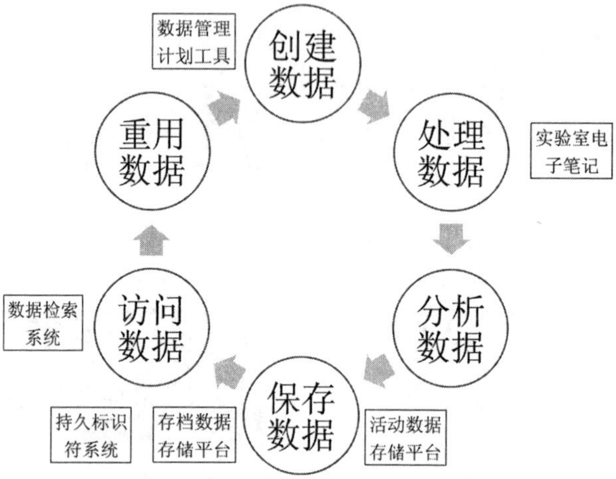

图 6.1　数据管理平台工具与数据管理生命周期

6.1　数据管理计划工具

数据管理计划是对数据管理进行概要性描述的正式文件，包括了项目进行过程中以及项目完成后对数据进行收集、创建、组织、存储、共享和复用的各种处理过程[2]。国外一些基金资助机构要求研究者在提交项目申请时，同时提交一份数据管理计划，如美国国家自然科学基金会[3]、美国国立卫生研究院[4]、英国生物技术和生物科学研究理事会[5]、澳大利亚研究理事会[6]等。由于不同基金资助机构以及研究机构对数据管理计划的要求不同，为了帮助研究者利用模板和相关辅助信息快速制定数据管理计划，数据管理计划工具（Data Management Tool，DMP）应运而生。目前，影响最大、使用最广泛的 DMP 工具主要有英国的 DMPonline 和美国的 DMPTool。下面将对这两个工具进行详细介绍，此外，DMPonline 和 DMPTool 的开发团队正在合作研制 DMP RoadMap，该工具在将来会取代原有系统，因此，本书也会对 DMP

RoadMap 进行详细介绍。

6.1.1 DMPonline

DMPonline 由格拉斯哥大学的人文技术信息研究所（humanities advanced technology and information institute）负责开发，该工具是以 DCC 数据管理生命周期模型为基础框架，采用 Ruby 语言进行开发，通过 Apache 网络服务运行在 UbuntuGNU/Linux 服务器上，使用 MySQL 数据库存储数据，开发过程中所使用的技术都是免费开源的。2010 年 4 月，在伦敦召开的 JISC（Joint Information Systems Committee）会议上发布了 DMPOnline 工具。科研人员通过使用该工具可以很方便地创建一份同时满足基金机构和自身科研机构需要的数据管理计划[7]。DMPonline 是开源软件，源代码可以在 Github 中获取（地址为：https：//github. com/DigitalCurationCentre/DMPonline_v4 ），利用该系统可以建设自己数据管理计划工具。

DMPonline 的访问地址为 https：//dmponline. dcc. ac. uk/ 。要使用 DMPonline ，首先需要进行用户的注册，通过提供有效的邮箱地址（需要邮箱验证）和密码，即可完成注册。注册完成并登录系统，可看到如图 6.2 所示的用户工作界面。DMPonline 的工作界面主要包含：查看计划（View plans）、创建计划（Create plan）、关于（About）、未来计划（Future plans）、帮助（Help）五个部分。其中前两个部分主要用于研究数据管理计划的管理和创建，后面三个部分主要是一些帮助文档和该平台的相关说明。此外，点击界面右上角的用户名，可看到“编辑画像（Edit profile）”和“登出（Sign out）”两个菜单，通过这两个菜单可以对用户的基本信息进行修改，以及退出系统。

点击“Create plan”（创建计划）菜单，即可进入到研究数据管理计划创建向导。在创建向导中可以选择申请的基金资助机构，DMPonline 会使用基金资助机构相对应的模板来创建 DMP；用户还可以选择所在机构，则机构相关的 DMP 要求和指引信息也会被加入；用户可进一步选择其他来源的指导信息，如 DCC（Digital Curation Centre）指引信息，如果选择，则在用户回答 DMP 模板问题时，这些指引信息将会在问题旁边显示。完成以上选择后，DMPonline 将会根据用户的设置创建 DMP，随即用户可以对该 DMP 进行编辑。编辑的内容包括 DMP 的基本信息（如计划名称、ID、资助编号等）和 DMP 正文（即根据基金资助机构和所在研究机构要求制定的数据管理计划）。DMP 正文编辑页面如图 6.3 所示，包括了一些基金资助机构要求的提问（如图中的“Data areas and data types”）。在每个问题的右边是一些提示信息，通过点击可以展开查看；在问题的下边是用户需要填写的内容，用户可以根据右边的提示进行填写。完成 DMP 基本信息和正文的填写并保存后，用户可以将 DMP 进行分享和导出。分享时可以设置不同的权限，如允许其他用户编辑或者只允许查看。导出时可以设置不同的格式，如 pdf、docx、html、json 等。点击“View plan”（查看计划）菜单，用户可以看到自己已经创建的 DMP，在该页面中，用户可以对 DMP 进行编辑、分享、导出和删除操作。

6.1.2 DMPTool

DMPTool 是加利福尼亚大学数字图书馆监管中心开设的一项服务工具。2010 年 12 月，国际数字管理会议在芝加哥召开，美国的一些科研机构学习 DMPOnline 小组的经验，开始研发符合自身特色的工具。这个开发项目起初由 DataONE 实践小组负责测试，并在每年一度的生态社会会议上提供给 7 000 名科研人员访问接口，进一步的测试和发布都是由弗吉尼亚大学图书馆的用户体验小组领导多家机构进行。2011 年 8 月发布 DMPTool 的测试版本，正式版本于同年 11 月在巴尔的摩的秋季数字图书馆联盟论坛上发布，DMPTool 的开发受到多个组织机构的支持，分工明确，部分机构负责内容的整理和工作

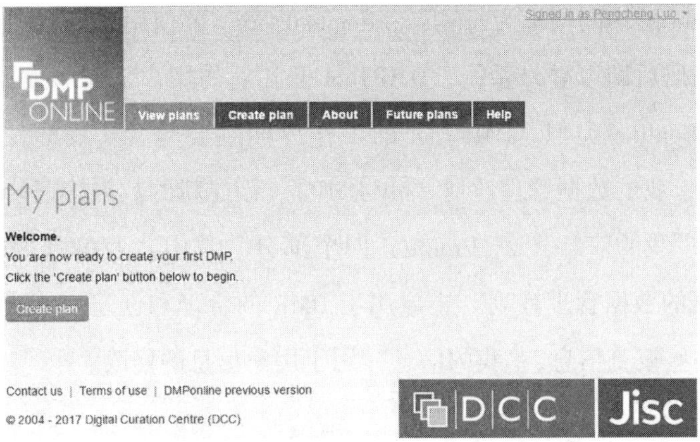

图 6.2　DMPonline 用户工作界面

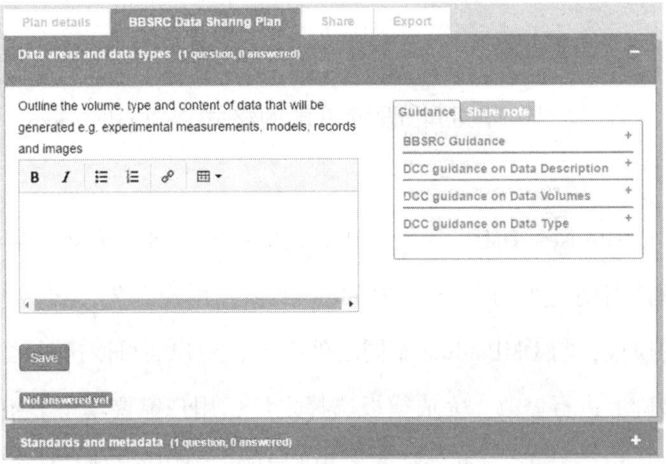

图 6.3　DMPonline 数据管理计划正文编辑页面

流程的安排，部分机构负责编码。2014 年 5 月发布了 DMPTool 的第二个版本，目前有 115 所科研机构和超过 9 100 位个人用户正在使用该工具[7]。DMPTool 是开源软件，源代码可以在 Github 中获取（地址为：https：//github. com/CDLUC3/dmptool)，利用该系统可以建设自己数据管理计划工具。

DMPTool 的访问网址为 https：//dmptool. org。要使用 DMPTool，首先也需要注册，注册后即可登录系统。DMPTool 登陆后的用户工作界面如图 6.4 所示，与 DMPonline 类似，DMPTool 的工作界面主要包含：我的仪表板（My Dashboard）、我的数据管理计划（My DMP）、创建新的数据管理计划（Create New DMP）、我的信息（My Profile）四个部分。其中“我的数据管理计划”和“创建新的数据管理计划”主要用于 DMP 的管理和创建，“我的仪表板”用于提供一些概览信息，“我的信息”用于用户信息的修改。

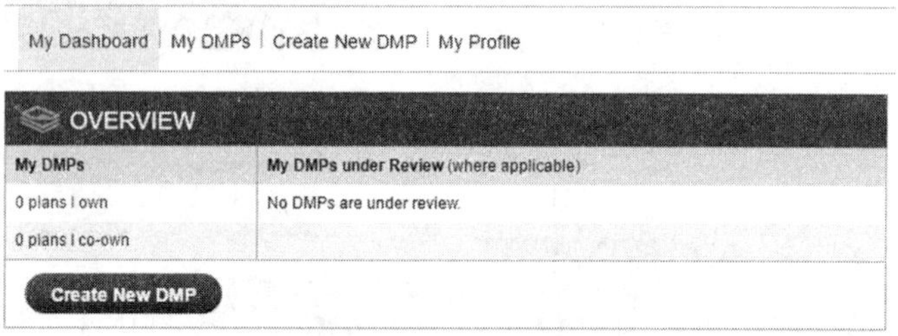

图 6.4　DMPTool 用户工作界面

点击“Create New DMP”（创建新的数据管理计划）菜单，即可进入到研究数据管理计划创建页面。与 DMPonline 类似，用户首先需要选择基金资助机构对应的模板；与 DMPonline 不同之处在于，用户还可以拷贝已有的 DMP，以便在其基础上进行修改。完成模板选择之后，用户需要填写 DMP 的基本信息（如标题、申请号等），此外还需要填写 DMP 的访问权限（公开、机构内访问、私有等），以及共同拥有者。完成这些信息之后，即可进入到 DMP 正文的编辑页面，如图 6.5 所示。与 DMPonline 类似，DMP 正文编辑页面中也包含了模板的提纲，也即基金资助机构要求的提问，如图中左侧的“Roles and responsibilities”。对于每个提问，在正文编辑页面的右侧给出相应的指引信息，用户可以根据这些指引信息完成相应的填写相应的数据管理计划。完成正文内容填写后，即进入 DMP 预览界面，确认无误后即可提交。点击“My

DMPs”（我的数据管理计划）菜单，用户可以查看自己创建的所有 DMP，在该页面中，用户可以对 DMP 进行编辑、分享、导出和删除操作。

通过前面介绍可以发现，DMPonline 与 DMPTool 在创建数据管理计划方面的功能非常相似，都是先选择模板，然后根据提示信息填写内容并完成 DMP 的创建。然而，DMPTool 的分享功能更强大，允许用于将 DMP 完全公开或者在机构内公开，方便其他用户参考公开的 DMP，并在其基础上修改完善，最终形成自己的数据管理计划。由于 DMPonline 和 DMPTool 在目标和功能上的高度相似，因此两个工具开始走向融合，这就是即将介绍的 DMP Roadmap。

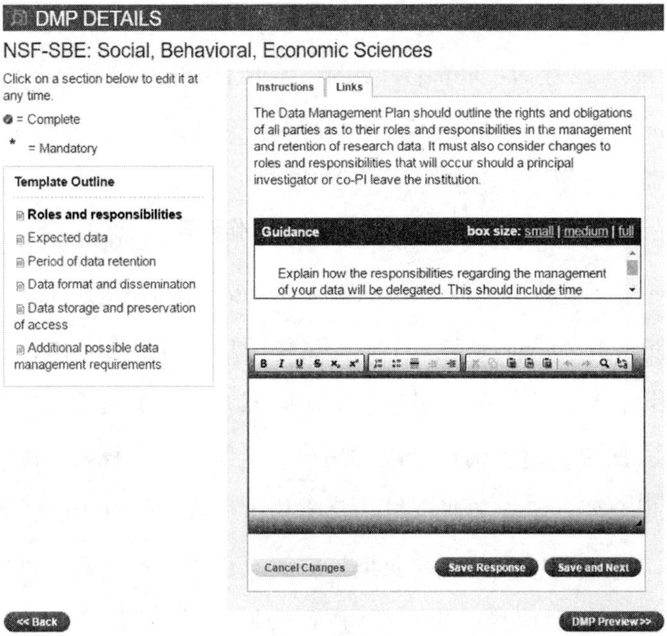

图 6.5　DMPTool 数据管理计划正文编辑页面

6.1.3　DMP Roadmap

DMP Roadmap 由英国数字监管中心（Digital Curation Centre，DCC）和美

国加州大学监管中心（University of California Curation Center，UC3）合作开发和管理，其目的在于建立一个全球性的数据管理计划工具，并降低各自独立开发的成本，增加工具的影响力。DMP Roadmap 除了实现 DMPonline 和 DMP-Tool 已有的功能外，正在计划实现机器可读的数据管理计划。当前的研究数据管理计划基本都是静态的，研究者通常只是为了项目的申请需要而制定，通过实现机器可读的 DMP，则可以与科研管理系统、基金资助系统、实验室电子笔记、数据仓储等互操作，将数据管理计划嵌入到整个研究过程之中[8]。当前，DMPonline 已于 2017 年 5 月末迁移到 DMP Roadmap 平台上，DMPTool 也于 2017 年 7 月末完成迁移。DMP Roadmap 也是开源软件，源代码可以在 Github 中获取（地址为：https：//github. com/DMPRoadmap/roadmap），由于 DMP Roadmap 仍处于开发阶段，笔者根据安装的最新开发版本对 DMP Roadmap 做简要介绍。

DMP Roadmap 主要包含八种类型的用户权限：add_organisations、change_org_affiliation、grant_permissions、modify_templates、modify_guidance、use_api、change_org_details、grant_api_to_orgs。超级用户具有所有权限，可以添加机构、授予权限、修改模板和指引信息等，图 6.6 给出了超级用户特有的工作页面。在该页面中，超级用户可以对用户、组织机构、权限、语言、标识符进行管理。基金资助机构和研究机构具有修改模板、修改指引、使用 API 等权限，图 6.7 给出其特有的工作页面。在该页面中，基金资助机构和研究机构可以对模板、指引信息、用户等进行管理。此外，对于普通用户，DMP Roadmap 提供数据管理计划创建功能，可以利用模板和相关指引信息方便的生产和导出 DMP，其功能和界面与 DMPonline 非常相似，这里不再详细介绍。

6.1.4 其他

除了前述三种影响较大的 DMP 工具外，一些机构和组织也开发应用自己

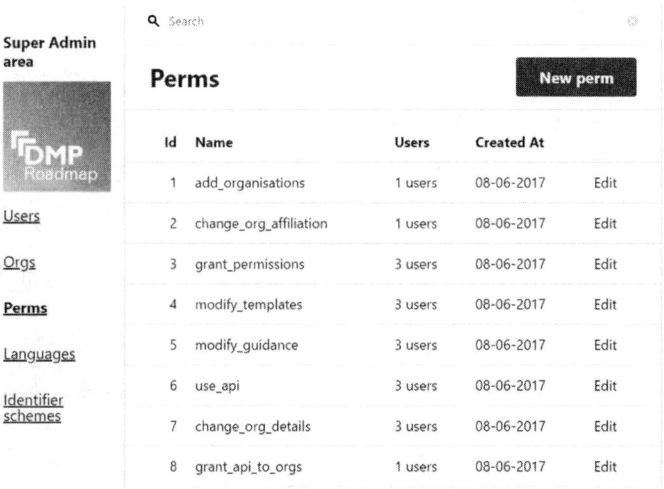

图 6.6　DMP Roadmap 超级用户特有的工作页面

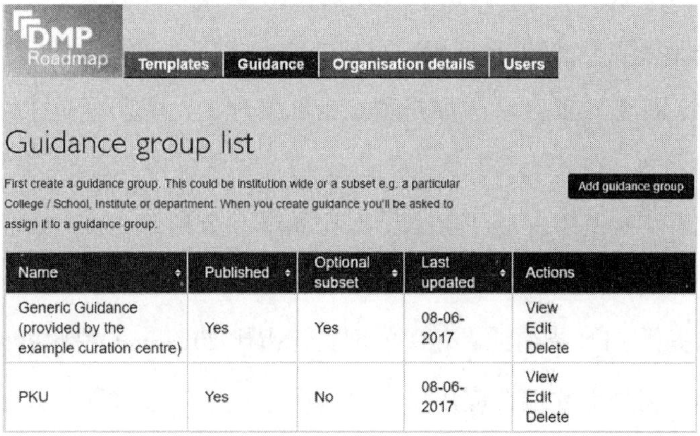

图 6.7　基金资助机构和研究机构特有的工作页面

的 DMP 工具。例如英国曼彻斯特大学图书馆为本校研究人员创建了数据管理计划工具，用户可以通过校园账号登录使用[9]。跨学科地球数据联盟（Interdisciplinary Earth Data Alliance，IEDA）也开发了自己的 DMP 工具，并于 2011 年上线，当前版本为 2.0，该工具的设计目标也是为了帮助用户在申请自然科学基金时方便地创建 DMP[10]。

6.2 实验室电子笔记

在科学研究过程中，研究者需要对实验过程进行记录，传统方法使用纸质笔记本记录，但是记录结果难以被共享、查找，不利于项目负责人对这些文档进行管理。实验室电子笔记（Electronic Laboratory Notebooks，ELNs）将实验数据以电子的形式记录存储，并提供协作、模板、检索、数据收集与分析等功能，有利用研究工作流的优化和研究数据的有效管理。

美国明尼苏达大学图书馆在 2017 年发布了一项关于美国顶尖研究大学实验室电子笔记应用情况的调查，调查结果显示绝大多数实验室电子笔记的价格昂贵，只有少数大学有整体的购买计划。在 35 个被调查大学中，有 8 个大学购买了企业版实验室电子笔记，占比 23%，包括：哈佛大学、耶鲁大学、康奈尔大学、哥伦比亚大学、加州理工、麻省理工、威斯康星大学麦迪逊分校、匹斯堡大学。在其他没有购买企业版 ELN 的大学中，有 14 个大学在一些课堂教学或者实验室中使用了 ELN，占比 40%，如斯坦福大学、伊利诺伊大学厄巴纳-香槟分校、加州大学圣地亚哥分校、西北大学等。此外，有 7 个大学的图书馆提供 ELN 指南或者相关的网页，占比 20%[11]。由此可见，美国顶尖研究大学有超过半数正在应用实验室电子笔记于教学和科研之中，并且一部分图书馆也开始提供实验室电子笔记相关服务。

目前，可供使用的实验室电子笔记较多，一项在 2011 年实施的调研显示：市场上可用的实验室电子笔记数量达 35 个[12]。然而，并没有一个实验室电子笔记能够满足所有用户的需求，因此不同的研究团体可能会选择不同软件服务。为此，下面介绍一些比较重要的实验室电子笔记软件，可供研究者参考使用。

6.2.1　LabArchives

LabArchive 是一款基于云的实验室电子笔记应用，分为专业版（Professional Edition）和教学版（Classroom Edition）。专业版主要面向研究人员、实验室管理员、博士后以及研究生，为他们提供实验室研究数据的存储、组织和共享服务。教学版主要面向课堂教学，教师可以使用 LabArchive 来管理、监督和评价学生的实验工作，吸引学生积极参与相关教学实验。

LabArchive 提供企业版许可证，如果大学和研究机构购买了该许可证（例如康奈尔大学同时购买了专业版和教学版的企业许可证），则属于该机构的工作人员可以直接使用。如果机构未购买，则研究人员可以自己购买专业版（学术和非营利机构费用为：124 美元/年，包含 100GB 存储，额外的存储购买需要 0.99 美元/年）；教师可选择教学版，教师无须付费，费用由学生或者机构承担（每位学生 15 美元）。目前购买 LabArchive 的机构有 28 个：22 个来自美国，如耶鲁大学、布朗大学、康奈尔大学、哥伦比亚大学、加州理工等；3 个来自澳大利亚，包括悉尼大学、莫纳什大学、嘉万研究所（Garvan Institute）；2 个来自英国，包括圣安德鲁斯大学、伍尔弗汉普顿大学；1 个来自加拿大，即萨省大学。用户可以试用 LabArchive 专业版，但是只有 25M 的存储空间。

（1）LabArchives 内容组织

LabArchives 按照“笔记本（Notebook）-> 文件夹（Folder）-> 页面（Pages）-> 记录（Entry）”的层级结构组织内容。其中“笔记本”、“文件夹”、“页面”用于内容的组织，“记录”是基本的存储单元。用户可以创建一个或多个笔记本，这个笔记本可以用于记录一个实验室或者一门课程的数据。创建好笔记本后，可以使用文件夹来组织内容，例如：参考文献、项目、手稿、想法、实验数据等，文件夹可以包含子文件夹。文件夹下面包含页面，页面无法嵌套，其下可以包含多个记录。记录有多种类型，如富文本、附件、Office 文档、标题、纯文本、PubMed 参考文献、小工具等。图 6.8 给出了 LabArchives 内容组织的一个示例：笔记本的名称为“研究数据管理”，包含两级文件夹（如“研究数据管理工具”->“实验室电子笔记调研”），文件夹下包括两个页面（即 LabArchives、RSpace），LabArchives 页面下包含 3 个记录（一个方程式、一个标题、一个 DNA-RNA 计算小工具）。

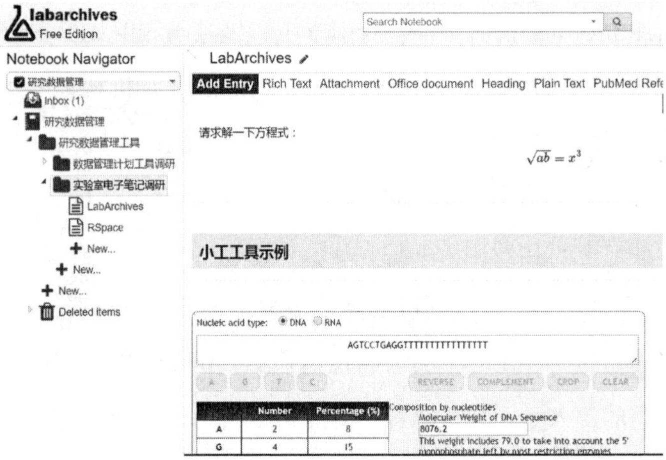

图 6.8　LabArchives 内容组织

（2）LabArchives 内容管理

LabArchives 的内容以记录的形式存储，记录是最基本的存储单元。记录的类型有 11 类。包括富文本、附件、Office 文档、标题、草图、纯文本、数学公式、PubMed 参考文献、任务分配、CSV 导入、小工具。用户可以利用这里记录类型向页面中添加文本、编辑 Office 文档、数学公式、参考文献、绘制草图等。其中小工具的功能比较强大，可以满足工程类、化学类、生物类、物理类学科的一些特殊要求，用户也可以制作自己的小工具。

LabArchives 还提供记录关联功能以及版本管理。用户可以利用 link 将记录间进行相互连接，也可以将记录与外部网址进行关联，还可以利用富文本记录类型嵌入链接。LabArchive 会保存每次记录的增加、修改与删除操作，保存的内容包括记录、日期、时间戳、记录类型、操作的类型、操作者、ip 等。版本管理粒度包括：页面和记录。用户可以查看整个页面的修改历史，也可以单独查看一个记录的修改历史。

（3）LabArchives 协作共享

在 LabArchive 中，可以通过管理用户、用户组，为用户设置不同的角色，为用户和用户组设置不同的笔记本访问权限，可以实现用户间的协作和数据的共享。

LabArchives 用户的角色分为四种：拥有者（Owner）、管理员（Administrator）、用户（User）、访客（Guest），表 6.1 给出了不同角色所具有的不同权限。笔记本的创建者即拥有者，拥有者的权限最大，可以进行任何操作，拥有者也可以将这个角色移交给其他用户，一个笔记本只能有一个拥有者。管理员拥有的权限仅次于拥有者，除了不能够删除和克隆笔记本、访问“管理我的账户”之外，其他权限均具有。用户能够进行评论，以及成为用户组的成员，并且可以读写笔记本（需要进一步的权限设置），其他权限均不具有。访客可以读写笔记本、添加评论（均需要进一步的权限设置），其他权限均不具有。

表 6.1 LabArchives 用户角色

角色	读/编辑	分享	评论	组成员	克隆笔记本	删除笔记本	访问用户和组管理	访问“管理我的账户”
拥有者	是	是	是	是	是	是	是	是
管理员	是	是	是	是	否	否	是	否
用户	可以	否	是	是	否	否	否	否
访客	可以	否	可以	否	否	否	否	否

用户和访客使用笔记本的权限有三种：编辑、查看、不能访问，拥有者和管理员能够对这些权限进行设置。编辑权限允许用户和访客查看、修改笔记本的内容，查看权限不允许修改笔记本内容，不能访问权限则使得不能查看到笔记本。权限的设置可以在笔记本、文件夹、页面、记录四个层次上进行设置，权限控制的粒度可以非常细。

6.2.2 RSpace

RSpace 由 ResearchSpace 公司与爱丁堡大学、哥廷根大学和威斯康星大学合作开发的企业级实验室电子笔记产品，它起源于 eCAT，2012 年开始开发，2015 年正式发布，面向全学科和全球的研究机构和研究者提供服务。RSpace 服务器端基于 Java，使用 MySQL 作为数据，Tomcat 作为应用服务器。与各种云存储服务进行集成，支持实验室研究数据的有效管理。

RSpace 提供社区版（RSpace Community）和企业版（RSpace Enterprise）。社区版供用户免费使用，部署在云端，存储量不限，拥有企业版的绝大多数功能。企业版提供收费服务，可部署在云端或者机构内。对于学术机构，RSpace 企业版一次性部署和培训费用为 1 500 美元，并按照每年 100 美元/人收费。RSpace 企业版的用户主要有英国爱丁堡大学、德国哥廷根大学、瑞士日内瓦大学、美国贝勒医学院。爱丁堡大学提供 RSpace 批量企业版许可证服务（有 20%的折扣），本校师生使用 RSpace 需要付费，标准为：一年 70 英镑、半年 35 英镑、2 个月免费试用[13]。截止 2016 年 8 月，RSpace 拥有来自世界上 30 个机构的 3000 个注册用户[14]。

（1）RSpace 内容组织

RSpace 内容组织将笔记和文件分开单独管理。笔记的管理在工作区（Workspace）中进行，按照“文件夹（Folder）-> 笔记本（Notebook）-> 文档（Document）”的层级进行组织。用户可以创建多个文件夹，文件夹允许嵌套，文件夹下用户可以创建笔记本，笔记本可以包含多个文档。虽然 RSpace 能够将笔记按照上述三个层级进行管理，但是不必严格遵守这样层次关系管理笔记。用户可以直接在工作区下创建笔记本，也可以在文件夹下直接创建文档，如图 6.9 所示。文件的管理在文库中“Gallery”，文库中的文件按照类型分类组织，包括：图像（Image）、音频（Audio）、视频（Video）、文档（Docs）、杂项（Misc）、导出（Export）、片段（Snippet）。在每一种类型的文件管理中，可以使用文件夹进行组织。

（2）RSpace 内容管理

RSpace 文档类型主要有：基本文档（Basic Document）、结构化文档（Structure Document）。基本文档是 RSpace 中最简单一种文档类型，用户可是使用它编辑文本、插入图像和附件等。结构化文档包含多个字段，这些字段的类型可以是：数字（Number）、字符串（String）、文本（Text）、单选（Radio）、多选（Choice）、日期（Date）、时间（Time）这七种类型，基本文档相当于只有一个文本（Text）字段的结构化文档。要使用结构化文档，需要用户在“My RSpace”中创建、管理结构化文档的表单，用户可利用以上字段类型创建新的表单（Form），之后便可以使用该表单来创建新的结构化文档。此外，RSpace 不提供文档的版本管理功能。

RSpace 还可以与多个外部系统进行互操作，这些外部系统称为 App。目前，RSpace 支持 12 个 App，包括：Dropbox、Box、OneDrive、Google Drive、GitHub、Dataverse、figshare、DSpace、Mendeley、eCAT、ChemAxon、Slack。用户可以通过 RSpace 获取 Dropbox、Box、OneDrive、Google Drive、GitHub 中存储文件，并在文档中引用这些文件。用户还可以将 RSpace 数据导出到 Dataverse、figshare、DSpace 中并发布。用户还以利用 Mendeley 进行文件管理，利用 eCAT 进行样本管理，利用 ChemAxon 提供对化学结构绘制的支持，利用 Slack 进行在线合作交流。

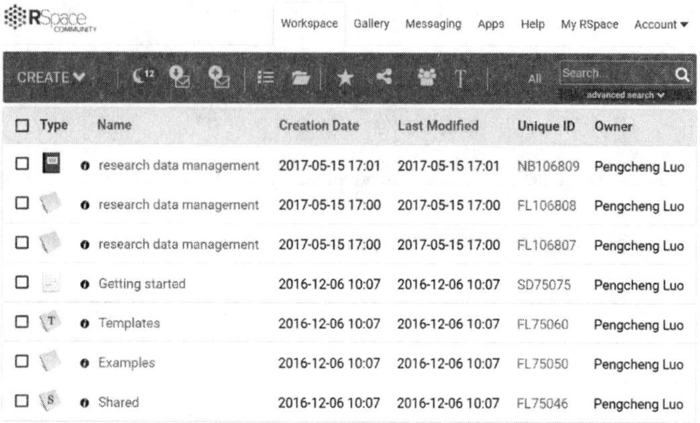

图 6.9　RSpace 内容组织

（3）RSpace 协作共享

RSpace 主要通过用户组实现用户间的协作与共享。在 RSpace 中用户可以创建一个实验室用户组（LabGroup），自己可以作为该实验室用户组的负责人（Principal Investigator，PI）。PI 可以对 LabGroup 进行管理，包括添加用户、删除用户、修改用户角色等。用户组成员角色包括：负责人（PI）、管理员（Admin）、用户（User）。PI 具有所有权限；Admin 可以管理用户组成员，但无法查看成员的数据；User 可以在用户组内或者用户组某个成员间分享数据。当用户离开实验后，PI 可以将用户从实验室用户组中删除，删除后 PI 仍然可以查看管理该用户的实验室数据。此外，PI 与 PI 间还可以建立协作组（Collaboration Group），从而实现实验用户组间的协作。

6.2.3　sciNote

sciNote 是一款开源的实验室电子笔记软件，面向生命科学领域。它最先由 Kickstarter 提供，之后 sciNote 团队开始与 Gilson 公司合作，并创建了 sciNote 有限责任公司。目前，该软件被伦敦帝国学院、太平洋大学、美国国立卫生研究院、牛津大学、德克萨斯大学奥斯汀分校等高校使用。

sciNote 有免费版、高级专业版、高级企业版 3 种服务。免费版只能创建一个团队（Team），团队中的成员数不限，可拥有 10GB 的存储空间，服务部署在亚马逊云平台上，仅为用户提供基本的邮件支持服务。高级专业版能创建一个团队，团队中的成员不限，拥有 1TB 的存储空间，单独部署在亚马逊云平台上，为用户提供高级支持、电子签名功能等。高级企业版可拥有多个团队，团队中的成员不限，每个团队可拥有 1TB 的存储空间，可单独部署在亚马逊云平台上或者在本地安装，为用户提供高级支持、电子签名功能等。sciNote 是一款基于 Ruby 的开源软件，源代码可以在 https：//github. com/biosistemika/scinote-web 获取，用户可以自己安装并使用该软件。

（1）sciNote 内容组织

sciNote 按照“团队（Team）-> 项目（Project）-> 实验（Experiment）-> 任务（Task）-> 实验方案与结果（Protocol & Result）”的层级结构组织内容。免费版和高级专业都只有一个团队，因此通常创建的项目均属于这一个团队。一个团队可以创建多个项目，一个项目下又可以有多个实验，实验下面可以添加多个任务，任务间通过连线连接从而创建工作流，每个任务又可包含多个实验方案与实验结果。图 6. 10 给出了 sciNote 内容组织的一个示例：项目的名称为“Demo project-qPCR”，包含一个实验，实验的名称为“Test experiment”，实验下面又包含 8 个项目（如“Experiment design”、“Reverse transcription”等），项目下又包含若干实验方案（如“RNA denaturation”等）。

（2）sciNote 内容管理

sciNote 内容管理与生命科学实验相一致，其内容主要以实验方案、结果、样本和报告的形式存在。实验中包含样本和报告，用户可以为样本创建不同的类型和组，并通过类型和组来管理样本；用户还以选择不同的任务、实验

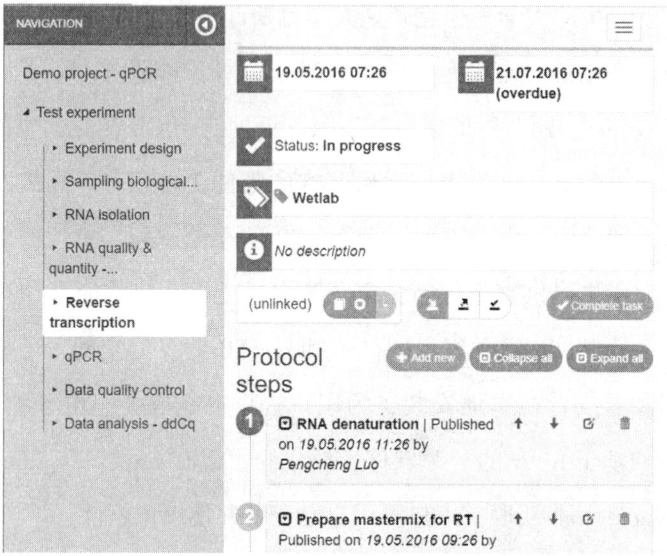

图 6.10　sciNote 内容组织

方案等来创建 PDF 格式的实验报告。在 sciNote 实验方案（Protocol）和结果（Result）中，主要包含文本、表格、文件三种内容类型，实验方案还能包含清单（checklist）。与 LabArchives 和 RSpace 不同，sciNote 不提供内容版本管理功能。

（3）sciNote 协作共享

在 sciNote 中，用户可在一个团队中协作。一个团队中用户的角色主要有三种：管理员、普通用户、访客。团队的创建者将具有管理员角色，并且该角色不能被修改。管理员具有管理团队和项目的所有权限；普通用户无法管理团队成员的权限、不能删除项目、编辑样本；访客只能查看项目，不能管理项目、样本、实验方案等。除了在团队这一层级进行权限管理外，还可以针对项目进行权限管理。项目中用户的角色有四种：所有者（Owner）、用户（User）、技术员（Technician）、观众（Viewer）。所有者拥有管理项目的所有权限，包括编辑、存档、恢复一个项目，管理项目的用户。用户的权限与所有者类似，但是不能管理项目和用户，不能将数据存档。技术员不能创建、编辑、恢复一个任务，也不能创建、编辑、删除实验方案中的步骤。观众只能够查看项目内容，不具有其他权限。

6.2.4 其他

除了以上介绍的三种实验室电子笔记外，还有很多其他可用的实验室电子笔记，例如：Benchling、LABGURU、OneNote、Evernote、有道云笔记等。Benchling 是一款面向生命科学和化学的实验室电子笔记，学术机构可以免费使用。LABGURU 是一款由 BioData 公司开发的，面向生命科学实验室研究和管理的专业软件，不仅支持实验室的数据和知识管理，还支撑实验室的财务和专利等业务管理。OneNote、Evernote、有道云笔记则是更加通用的笔记软件，提供强大的搜索功能，用户间也可以协作使用。

6.3 活动数据存储平台

在科学研究的过程中，研究者会不断地产生数据，这些数据通常称为“活动数据”（Active Data）。在活动数据管理中，数据安全以及存储和备份非常重要。如果不对数据进行备份，一旦数据发生丢失（如硬件损坏、电脑病毒），则研究工作将或多或少的受到阻碍。例如采集的调查问卷数据或者撰写的论文稿件丢失，将导致很多工作需要重复进行。在数据备份中，可遵循“3-2-1 原则”，即：重要的文件需要有 3 个拷贝，并且存储在 2 种不同类型的媒介上，同时 1 个拷贝需要异地（离线）存储。数据存储媒介主要有硬盘、闪存、磁带、光盘等，此外随着云服务的发展，基于网络的云存储也得到越来越多应用，利用云存储软件可以实现数据的近实时备份。下面将从三个方面介绍数据存储的平台和工具，包括：公有存储平台、校园存储平台、开源存储软件。

6.3.1 公有存储平台

国内外公有存储平台非常多，例如国外的 Dropbox、Google Drive、OneDrive 等，国内的百度网盘、腾讯微云、坚果云等。这些云存储平台提供一定空间的免费服务，也可付费购买更多的存储空间。如坚果云免费个人版可存储 1GB 数据，付费专业版可存储 30GB 数据；百度网盘的付费普通会员可以达到 2TB 的存储空间。当研究数据的安全性要求较低，可以使用公有云平台进行数据的存储和备份。在选择公有云平台时，应选择规模大、用户量大的平台，降低因商业因素导致企业停止服务的可能性。在研究过程中，研究者常常对数据的安全性具有较高的要求，公有云存储的数据不受研究者控制，为了避免数据的泄露，通常研究者更多地会选择学校内的数据存储平台。

6.3.2 校园存储平台

数据的存储具有一定的安全性要求，国外很多高校将数据划分为不同的安全等级。例如哈佛大学将数据安全划分为 5 个等级：层级 1 为公共信息，如课程目录；层级 2 为泄露后不会造成较大危害的信息，如研究论文草稿；层级 3 为泄露后会给个人和学校造成较大危害的信息，如学生信息；层级 4 为泄露后会给个人和学校造成严重危害的信息，如信用卡号、学生财务信息；层级 5 为泄露后会给个人和学校造成极为严重的危害，例如极为敏感的个体医疗记录[15]。将研究数据存储在公有平台存在信息泄露的潜在危险，为此国内外很多高校都建立了校园级的数据存储备份平台。例如哈佛大学校园级 OneDrive 云存储服务能够达到层级 3 的安全性要求[16]。

表 6.2 给出了 US News 排名靠前的 10 所美国高校和 2 所英国高校在数据存储和备份方面的应用情况。从表中可以看出，所调研的这 12 所国外高校均

提供了大量校园数据存储备份服务。在平台建设方面，应用最多的便是购买商业服务建立校园云存储，包括 Dropbox、OneDrive、Box、Google Drive 等，例如剑桥大学的 OneDrive 可以为师生提供 1TB 的数据存储，斯坦福大学的 Google Drive、Box 供师生免费使用，且不限存储空间。除此以外，一些学校也会建立满足科学计算、大数据存储的数据平台，如哈佛大学 Orchestra、牛津大学的层次文件服务器（Hierarchical File Server）等。一些存储服务也会有收费要求，例如芝加哥大学面向教职工提供院系集中管理的文件分享服务按照每月 0.04 $/GB 收费。总体而言，国外校园数据存储服务建设地较好，通过建立校园级或者院系级的数据存储平台，满足了信息时代科学研究数据存储的需求。

表 6.2　国外著名高校校园存储备份服务

学校	校园存储备份服务
普林斯顿大学	普林斯顿大学提供中央文件服务器（Central File Server），校园个人用户可以免费使用 5GB 存储空间，院系也可以使用该服务来分享文件。普林斯顿也提供 Google Drive，存储空间不限。此外，还提供 SharePoint 服务，可以进行文档管理和分享。[17]
哈佛大学	哈佛大学购买了微软的 Office 365 服务，其中包含有 OneDrive 云存储和 SharePoint 协作软件。OneDrive 可为师生提供 1TB 的数据存储，并能通过 Web 编辑 Office 文档；SharePoint 允许项目组进行安全、集中式的文档管理和分享[16]。哈佛大学医学院研究计算中心提供高性能计算环境 Orchestra，它拥有 5000 个计算核、数 PB 存储，允许用户存储大量临时文件、个人和用户组研究数据以及长期存储等[18]。此外，哈佛大学医学院还购买了 Dropbox，为本学院师生提供数据存储服务[19]。哈佛大学文理学院研究计算中心提供大规模高性能计算集群 Odyssey，Odyssey 拥有 100 万个 GPU、35PB 存储，可为研究者、实验室提供高性能计算和存储服务[20]。

续表

学校	校园存储备份服务
芝加哥大学	芝加哥大学与 Box 合作，向全校师生提供云存储服务 UChicagoBox，存储空间不受限制，用户可以在不同的设备进行文件的同步和分享。芝加哥大学面向教职工提供院系集中管理的文件分享服务以及高效性能存储服务，其中文件分享服务按照每月 0.04 $ /GB 收费，高性能存储服务包含 SAN 和 NAS 两种类型。[21]
耶鲁大学	耶鲁大学购买了 Box 服务，为全校师生提供免费的 50GB 数据存储空间。耶鲁大学信息技术服务部门还提供数据备份系统，用户使用客户端可以将关键数据备份。此外，Storage@ Yale 也提供数据的存储和共享服务。[22]
哥伦比亚大学	哥伦比亚大学信息技术中心、系统生物信息技术部（DSBIT）、数字研究与学术中心（CDRS）、医学中心信息技术部（MCIT）等校级和院系级部门均提供研究数据的存储、分享功能。例如，信息技术中心购买了 Amazon Web Services。此外哥伦比亚 LabArchives 可提供数据的存储，并且不限存储量。[23]
斯坦福大学	斯坦福大学提供安德鲁文件系统（Andrew File System，AFS），学生和教师可以免费使用 5GB 存储空间。此外，还提供文件存储（File Storage）服务用于文件的分享，教职工需付费使用。斯坦福大学还提供了 Google Drive、Box 云存储服务，师生可以免费使用，并且不限存储空间[24]。
麻省理工	麻省理工为校内机构、研究实验室、课程等提供雅典娜文件系统（Athena filesystem），用户可以使用该文件系统存储和分享数据。麻省理工还为全校师生提供 Dropbox 云存储服务，存储容量不限。此外，还提供计算机备份服务，可为台式机、笔记本和服务器提供数据备份。[25]
杜克大学	杜克大学提供 Box 和 OneDrive 云存储服务，其中 Box 有 50GB 存储空间，OneDrive 有 1TB 存储空间。杜克大学还提供 NAS 和 SAN 存储，以及 CIFS 存储。[26]
宾夕法尼亚大学	宾夕法尼亚大学为本校师生提供 Penn+Box 服务，用户可以使用 50GB 的免费存储空间。[27]
约翰·霍普金斯大学	约翰·霍普金斯大学为本校师生提供 JHBox、OneDrive 两种云存储服务，JH-Box 提供 50GB 的存储空间，OneDrive 提供 1TB 存储空间。此外，约翰·霍普金斯大学也购买了 SharePoint，可以进行文档管理和共享。[28]

续表

学校	校园存储备份服务
牛津大学	牛津大学数据的存储主要集中在院系级，在校园级，牛津大学提供层次文件服务器（Hierarchical File Server，HFS）用于数据的备份存储，此外还提供SharePoint服务，有25GB空间用于文档的管理。[29]
剑桥大学	剑桥大学为师生提供企业版的OneDrive和Dropbox服务，其中OneDrive包含1TB的存储空间。剑桥大学还为研究负责人（Principal Investigator，PI）提供大规模、企业级的数据存储和文件分享服务，数据存储服务具有灾难恢复能力，文件分享服务具有快速数据恢复功能，此外还有研究云储存服务（至少购买5TB以上），用于存储大规模不常访问的研究数据。[30]

与国外高校覆盖广泛的校园数据存储平台相比，国内高校校园数据存储建设相对滞后。所调研的12所国外高校，除了牛津大学外，其他所有高校均应用Dropbox、OneDrive、Box、Google Drive等构建了自己的校园云存储。对国内39所985高校进行调研，发现其中仅有10所高校提供校园云存储服务（如表6.3所示），这些高校主要集中在长三角地区，包括：复旦大学、上海交通大学、华东师范大学、同济大学、东南大学、浙江大学，共6所高校。使用的软件服务提供商有：坚果云、够快云库、亿方云。

表6.3 国内提供云存储服务的985高校

高校	服务名称	访问地址	服务提供方	建设年份
复旦大学	云．复旦	https：//cloud. fudan. edu. cn/		2013
上海交通大学	上海交通大学个人云存储	http：//jcube. sjtu. edu. cn/	够快云库	2012
	交大云盘jBox	http：//jbox. sjtu. edu. cn		2017
华东师范大学		http：//cloud. ecnu. edu. cn/	坚果云	
同济大学	同心云盘	http：//upan. tongji. edu. cn/	坚果云	2016
东南大学	东大云盘	https：//pan. seu. edu. cn/		2017
北京师范大学	师大云盘	https：//sdyp. bnu. edu. cn/		2012

续表

高校	服务名称	访问地址	服务提供方	建设年份
中国农业大学	农大云盘	http：//cloud. cau. edu. cn		
	农大云盘	http：//cloud2. cau. edu. cn		2015
大连理工	大工云盘	http：//pan. dlut. edu. cn/		2015
中国海洋大学	海大云盘	http：//yunpan. ouc. edu. cn		2014
吉林大学	吉大云空间	http：//cloud. jlu. edu. cn		
厦门大学	厦大网盘	http：//pan. xmu. edu. cn		2015
浙江大学	浙大云盘	2016 年与亿方云签约，建设校园云盘服务。	亿方云	

6. 3. 3　开源存储软件

在研究数据管理过程中，研究团队可能对数据的安全性具有较高的要求。公有存储平台和校园级存储平台中存储的数据都有可能被研究团队之外的人查阅，为了避免数据可能泄露于他人，研究团队可以利用一些开源软件来搭建自己的私有云平台，数据可在团队成员内共享使用。当然研究团队也可以购买这些开源软件的企业版，从而得到更优质的服务。目前，已有一些开源的私有云存储软件，下面将对 Seafile、ownCloud 等进行简单的介绍。

（1）Seafile

Seafile 由北京海文互知网络技术有限公司开发维护，为用户提供私有云盘解决方案，它起源于创始人清华学习期间的实验室工作，历经多年的打磨，已发展成为一个国际化的开源项目，在 GitHub 上有超过 4 500 人关注，其大型组织机构客户有卡巴斯基、德国 Mainz 大学、德国柏林洪堡大学、法国 Strasbourg 大学、德国 Max Planck 科学院、芬兰 Turku 大学、中国平安等。

Seafile 提供社区版和专业版。社区版为开源软件，用户可以免费使用，专业版可供 3 个用户免费使用，更多用户则需要付费。Seafile 提供 Web 界面，包含 Windows、Mac、Linux、控制台 4 种桌面客户端，以及 Android、iPad/iPhone 2 种移动客户端。对于高校用户，Seafile 供的客户端可通过 Shibboleth 登录。社区版服务器可以运行在 Linux、Windows 等平台，专业版服务器需运行在 Linux 平台。社区版包含的功能有：多平台文件同步、移动客户端、虚拟驱动客户端、共享资料库、版本控制、公共链接、可选择的子文件夹同步、Shibboleth 统一认证等。专业版除了拥有社区版的全部功能外，还包含的功能有：文件加锁、细粒度文件夹权限、Doc/PPT/Excel 在线预览、基于角色的账户管理、全文检索、支持 AWS S3/Ceph RADOS 存储等。

图 6.11 为 Seafile 的 Web 界面，该界面为用户的工作区，用户可以在“我的资料库”中管理自己的文件，在“共享给我的”菜单中找到其他用户共享给自己的文件，还可以在“公共”菜单中找到公共文件，此外，文件还可以在群组间进行共享。系统管理员也可以通过 Web 界面对用户和群组进行管理，还可对系统进行设置，包括 Logo、是否允许用户注册、密码长度设置、是否允许客户端同步等。图 6.12 为 Seafile 客户端，通过客户端用户可以指定目录进行同步，实现数据的实时备份，用户也可查看共享的数据文件。

图 6.11　Seafile Web 界面

图 6.12　Seafile Window 客户端

（2） ownCloud

ownCloud 是一个开源的私有云存储项目，能帮助用户在个人电脑或服务器上架设一套专属的私有云，实现文件跨平台同步、共享、版本控制、团队协作等。ownCloud 由 Frank Karlitschek 在 2010 年发起，并于 2011 年成立 ownCloud 公司。截止 2016 年初，官方宣称 ownCloud 的使用量已经达到 8 百万，来自全球 47 个国家的 300 多所企业、大学和研究机构购买了企业级服务，其中包含了欧洲最大的铁路运输公司——德国联邦铁路公司[31]。

ownCloud 分标准版和企业版。标准版也即开源的 ownCloud，具有文件同步与分享、权限和用户组管理、文件版本管理、文件评论和标签、文件加锁、文件加密等功能；支持本地存储、OpenStack Swift、Red Hat 存储、FTP、Dropbox、Google Drive 等；ownCloud 还具有非常好的扩展性，社区贡献的应用可以在 ownCloud 商店获取，如 PDF 预览、联系人等。标准版还拥有 windows、MacOS、Linux 桌面客户端，iOS 和 Andriod 移动客户需要付费。企业版具有标准版的所有特性，除此之外还有一些特性的功能，如文件防火墙、更多的对象存储支持、Shibboleth 用户、工作流等[32]。

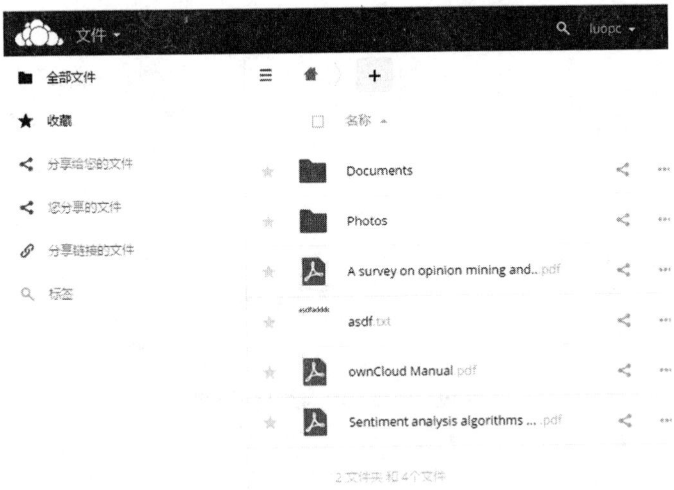

图 6.13　ownCloud Web 界面

图 6.13 给出了 ownCloud 的 Web 工作界面，在该界面中，用户可以查看、下载、上传自己的文件，可以将文件分享给其他用户，也可以查看其他用户分享给自己的文件。管理员还可以对用户和用户组进行管理，并且可以从 ownCloud 商店中下载新的应用并安装。此外，管理员还可以对系统做进一步设置，例如是否在服务器端对文件加密、外部存储、共享设置等。图 6.14 为 ownCloud 的 Windows 客户端，用户可以使用该客户端设置同步文件夹，设置好后即可实现数据的实时备份。

（3）其他

除了以上介绍的这两种使用广泛的开源私有云存储平台外，还有很多开源存储平台，例如 NextCloud、Pydio、StackSync 等。读者可以根据自己的需求

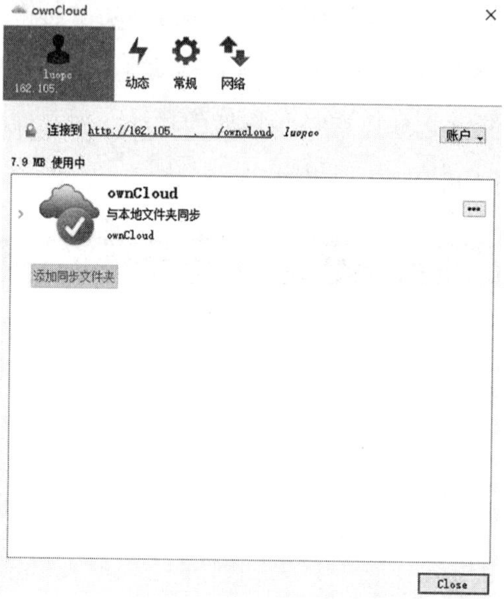

图 6.14　ownCloud Window 客户端

选择合适的平台。

6.4　存档数据管理平台

存档数据（Archive Data）管理平台主要用于管理一些重要的、需要长期保存的数据，这些数据主要用于分享和重用，它们具有稳定性，不会频繁地被修改。由于存档数据具有长期保存和共享的特性，图书馆对此类数据尤为重视，在图书情报领域，很多时候所说的研究数据管理平台通常都指的是存档数据存储平台。

目前，已经建成的存档数据平台非常多，如国外有哈佛大学 Dataverse 平台、密歇根大学 ICPSR 平台、Figshare 等，国内有北京大学开放研究数据平台、复旦大学社会科学数据平台等。根据 re3data. org 统计显示，截至 2017 年

6 月，已经注册的数据平台有 1 800 多个[33]。

随着研究数据得到越来越多的重视，一些专门出版数据的期刊也已出现。例如威利公司（John Wiley&Sons，JWS）于 2012 年推出了地球科学数据出版期刊《Geoscience Data Journal》，自然出版集团也于 2014 年推出了《Scientific Data》。此外，很多期刊也要求研究者在提交论文的时候提供支持研究结论的数据。因此，一些著名的期刊和出版社均给出了各自推荐的数据仓储，如 PLOS[34]、Elsevier[35]、Springer[36]、《Scientific Data》[37]等。表 6.4 给出了《Scientific Data》推荐的数据仓储平台，主要包括了生命科学、健康科学、化学与生物化学、地球和环境科学、物理和天文学、社会科学等不同学科的数据仓储，此外还有一些通用性数据平台。研究者可优先选择学科性的数据仓储存放自己的研究数据，如果没有合适的平台，可以再选择通用性的数据仓储。

国内高校和研究机构在存档数据平台建设方面比较滞后，在 re3data. org 注册的研究数据仓储中，中国仅有 25 个，而美国则拥有 844 个，两者差距巨大。为了建立机构的存档数据存储平台，可以有三种方案：自建软件、开源软件、商业软件。

在研究数据管理发展早期，由于缺乏数据管理的经验，也没可用的商业服务。因此一些机构根据实际需求，开发了自己的研究数据管理平台，如密歇根大学 ICPSR、中国科学院科学数据云。虽然自建软件平台能够更好地符合机构需求，但是开发周期长，需要更多的实践和探索，对机构本身数据管理能力要求非常高，平台构建花费的人力和物力成本都很大。

表 6.4 《Scientific Data》推荐数据仓储

类型	仓储		
生命科学	核酸序列		DNA DataBank of Japan (DDBJ)、European Nucleotide Archive (ENA)、GenBank、dbSNP、European Variation Archive (EVA)、dbVar、Database of Genomic Variants Archive (DGVa)、EBI Metagenomics、NCBI Trace Archive、NCBI Sequence Read Archive (SRA)、NCBI Assembly
	蛋白质序列		UniProtKB
	分子与超分子结构		Protein Circular Dichroism Data Bank (PCDDB)、Crystallography Open Database (COD)、Coherent X-ray Imaging Data Bank (CXIDB)、Biological Magnetic Resonance Data Bank (BMRB)、EMDataBank (EMDB)、Worldwide Protein Data Bank (wwPDB)、Structural Biology Data Grid
	神经科学		NeuroMorpho. org、Functional Connectomes Project International Neuroimaging Data-Sharing Initiative (FCP/INDI)、OpenfMRI
	组学	功能基因组学	ArrayExpress、Gene Expression Omnibus (GEO)、GenomeRNAi、dbGAP、The European Genome-phenome Archive (EGA)、Database of Interacting Proteins (DIP)、IntAct、Japanese Genotype-phenotype Archive (JGA)、Biological General Repository for Interaction Datasets *、NCBI PubChem BioAssayview BioSharing entry
		代谢组学	MetaboLights
		蛋白质组学	PeptideAtlas、PRIDE、ProteomeXchange
	分类和物种多样性		Integrated Taxonomic Information System (ITIS)、KNB: The Knowledge Network for Biocomplexity、NCBI Taxonomy *、Global Biodiversity Information Facility (GBIF)、Morphobank. org
	数学与模型资源		BioModels Database、Kinetic Models of Biological Systems (KiMoSys)
	细胞计量与免疫学		FlowRepository、ImmPort
	组织相关资源		Eukaryotic Pathogen Database Resources (EuPathDB)、FlyBase、Influenza Research Database、Mouse Genome Informatics (MGI)、Rat Genome Database (RGD)、VectorBase、Xenbase、Zebrafish Model Organism Database (ZFIN)

续表

类型	仓储
健康科学	National Addiction & HIV Data Archive Program（NAHDAP）、National Database for Autism Research（NDAR）、Cancer Imaging Archive、ClinicalTrials. gov、Virtual Skeleton Database（SICAS medical image repository）、PhysioNet、National Database for Clinical Trials related to Mental Illness（NDCT）、Research Domain Criteria Database（RDoCdb）
化学和化学生物学	caNanoLab、ChEMBL、NCBI PubChem BioAssay、NCBI PubChem Substance、Beilstein-Institut，STRENDA
地球和环境科学	NOAA National Centers for Environmental Information（formerly the National Climatic Data Center；NCDC）、Oak Ridge National Laboratory Distributed Active Archive Center（ORNL DAAC）、World Data Center for Climate at DRKZ（WDCC）、NERC Data Centres、LTER Network Information System Data Portal、PANGAEA、Australian Antarctic Data Centre（AADC）、EarthChem、Marine Geosciences Data System、Australian Ocean Data Network、SEANOE、NASA Goddard Earth Sciences Data and Information Services Center、AEKOS-TERN Ecoinformatics、UNAVCO，Inc.
物理、天体物理和天文学	Reaction Database Standard Search Interface、SIMBAD Astronomical Database、UK Solar System Data Centre、NoMaD Repository
社会科学	Harvard Dataverse、UK Data Service ReShare、openICPSR、Open Science Framework、Archaeology Data Service
通用仓储	Dryad Digital Repository、figshare、Harvard Dataverse、Open Science Framework、Zenodo

当前，研究数据管理已经发展了较长一段时间，大量的研究数据管理平台已经被建立起来。为了促进研究数据管理更好的发展，一些机构和组织将自己构建的数据管理平台源代码开放出来，如哈佛大学的 Dataverse、欧洲核子研究组织的 Zenodo。开放源代码好处在于：一方面可以提升机构自身平台的影响力，并能够从社区得到反馈意见，从而完善系统；另一方面其他机构也可以利用该软件迅速地构建自己的服务。与自建软件相比，开源软件的应用可以做到站在巨人的肩膀上，利用已处于领先地位机构的研究数据管理经验构建自己的服务，从而节省大量成本。当然开源软件的应用也需要一定的

开发、运维能力。

除了自建软件和开源软件，一些商业性的公司也提供数据管理服务，如Figshare。使用商业软件的好处在于，机构能够快速地构建自己的研究数据管理服务，并且几乎不需要开发能力，运维的工作量也会较小。不足之处在于，会对商业公司产生依赖，相应的数据管理服务会受到一定限制，并且购买商业产品的价格较高。

当前存档数据仓储管理软件非常多，例如自建的ICPSR、UK Data Archive，开源的Dataverse、DataConservancy、Zenodo、Dryad、CKAN，商业的Figshare等，下面将主要以Dataverse、Dryad和figshare为例对研究数据管理系统进行介绍。

6.4.1 Dataverse

Dataverse是哈佛大学定量社会科学研究所（Harvard Institute for Quantitative Social Science，IQSS）数据科学团队研发的研究数据管理系统。该系统的开发始于2006年，最初主要聚焦于社会科学数据管理，后引入了天文学、天体物理、生物医学等学科数据，目前已经支持人文与社会科学、地理空间、天文与天体物理、生命科学、政治学等多种元数据方案。2012年，IQSS将Dataverse开源，随后被许多机构采用，如北京大学、复旦大学、约翰·霍普金斯大学、挪威大学、海德堡大学等[38]。目前全球至少有25所机构使用Dataverse。其中仅哈佛大学存储的数据集便有7万多个、下载次数260多万；北京大学开放研究数据平台也使用了Dataverse，现存放有数据集130多个、下载次数2万多。在哈佛大学Dataverse平台中，用户可以免费存放自己的研究数据，数据集的大小没有限制，但是单个数据文件的大小有限制（最大2GB）。后文第七章将对Dataverse使用进行详细的介绍，下面主要从Dataverse数据组织、数据管理、权限管理、在线分析对其进行介绍。

Dataverse 数据管理中定义了三个重要的实体：数据空间、数据集、数据文件。数据空间是一个虚拟的容器实体，能够包含 0 个或多个数据空间，整个数据空间形成一棵倒立的树形层次结构，如图 6.15 所示。数据集是一个完整的、不可分隔的资源集合，研究者可以依据数据集提供的信息做出分析推断。数据文件是数据集的组成部分，是 Dataverse 中管理的最小粒度的实体对象，一个数据集中可包含一个或者多个数据文件。数据空间、数据集组成的倒立树形层次结构，与机构的组织架构接近，便于将数据按机构部门、研究项目分门别类的组织。

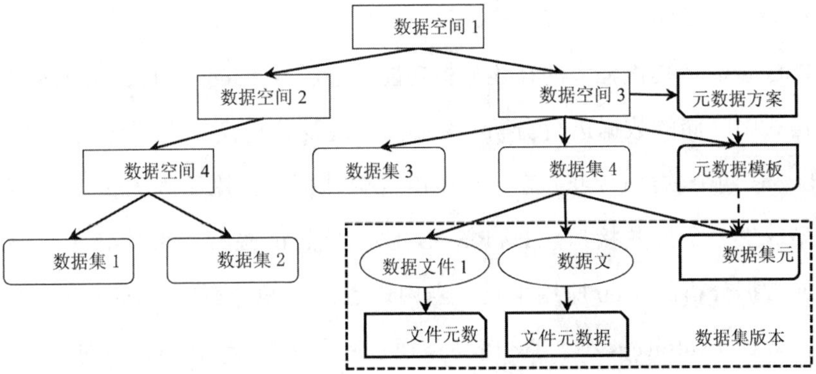

图 6.15　Dataverse 数据组织结构

Dataverse 数据管理还包含了元数据管理和版本管理。元数据管理采用 DDI 标准，目前已经包含了人文与社会科学、天文与天体物理、政治学等十多种元数据方案。元数据方案与数据空间对应，特定的数据空间设定了特定元数据方案，在生成数据集时，需要依据对应的元数据方案填写数据集的描述信息。为了快速的生成元数据信息，Dataverse 还提供元数据模板功能，可预先填写内容不变的元数据。数据集本身并不一定是静止不变的，数据提供者可能会对数据集修改，这包括数据文件或者描述信息的修改。Dataverse 提供版本管理功能，能够保存数据集的变更历史，使得研究者在引用数据时指定特定版本，保证了引用的准确性。

Dataverse 提供了非常强大权限管理功能，对数据空间、数据集、数据文件定义了 13 种权限，可分为四类，包括：①创建权限，添加数据空间、添加数据集；②读取权限，查看未发布数据空间、查看未发布数据集、下载文件；③更新权限，编辑数据空间、编辑数据集、管理数据空间权限、管理数据集权限、发布数据空间、发布数据集；④删除权限，删除数据空间、删除草稿版数据集。管理员可以利用这些基本权限组合定义新的角色，并将角色与用户（或者用户组）、Datavese 对象（即数据空间、数据集、数据文件）进行关联，从而实现不同粒度的权限控制。

Dataverse 还提供强大的在线分析功能，能够对 Excel、Stata、SPSS 等标准文件格式中存储的数据进行分析。Datavers 在线分析模块主要使用了 Zelig 和 TwoRavens 两个软件。Zelig 是一个 R 语言统计框架，用于为大量 R 语言编写的模型提供一个公共接口。TwoRavens 是一个数据探索、统计分析、模型构建、元数据分析的 Web 应用工具。当用户点击在线分析时，Dataverse 中的数据将传入到 TwoRavens 中，TwoRavens 通过利用 Zelig 等 R 语言包对数据分析、建模，从而实现在线数据分析功能。

Dataverse 功能强大、内容丰富，读者可以访问 Dataverse 官方网站（http：//dataverse. org/）获取更多信息（包括最佳实践、安装和使用指南、以及社区信息等），其源代码可也在 Github（https：//github. com/IQSS/dataverse）中获得，后文第七章还将更加详细地介绍 Dataverse 的应用。

6. 4. 2 Dryad

Dryad 是专门存储支撑科学文献研究数据的仓储平台（即在期刊发表论文时，编辑部要求作者将支持论文结论的科学数据存放在 Dryad 仓储平台中），它由非营利性 Dryad 组织维护，平台基于 DSpace，在其基础上二次开发而成，源代码在 Github 中开放。目前，与 Dryad 合作的期刊有 119 个，存放的数据包有 18 000 多个，其中仅 2016 年便增加了 4 307 个[39]。

出版社、学会、大学、图书馆、基金资助者等组织机构可通过三种途径参与到 Dryad 之中，包括：成为会员、提交集成、数据出版资助。Dryad 是一个非营利性组织，非常希望其他机构参与到 Dryad 的相关事务之中，从而促进 Dryad 的发展。组织机构可以通过缴纳会费成为 Dryad 会员，目前根据机构的类型和年收入将会员分为三种：维持者（Sustainer）、支持者（Supporter）、拥护者（Advocate），每年的会费分别为 5 000、1 000、500 美元。会员可以参与到 Dryad 理事会的提名与选举、章程修改投票、年会，以及获得数据出版费用折扣等。目前 Dryad 有 19 个会员，如威利出版社（Wiley）、英国皇家学会（The Royal Society）、德国国家医学图书馆（German National Library of Medicine）、美国科学促进协会（American Association for the Advancement of Science）等。对于出版社，无论其是否是会员，都可以将他们的在线稿件处理系统与 Dryad 进行集成，并且该服务免费。通过集成服务，可以帮助论文作者简化数据提交流程、确保数据的提交与期刊政策相吻合、获得数据与文献的双向链接等。目前已有 119 个期刊与 Dryad 进行了集成。对于研究者来说，在 Dryad 中提交数据所需要的数据出版费用（Data Publishing Charges）较高，因此 Dryad 鼓励机构为其所代表的群体提供数据出版资助。例如，期刊出版社可以订阅 Dryad 服务，这样在他们期刊上发表论文的研究者便可以不需要支付数据出版费用。

研究者可以在 Dryad 中提交或利用数据。在 Dryad 中提交数据，首先需要研究者利用邮箱注册用户账号，然后通过描述出版信息、上传数据文件、支付数据出版费用三个主要的步骤（图 6.16），便可以将数据提交到 Dryad 中。每个数据包的数据出版费用为 120 美元，允许上传的最大数据量为 20GB，超过的部分按照每 10GB 支付 50 美元计费。如果研究者所发表的期刊或所在的机构订阅了 Dryad 数据出版服务，则不需要支付这笔费用。Dryad 的数据查找和浏览功能与 DSpace 类似，研究者可以通过关键词检索数据，还可通过作者、学科、日期、期刊等字段对检索结果进行精炼。与 Dataverse 中数据集和数据文件类似，Dryad 中研究者提交的数据以数据包（Data Package）为单元进行组织，数据包下面含有一个或多个数据文件。与 Dataverse 仅为数据集赋予 DOI 不同，Dryad 不仅为数据包赋予 DOI，还为数据包中每个数据文件赋予 DOI。

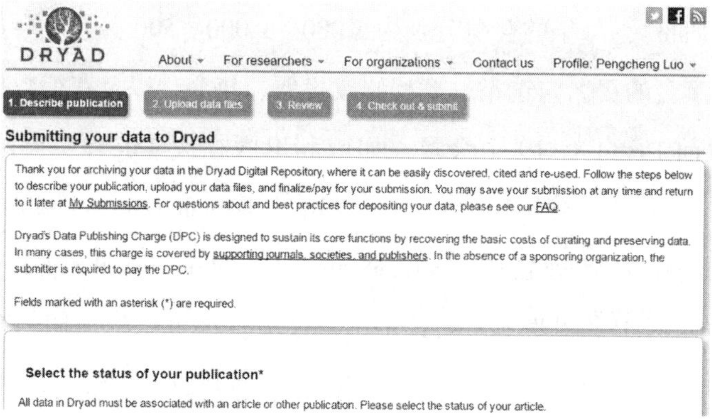

图 6.16　Dryad 数据提交页面

6.4.3　figshare

figshare 是一个商业性的数据仓储平台，由 Digital Science 公司出品，于 2012 年正式发布，面向学术机构、出版社、研究者提供强大的数据管理服务。目前，figshare 中包含约 5 000 个项目、50 万合集、200 万文章，用户上传数据 80 万个、750 万下载量、2 600 万页面浏览量[40]。目前一些高校和出版社通过购买 figshare 服务建立起了自己的数据管理系统，例如澳大利亚莫纳什大学（Monash University）、英国谢菲尔德大学（The University of Sheffield）、威利出版集团（Wiley）、斯普林格自然集团（Springer Nature）等。

对于研究者，可以免费使用 figshare 来管理发布自己的研究数据。figshare 免费用户账号可拥有 20GB 的私有存储空间、无大小限制的公共存储空间，并且可上传最大 5GB 的数据文件。在 figshare 中，数据以条目（Item）为单元进行存储，它与 Dataverse 的数据集、Dryad 的数据包类似，一个条目下面可以包含一个或多个数据文件。与 Dataverse 和 Dryad 仅存储数据集不同，figshare 的条目可以有多种类型，包括：数据集、图片、多媒体、文件集、海报、论文等。对于每一个数据集，figshare 会赋予一个 DOI，同时对于数据集的不同版本，figshare 也会为他们赋予不同的 DOI。例如“10.6084/m9.figshare.5362711”为一个数据集的 DOI，通过该 DOI 可找到该数据集的最新版本页面，“10.6084/m9.figshare.5362711.v1”则为该数据集的第一个版本的 DOI，通过该 DOI 可找到该数据集第一个版本的页面。与 Dryad 不同，figshare 不会为每个数据文件赋予 DOI。

figshare 用户数据页面如图 6.17 所示，在该界面中用户可以创建数据条目，还可用项目（Project）和合集（Collection）来组织管理数据条目。在创建数据条目时，仅需要标题、作者、类别、类型、关键词和描述等少量元数据，保存条目时用户可以选择公开，也可以选择不公开。不公开的条目会占用用户的私有存储空间，同时不具有版本保存的功能，用户可以通过为其生成私有链接来分享不公开的数据。在项目管理页面中，用户需要先创建项目，通过填写项目名称等简单信息，即可完成项目的创建，然后可在项目中新建数据条目。在合集管理中，用户创建合集时需要填写标题、描述、作者、类别、关键词等元数据，然后可以在合集中添加自己或其他人发布的条目。虽然项目和合集都可以用来组织条目，但是他们也存在区别：项目中仅包含用户自己的条目，合集则既能包含自己的条目，也能包含其他人的条目；项目和合集都可以保存为私有或者公开，项目公开后不包含 DOI，而合集公开后则会生成 DOI，并且具有版本管理功能。

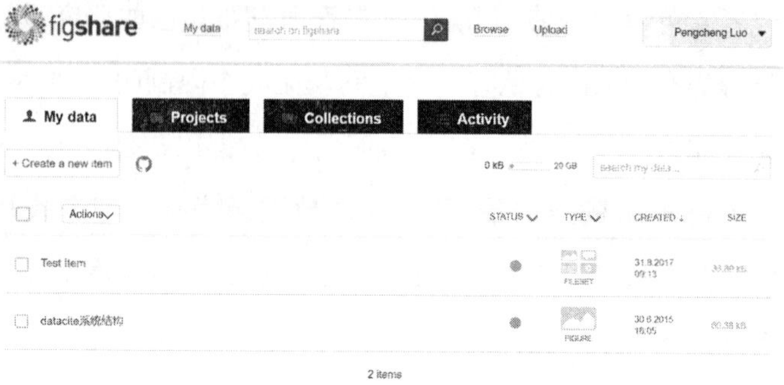

图 6.17　figshare 用户数据页面

6.4.4　其他

除了以上介绍的三种系统以外，还有很多其他的研究数据管理系统，如 ICPSR、UK Data Archive、Data Conservancy 等。ICPSR（Inter-university Consortium for Political and Social Research）为密歇根大学校级政治和社会科学联盟，成立于 1962 年，现有 700 多个高校、政府机构等会员单位。ICPSR 数据管理系统目前存储有 10 000 多个数据集，超过 500 000 个文件，每年增加 300~400 个数据集。数据的来源包括研究者存放的数据、资助机构授权、拷贝数据库、系列收藏等[41]。UK Data Archive 是英国国家级科学数据存储中心，也是英国最大的人文社会科学数字数据收藏机构，建立于 1967 年，由英国埃塞克斯大学（University of Essex）负责，并由经济与社会研究会（Economic and Social Research Council，ESRC）联合信息系统委员会（Joint Information Systems Committee，JISC）、国家档案局（the National Archives）合作建设[42]。目前，UK Data Archive 包含有 7 000 多个数据集，涵盖了社会科学、人文科学、环境保护等各个领域。DataConservancy 是一个开源的研究数据管理系统，由约翰霍普金斯大学图书馆建设。2009 年，约翰霍普金斯大学 Sheridan 图书馆响应美国国家自然科学基金委员会对科学数据进行有效监管的号召，启动了 Data Conservancy 项目，该项目也成为美国自然科学基金委员会所启动的 DataNet 计划所资助的两个项目之一。Data Conservancy 项目涉及多个科学领域，包括天文、地球、生物和人文社会科学等学科数据，并针对这些科学数据进行一系列的数据监管活动，提升数据的价值，保证数据的可用性和可共享性，满足跨学科和跨机构科学研究的数据监管需求[43]。

6.5 持久标识符系统

在研究数据管理的过程中，常常需要为数据分配持久标识符，以便数据在分享、传播的过程中始终能够被查找到。这是因为：在网络环境下，URL 地址容易改变，不能很好地用于资源的持久标识和引用；同一资源可能有多个副本、多种格式，从而拥有多个 URL 地址，通过 URL 无法将其识别为同一资源。持久标识符能够对资源进行持久的、唯一的标识，有助于资源的引用、识别、定位和长期保存，因此，在数据管理中得到广泛的应用。在前面介绍的各种应用系统中，很多都采用了持久标识符标识数据，例如 LabArchive 和 figshare 都可以为数据生成 DOI。目前，已有多种持久标识符方案被提出并应用于实践，下面将对使用最为广泛的三种持久标识符进行介绍，包括：Handle、DOI、ARK。[44]

6.5.1 Handle

Handle 由美国国家研究创新机构（Corporation for National Research Initiatives，CNRI）设计实现，最早用作 CNRI 的数字对象架构中的一个组件，于 1994 年作为计算机科学技术报告项目的一部分提出并实现。2014 年 1 月 CNRI 和国际电信联盟共同发起，在瑞士日内瓦注册成立了新的 Handle 全球运营与管理组织 DONA（Digital Object Numbering Authority Foundation）。DONA 由 4

个初始的多主管理员（Multiple Primary Administrators，MPA）组成：德国哥廷根科学数据分析与处理公司（GWDG）、中国“ETIRI-CDI-CHC”联盟、美国CNRI、国际电信联盟，负责在各自国家运营管理顶层Handle系统。截至2017年6月，MPA已经发展到了7个。

1721.1/1705

prefix　suffix

图6.18　Handle标识符结构

Handle标识符的形式如图6.18所示，其中前缀prefix由MPA分配，后缀suffix由本地机构分配。Handle是一个分布式的名称解析系统：顶层为GHR（Global Handle Registry），负责Handle前缀的解析；下层由数量众多的LHS（Local Handle Service）组成，负责Handle后缀的解析。CNRI负责“20”派生前缀的分配（例如20.500.1234），关注于数字图书馆、政府和老用户的标识符应用，GWDG负责“21”派生前缀的分配，关注于科学数据标识符分配，ETIR-CDI-CHC负责“86”派生前缀的分配，关注于中国物联网、商业方面的应用。

Handle最初使用者主要包括美国国会图书馆、DSpace和DOI，2000年以后用户群体扩大到科学数据、电影电视行业、物联网等领域。目前，Handle在数字图书馆与内容仓储、数字出版、非正式出版物、数字博物馆、远程教育、科学研究、数字权益管理、信息安全管理与隐私保护等领域得到大量的应用。在研究数据管理方面，澳大利亚国家数据服务（Australian National Data Service，ANDS）基于Handle构建了持久标识符服务（Persistent Identifier Service，PIDS），面向澳大利亚机构和个人免费提供数据标识服务[45]。欧洲持久标识符联盟（European Persistent Identifier Consortium，ePIC）也基于Handle构建了持久标识符服务，面向欧洲研究社区，为成员机构提供数据标识符注册服务[46]。复旦大学社会科学数据平台基于 Dataverse，也采用了 Handle 标识数据集。

使用 Handle 时，首先需要向某个 MAP 申请 Handle 前缀，然后在本地部署 LHS，最后便可利用 LHS 生成所需 Handle 标识符。下面以 CNRI 为例，介绍如何申请并使用 Handle。首先，需要在 Handle. Net 的申请页面（http：//handle. net/prefix. html）按照要求填写表单（图 6. 19），CNRI 会通过邮件的方式发送申请得到的 Handle 前缀。然后，需要支付相关费用以便前缀生效，申请一个 Handle 前缀的申请费为 50 美元，此外还需要缴纳每年 50 美元的年费。最后，需要安装 Handle. Net 软件，按要求生成配置文件 sitebundl. zip，并将其上传至 CNRI，该操作在配置文件上传页面（http：//handle. net/prefix_request. html）进行。

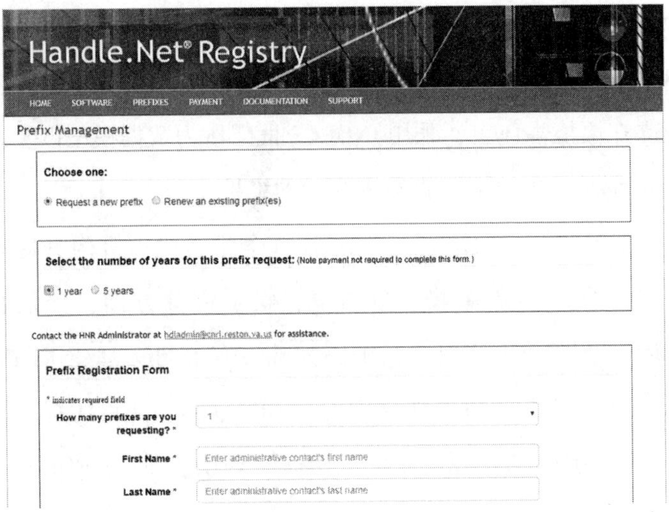

图 6. 19 CNRI Handle 申请页面

6.5.2 DOI

DOI（Digital Object Identifier）源于国际出版商协会、国际科学技术和医学出版商协会、美国出版商协会的联合倡议，由国际数字对象标识符基金会（International DOI Foundation，IDF）管理。1997 年，DOI 在法兰克福书展上发布，同年 IDF 正式注册成立。2000 年，DOI 首个注册代理机构 CrossRef 成立，致力于为学术出版物提供 DOI 注册服务。2010 年 DOI 系统正式成为国际标准，并于 2012 年由 ISO 出版国际标准《ISO 26324 Information and documentation--Digital object identifier system》。

DOI 认为没有元数据，标识符意义不大，为此 DOI 开发了相关数据模型存储元数据。DOI 系统包括三个部分：标识符编码语法；解析服务；数据模型。前两个部分基于 Handle 系统实现，在 Handle 中，以“10”开头的 Handle 前缀由 DOI 分配（例如 10.1000），使用 Handle 系统负责标识符的解析；DOI 数据模型建立在语境本体上，采用 INDECS 框架作为数据模型以及词汇映射框架（VMF）的基础，由 IDF 负责数据模型的维护。

DOI 主要用于数字出版领域，目前有 10 个注册代理机构负责标识符的分配和应用服务。在学术出版物、数据集、娱乐资源方面，分别有 Crossref、DataCite、EIDR 提供 DOI 注册；在中国大陆，有 ISTIC 和 CNKI 提供 DOI 注册；在中国台湾、日本、韩国则分别有 Airiti、JaLC、KISTI 提供 DOI 注册；此外，还有欧盟出版物办公室为欧盟机构提供 DOI 注册，mEDRA 为欧洲多语言资源提供 DOI 注册。

在数据集标识方面，主要由 DataCite 负责 DOI 的分配。DataCite 于 2009 年 12 月在英国伦敦大英图书馆成立，成员包括德国科技图书馆、大英图书馆、普渡大学、加州数字图书馆、加拿大科技信息研究所、荷兰代尔夫特理工大学图书馆、丹麦信息技术中心。目前，DataCite 正式成员（full member）

已经发展为 23 个，附属会员（Affiliated Member）为 8 个，拥有约 40 个 DOI 分配员（Allocator），1 000 多个数据中心（Datacentre），注册 DOI 数量超过 6 000 000，DOI 解析量超过 7 000 000/月，在数据集持久标识符领域具有巨大的影响力。

DataCite 信息基础设施为元数据仓储（Metadata Store）系统，用于标识符的分配和元数据的管理。用户可通过手动的方式在元数据仓储中为数据集注册，也可基于元数据仓储 RESTful API 自动注册，还可以通过第三方接口注册，如加州数字图书馆和普渡大学使用的 EZID 服务。图 6.20 给出了 DataCite 元数据仓储 Web 界面，通过 Web 界面用户可以为数据集注册 DOI、查看所有数据集的 DOI 和元数据、以及通过 DOI 查找注册信息。目前，很多研究数据管理系统都使用了 DataCite DOI，例如 figshare、澳大利亚国家数据服务、哈佛大学 dataverse、北京大学开发研究数据平台等，这些系统的 DOI 注册都主要通过 API 自动注册完成。

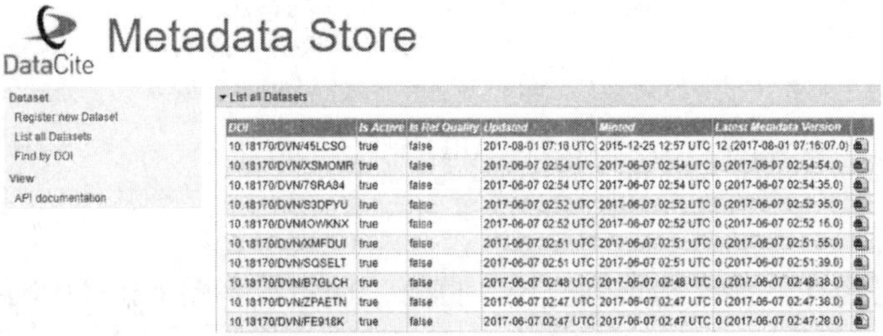

图 6.20　DataCite 元数据仓储

6.5.3　ARK

ARK 由美国国家医学图书馆 John Kunze 和 R. P. C. Rogers 设计，于 2001 年发布了互联网草案 draft-kunze-ark-00.txt。目前，加州数字图书馆负责 ARK 的维护和注册，最新草案为 2013 年发布的 draft-kunze-ark-18.txt。用户可以根据 ARK 方案构建自己的标识符服务，也可以使用加州数字图书馆提供的 EZID 为资源分配 ARK 标识符。

ARK 认为持久性仅是一个服务问题，既不由资源本身决定，也不由标识符语法赋予。标识符是字符串序列与信息资源的一种关联关系，它的主要功能是将用户引入服务所在地，获取资源对象本身、元数据、管理承诺声明。资源 URL 的失效是由服务提供者造成的，与 URL 本身无关。因此，ARK 采用一种可执行（actionable）形式的标识符，如图 6.21 所示。其中 NMAH 为资源服务器所在地址；NAAN 为机构的唯一标识码，该号码在加州数字图书馆登记注册，确保全球唯一；Name 由机构为资源对象分配本地标识；Qualifier 用于标识资源对象层次中的子资源，以及资源的不同版本、语言和格式。通过 ARK 标识符，可将用户引导至资源所在位置；通过在标识符后添加‘?’，可获得资源的元数据；通过在标识符后添加‘??’，可获得资源的政策声明。

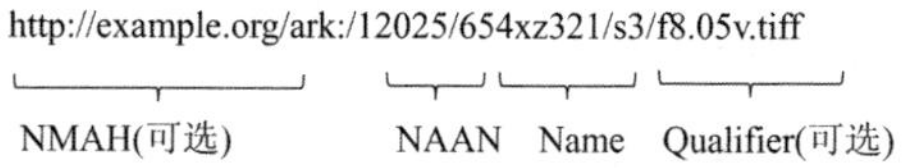

图 6.21　ARK 标识符结构

ARK 已经在许多机构得到应用，目前，加州数字图书馆 ARK 注册列表中包含了来自全球 500 多家机构，其中有图书馆、档案馆、博物馆、高校、公司等，如法国国家图书馆、美国西北数字档案馆、德国柏林犹太博物馆、哈佛大学、谷歌。为了使用 ARK，机构可以根据 ARK 草案构建自己的标识符系统，如法国国家图书馆。法国国家图书馆考虑到财务独立性和技术独立性，于 2006 年自己实现了 ARK 持久标识符服务，初始阶段将其用于数字化文档（NMAH 为 http：//gallica. bnf. fr）和编目记录（NMAH 为 http：//catalogue. bnf. fr）的标识，之后进一步扩大到 data. bnf. fr 的链接数据服务和可伸缩保存与归档仓储。除了自己研发 ARK 服务外，机构也可以订购加州数字图书馆的 EZID 服务[47]。对于研究机构和非营利性组织，EZID ARK 的收费标准为每年 1 500 美元的年费，每年可创建和维护的标识符数量可达 100 万。在研究数据管理中，ARK 常常和 DOI 一起使用，例如 Mendeley Data、加州数字图书馆 UC3Merritt、Open Science Framework 等。

6.6 数据检索系统

目前，有大量的研究数据在互联网上公开并可访问获取，但是这些数据较为分散，存储在各个机构建设的数据仓储中。为了能够找到相关研究数据，研究者可通过数据集检索系统或者数据仓储检索系统查找数据。数据集检索系统直接对数据集本身的元数据进行索引，通过数据集检索系统研究者可以直接查找到相关数据；数据仓储检索系统则对数据仓储的元数据进行了索引，研究者可以先检索相关的或者感兴趣的特定领域数据仓储，然后再进入到该仓储中检索数据。下面将分别对数据集和数据仓储检索系统进行介绍。

6.6.1 数据集检索系统

目前，在研究数据集检索系统中，Data Citation Index 和 DataCite Search 的影响力最大。前者为商业性数据产品，收录的数据集质量较高；后者为非营利数据服务，收录的数据集范围较广。下面将对这两个系统做较为详细的介绍。

（1）Data Citation Index

Data Citation Index（简称 DCI）是科睿唯安（Clarivate Analytics）公司 Web of Science 中的一个产品，用于收录研究数据并提供检索。DCI 于 2012 年 10 月上线，收录数据涵盖理工科、社会科学、以及艺术与人文等。在收录过程中，DCI 首先根据一定的原则选择数据仓储（如持续性、稳定性、基金资助声明、英文元数据、同行评审等[48]），然后通过元数据收割等方式将这些数据仓储中的数据集加入 DCI 中，数据集的元数据字段包含的作者、机构、关键词等，同时 DCI 会将数据集与 Web of Science 中的文献进行关联，增加数据集的引用情况。DCI 收录索引的数据类型有三种：数据仓储（Repository）、数据研究（Data Study）、数据集（Data Set）[49]。数据仓储指数据存储的平台，用以支持数据访问下载，如密西根大学 ICPSR；数据研究指与某一研究或实验相关的一组数据，如社会科学中的人口普查数据；数据集是指一个研究或者实验中相对独立、连贯、一致的数据文件集合。数据仓储下包含数据研究或数据集，数据研究下包含数据集。当前，DCI 收录了约 350 个数据仓储，索引了数百万条数据记录。这些数据仓储主要来自生命科学、社会科学、物理学、艺术与人文学科、技术以及多学科 6 个领域，如图 6.22 所示。其中，生命科学、社会科学、物理学所占比重最大，共达到 84%。此外，从数据仓储来源国家分布可以看出（图 6.23），DCI 的数据仓储主要来自美国、英国、德国等西方发达国家，收录的中国数据仓储仅有 9 个，包括北京大学开放研究数据平台、兰州中科院寒旱所科学数据中心等。

DCI 与 Web of Science 进行了良好的集成，如果机构购买了 DCI，则直接可以在 Web of Science 中使用。DCI 支持 Web of Science 许多标准功能，包括：一般搜索、高级搜索、被引文献搜索、结果精炼、搜索历史、摘要列表、标记列表、提醒、引用提醒、全记录、EndNote（或 EndNote Web 版）导出等。在一般搜索和高级搜索中可检索的字段包括：主题、地址、作者、学科描述、DOI、文档类型、编辑、基金资助、机构作者、发布年份、发布仓储名、学科领域、标题、访问号、Web of Science 类目[49]。需要注意的是，DCI 收录的数据仓储可能是某个数据仓储平台的一部，例如哈佛大学史密森尼天体物理中心的数据仓储 CfA Dataverse 在 DCI 中被索引为一条数据仓储，但实际上 CfA

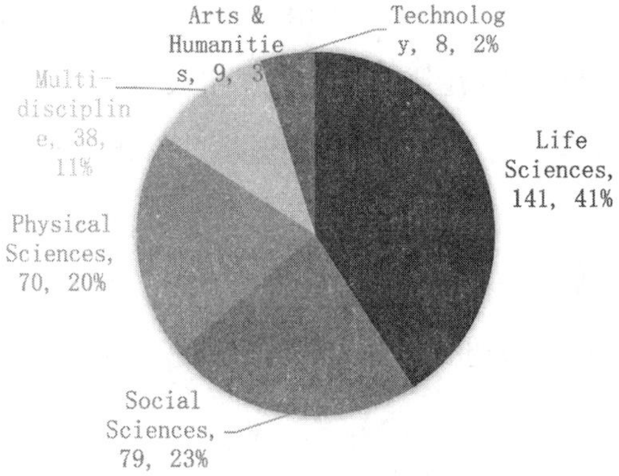

图 6.22 Data Citation Index 收录数据仓储学科领域分布

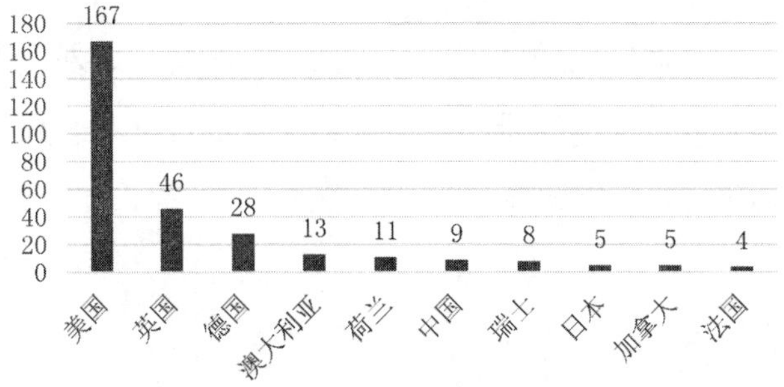

图 6.23 Data Citation Index 收录数据仓储来源最多的 10 个国家

Dataverse 只是哈佛大学 Dataverse 平台众多数据空间中的一个。在检索时，可通过文档类型字段对检索结果类型进行精炼，文档类型可以为：数据集、数据研究、数据仓储。

（2）DataCite Search

DataCite 在为数据集分配 DOI 时，会在其元数据仓储系统中保存数据集相关信息，然后通过 DataCite 搜索系统[50]（DataCite Search）实现对数据集的检索。目前，DataCite 注册的数据集数量超过 350 万个，拥有的数据中心1 000 多个，很多著名的数据仓储均使用 DataCite DOI，如 figshare、哈佛 Dataverse、澳大利亚国家数据服务等。因此，使用 DataCite 搜索系统涵盖的数据集范围较为全面。在 DataCite DOI 注册时，元数据字段分为三种类型：强制、推荐、可选[51]。强制字段有 6 个：标识符、创建者、标题、发布者、发布年份、资源类型，推荐字段有 6 个：学科、贡献者、日期、相关标识符、描述、地理位置，可选字段有 7 个：语言、可选的标识符、大小、格式、版本、权利、资助引用。因此，在 DataCite 搜索系统中始终可以对强制字段的内容进行检索。

图 6.24 给出了 DataCite 搜索系统的 Web 界面。在 DataCite 搜索系统中，可以直接对 DataCite 中注册的所有成果进行关键词检索。这些成果主要由数据集组成，也包含部分其他类型的成果，如文本、图像、软件、视听资料等。用户可以通过检索界面右侧的资源类型分面进行精炼。此外，用户还可浏览查看特定数据中心或者成员注册的数据集，并且也可以对该数据中心或者成员所拥有的数据集进行关键词检索。

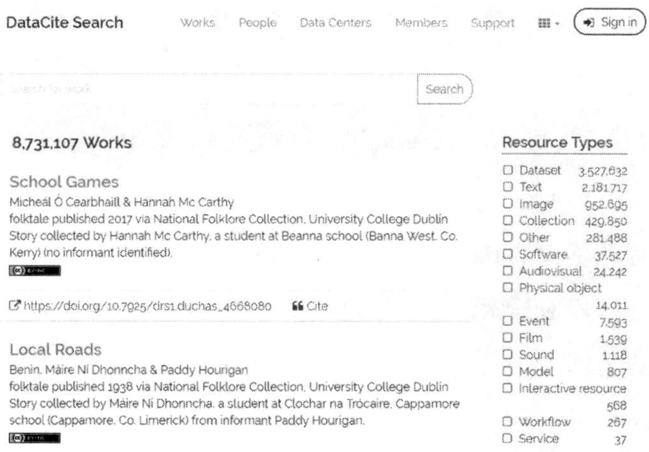

图 6.24　DataCite 元数据搜索

6.6.2 数据仓储检索系统

使用数据集检索系统的优点在于能够一站式地检索大量数据，然而不足之处在于：一方面由于系统收录范围的原因，可能会导致部分数据仓储未被收录，例如复旦大学社会科学数据平台使用的持久标识符为 Handle，因此相关的数据信息不会在 DataCite Search 中出现；另一方面，由于检索系统较为通用，强制要求的元数据字段较少，因此能够检索的信息也不够全面，例如 Dataverse 能够填写的元数据字段大大超过 DataCite 要求的字段，并且 Dataverse 还能对数据文件的元数据进行检索。为了弥补通用数据集检索系统的不足，用户常常需要直接在特定感兴趣的数据仓储中进行检索，为此，数据仓储检索系统能够帮助用户发现潜在有用数据平台，引导用户进入这些平台发现有价值的数据集。下面将对两种数据仓储检索系统进行介绍，包括：re3data、fairsharing。

（1）re3data

re3data 是一个面向全球的为不同学科领域研究数据仓储提供登记注册的服务，该服务受德国研究基金（German Research Foundation）资助，于 2012 年秋天上线。2013 年，re3data 宣布将与 Databib（另一个较大的研究数据仓储注册服务）合并，并于 2015 年年末完成[52]。当前的 re3data 为合并后的服务，由 DataCite 运营管理。截至 2017 年 9 月，re3data 中注册的研究数据仓储有 1 900多个，来自全球 70 多个国家和地区，涵盖人文与社会科学、生命科学、自然科学、工程科学 4 大学科领域。目前，在 re3data 中注册的研究数据仓储主要来自美国、德国、英国等欧美发达国家（图 6.25），此外，一些国际合作的研究数据仓储也比较多，达到 170 个。中国注册的研究数据仓储有 33 个，位居第 12 名，与欧美等过的研究数据仓储相比差距较大。

在 re3data 中，用户可以使用关键词进行检索，也可通过检索界面右侧的

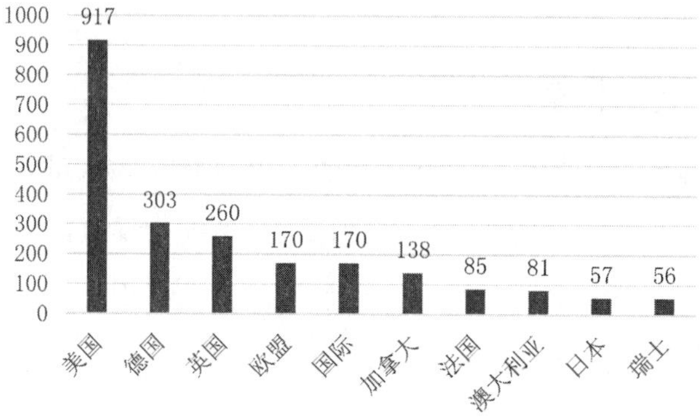

图 6.25　re3data.org 收录数据仓储来源最多的 10 个国家

过滤器（如学科、国家、内容类型、数据访问等）做筛选，如图 6.26 所示。除了关键词检索外，用户还可通过学科、内容类型和国家对研究数据仓储进行浏览。在查看单个仓储记录时，用户可以通过查看学科、描述、使用条款等信息，从而决定是否要访问该数据仓储。re3data 中具有开放标识的数据仓储有 1 600 多个，因而大多数仓储的数据都可以获取，或者通过申请可以访问。此外，re3data 会为每个注册的仓储赋予一个 DOI，如果研究者需要引用整个数据仓储，可以使用该 DOI 号码。

（2）fairsharing

fairsharing 由英国牛津大学电子研究中心（University of Oxford e-Research Centre）创建并维护，用于注册研究数据相关的标准、仓储和政策，并将三者关联起来。期初，fairsharing 的名称为 biosharing，主要聚焦于生命科学领域。为了服务更多用户，并将注册范围扩展至所有学科领域，biosharing 于 2017 年更名为 fairsharing。目前该平台上所收集的内容包括标准 699 个、数据库 971 个、政策 96 个。fairsharing 中的标准包括报告指南、术语文字（terminology artefacts）、模型和格式等，如生物医学调查本体（Ontology for Biomedical Investigations）[53]。仓储指数据存储平台，也即前面提到的存档数据管理平台，

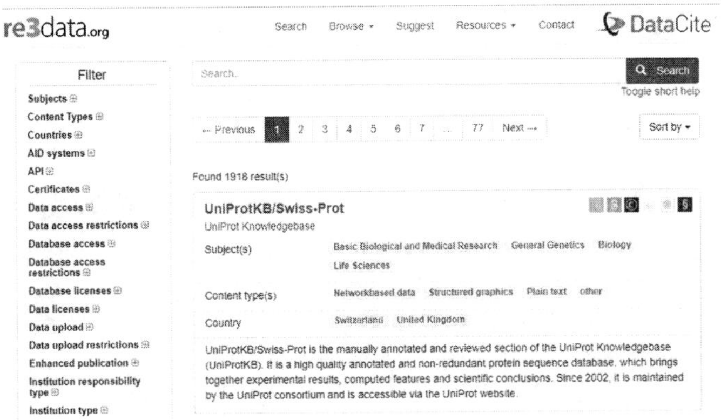

图 6.26　re3data.org 搜索界面

如 GenBank。政策指期刊、资助机构、项目、协会等机构相关的数据保存、管理和共享方面的规定与要求，如《Scientific Data》编辑与出版政策[54]。

在 fairsharing 中，标准、仓储和政策是相关关联的。用户可以查看到某个数据仓储实现的标准和满足的政策；也可通过政策查看相关的标准要求，以及满足条件的仓储；还可以通过标准找到实现该标准的仓储以及相关的政策。标准、仓储和政策的相关关联是 fairsharing 与 re3data 最主要的区别。当前，fairsharing 主要收录了生命科学领域的数据仓储，因此比较适合该领域的研究者查找研究数据。

6.7　发展趋势

当前，围绕着研究数据管理，数据管理平台和工具出现“百花齐放，百家争鸣”的状态。随着研究数据管理的不断发展，这些平台和工具正朝着开放、融合、标准化的方向发展。

(1) 开放

在开放获取、开放科学、开放数据的大环境下，研究数据管理也并秉承开放的精神，朝着数据开放、平台使用开放、平台源代码开放的方向不断发展。在数据开放方面：许多期刊要求研究者提交的论文需要有数据支持并且可公开获取，例如期刊《Science》要求作者在论文发表后，必须将所有的数据和相关材料提供给读者获取[55]；一些专门公开发表数据的期刊也陆续出现，如《Scientific Data》、《中国科学数据》；此外，一些基金资助机构也鼓励研究者将数据开放，例如欧盟委员会数据共享政策为“尽可能开放，必要时封闭”（as open as possible，as closed as necessary）[56]。在平台使用开放方面，很多数据平台都可以直接供用户使用并且免费。例如任何用户都可以在Harvard Dataverse和figshare中上传并发布数据；此外，以前具有较高门槛且较为封闭的密歇根大学ICPSR，也在2014年上线了openICPSR，可供用户发布最多2GB的数据，并允许用户下载数据不需要再付费。在平台源代码开放方面，已有大量开源的系统可用于研究数据的管理，例如Dataverse、DSpace、CNAN、Dryad等。在re3data中，所有注册仓储中使用最多的软件为DSpace（51个）、MySQL（45个）、Dataverse（43个）、CKAN（33个），这些软件均开源。

（2）融合

目前，研究数据管理的平台和工具非常多，其中一些平台和工具的功能很相似。通常研究者很少会花费大量时间去了解所有的平台和工具，为了减轻用户负担、消除重复工作、提高系统间合作，越来越多的平台和工具逐步走向融合。平台和工具的融合主要通过合并以及系统间互操作实现。在研究数据管理早期，各机构纷纷建立自己的服务，这导致某些服务功能非常雷同，例如DMPTool和DMPonline、re3data和databib。目前DMPTool和DMPonline已由DMP Roadmap取代，而re3data和databib已经完成了合并，并成为DataCite的一个服务。对于更多的服务平台和工具来说，由于系统的复杂性和各自的特色不同，完全的合并和相互取代不太现实，因此他们采用互操作的方式，实现系统间的集成和优势互补。例如 RSpace 与 Dropbox 等存储系统以及与 Dataverse 等数据仓储的集成、Dryad 与期刊在线稿件处理系统的集成。此外，还有一个功能较为强大的研究数据管理平台是 Open Science Framework（简称 OSF），该平台期望通过整合其他相关服务（图 6.27），实现在 OSF 一个平台中管理科学研究的整个生命周期。目前，OSF 已经集成服务平台包括：文献管理软件 Mendeley 和 Zotero，云存储平台 Amazon S3、Box、Dropbox、Google Drive、ownCloud，数据仓储平台 Dataverse 和 figshare，软件代码管理平台 GitHub 和 Bitbucket。OSF 与其他平台的集成都通过系统间互操作实现。

图 6.27　Open Science Framework 与科学研究生命周期中其他服务平台的集成

（3）标准化

在数据开放分享和服务平台融合的过程中，标准化起着重要作用。元数据起到描述、揭示数据的作用，元数据标准有利于对数据进行统一的管理和检索发现。目前，在通用领域和部分学科已经制定了相关元数据标准。例如，DC 元数据是很多系统使用较多的一种通用元数据方案，Dryad 便使用 DC 描述数据；DDC（Data Documentation Initiative）是社会科学领域使用较多的一种元数据方案，Dataverse 和 ICPSR 均使用 DDC 方案；达尔文核心（Darwin

Core）是生物多样性领域应用的较多的一种元数据方案，被全球生物多样性信息设施（Global Biodiversity Information Facility）数据仓储所使用。在数据使用过程中会涉及数据引用，目前已经存在多种数据引用的风格，如 Dataverse 格式、Dryad 格式、UKDA 格式、DataCite 格式、PANGAEA 格式等[57]，如何规范数据引用风格，制定统一的数据引用格式也是当前数据管理过程中涉及的重要内容。在系统间互操作的过程中，数据交换协议的标准化有利于系统间更加高效的融合。目前，已经存在一些重要的数据交换标准，如 OAI-PHM 协议用于元数据收割、SWORD 协议用于数据内容的存放。这些协议已经在很多系统中实现，如 Dataverse 实现了 OAI-PHM 和 SWORD 协议，Data Citation Index 通过 OAI-PHM 收割被收录平台的数据集元数据信息。总而言之，通过对数据描述、交换、使用的进行标准化，能够更有效地实现系统间的融合互补，从而更好地促进数据的开放获取，因此，数据管理的标准化也是研究数据管理的重要发展方向。

6.8 结语

本章对研究数据管理过程中一些主要的平台和工具做了较为详细的介绍，包括数据管理计划工具、实验室电子笔记、活动数据存储平台、存档数据管理平台、持久标识符系统、数据检索系统。在每一类平台和工具中，都选取了若干典型的软件工具进行讲解，包括软件工具的发展历史和使用方法等。最后，对研究数据管理平台和工具的发展趋势进行了总结，主要从开放、融合、标准化三个角度切入进行剖析。通过阅读本章内容，相信读者已经对研究数据管理平台和工具有了概览的认识，在实际使用中可以选择一个或多个平台工具再深入研究下去。

参考文献

[1] UK Data Archive.Research Data Lifecycle[EB/OL].[2017-06-07].http://www.data-archive.ac.uk/create-manage/life-cycle.

[2] California Digital Library.Data Management General Guidance[EB/OL].[2017-06-07].https://dmptool.org/dm_guidance.

[3] National Science Foundation. NSF ENG Data Management Plan Requirements[EB/OL].[2017-06-07].https://www.nsf.gov/eng/general/dmp.jsp.

[4] National Institutes of Health. NIH Data Sharing Policy and Implementation Guidance[EB/OL].[2017-06-07].https://grants.nih.gov/grants/policy/data_shar ing/data_sharing_guidance.htm.

[5] BBSRC.BBSRC DATA SHARING POLICY[EB/OL].[2017-06-07].http://www.bbsrc.ac.uk/ documents/data-sharing-policy-pdf/.

[6] Australian Research Council.Research Data Management[EB/OL].[2017-06-07].http://www.arc.gov.au/research-data-management.

[7] 王凯,彭洁,屈宝强.国外数据管理计划服务工具的对比研究[J].情报杂志,2014(12):203-206.

[8] Simms S,Jones S,Mietchen D,Miksa T.(2017)Machine-actionable data management plans (maDMPs). Research Ideas and Outcomes [EB/OL]. https://doi.org/10.3897/rio.3.e13086.

[9] The University of Manchester Library .Data Management Planning Tool [EB/OL].[2017-06-08]. http://www.library.manchester.ac.uk/using-the-library/staff/research/services/research-data-management/data-management-planning-tool/.

[10] IEDA.Data Management Plan Tool v.2[EB/OL].[2017-06-08].http://www.iedadata.org/compliance/plan.

[11] Sayre F D, Bakker C, Johnston L, et al. Where in Academia are ELNs? Support for Electronic Lab Notebooks at Top American Research Universities.Poster presented at the

Association of College & Research Libraries (ACRL) 2017 Conference. http://conservancy.umn.edu/handle/11299/185419.

[12] Rubacha M, Rattan A K, Hosselet S C. A review of electronic laboratory notebooks available in the market today. [J]. Journal of Laboratory Automation, 2011, 16(1): 90.

[13] The University of Edinburgh. Electronic Lab Notebook [EB/OL]. [2017-06-13]. http://www.ed.ac.uk/information-services/research-support/research-data-service/working-with-data/eln.

[14] Digital Curation Centre. RSpace [EB/OL]. [2017-06-13]. http://www.dcc.ac.uk/resources/external/rspace.

[15] Information Security Policy of Harvard University. Data Security Level [EB/OL]. [2017-06-23]. https://policy.security.harvard.edu/view-data-security-level.

[16] Harvard. Office 365 for Harvard [EB/OL]. [2017-06-22]. https://mso.harvard.edu.

[17] Princeton University Library. Research Data Management at Princeton [EB/OL]. [2017-06-22]. http://libguides.princeton.edu/c.php? g=102546&p=665865.

[18] Harvard Medical Scholl. Data Storage on Orchestra [EB/OL]. [2017-06-22]. https://wiki.med.harvard.edu/Orchestra/DataStorage.

[19] Harvard Medical School Information Technology. Dropbox for Business [EB/OL]. [2017-06-22]. https://hms.harvard.edu/departments/hms-information-technology/it-service-catalog/dropbox-business.

[20] FAS Research Computing. Odyssey [EB/OL]. [2017-06-22]. https://www.rc.fas.harvard.edu/odyssey/.

[21] University of Chicago IT Services. All Services [EB/OL]. [2017-06-22]. https://itservices.uchicago.edu/service-catalog.

[22] Yale University Library. Computing, storage, and backup [EB/OL]. [2017-06-22]. https://its.yale.edu/services/email-and-collaboration-services/document-sharing-and-team-sites/storageyale.

[23] Columbia University. Research Data Storage, Sharing, and Transfer Options [EB/OL]. [2017-

06-22]. http://www. columbia. edu/cu/compliance/pdfs/Data_Storage_Transfer_Share_Options%207.pdf

[24] Stanford Library.Storage solutions[EB/OL].[2017-06-22].https://library.stanford.edu/research/data-management-services/storage-and-backup/storage-solutions.

[25] MIT Library. Storage options[EB/OL].[2017-06-22]. https://libraries. mit. edu/data-management/store/backups/.

[26] Duke University Library.Cloud Storage[EB/OL].[2017-06-23].http://library.duke.edu/data/guides/CloudStorageAnalytics.

[27] Penn Libraries.Data Management Best Practices:Storage & Backups [EB/OL].[2017-06-22].http://guides.library.upenn.edu/datamgmt/storage.

[28] JOHNS HOPSKINS University Information Technology.Collaboration Tools[EB/OL].[2017-06-22].http://www.it.johnshopkins.edu/services/collaboration_tools.

[29] Research Data Oxford.Backup,storage,and security[EB/OL].[2017-06-23].http://researchdata.ox.ac.uk/home/managing-your-data-at-oxford/storage-and-backup/.

[30] University Information Services of University of Cambridge. Storage Services[EB/OL].[2017-06-23].http://www.uis.cam.ac.uk/initiatives/storage-strategy.

[31] ownCloud. ownCloud Grows to 8 Million Users [EB/OL].[2017-06-22]. https://owncloud.org/blog/owncloud-grows-to-8-million-users/.

[32] ownCloud. Which Edition is the Right for Me? [EB/OL].[2017-06-22]. https://owncloud.com/standard-or-enterprise/.

[33] re3data.org[EB/OL].[2017-06-09].http://www.re3data.org.

[34] PLOS. Recommended Repositories[EB/OL].[2017-06-09]. http://journals. plos. org/plosone/s/data-availability#loc-recommended-repositories.

[35] ELSEVIER.Supported Data Repositories[EB/OL].[2017-06-09].https://www.elsevier.com/authors/author-services/research-data/data-base-linking/supported-data-repositories.

[36] Springer.Availability of data and materials[EB/OL].[2017-06-09].https://www.spring-

eropen.com/get-published/editorial-policies#availability+of+data+and+materials.

[37] Scientific Data.Recommended Data Repositories[EB/OL].[2017-06-09].https://www.nature.com/sdata/policies/repositories.

[38] 罗鹏程,朱玲,崔海媛,等.基于 Dataverse 的北京大学开放研究数据平台建设[J].图书情报工作,2016(3):52-58.

[39] Dryad.2016 Organizational and Membership Report[EB/OL].[2017-08-18].http://datadryad.org/themes/Mirage/docs/DryadAnnualReport2016.pdf

[40] Figshare.About[EB/OL].[2017-08-31].https://figshare.com/about

[41] 张计龙,朱勤,殷沈琴.美国社会科学数据的共享与服务[J].大学图书馆学报,2013,31(5):13-17.

[42] 孟祥保,钱鹏.高校社会科学数据管理的国际经验及其借鉴——以 UKDA 和 ICPSR 为例[J].情报资料工作,2013,34(2):77-80.

[43] 杨志伟,卫军朝.基于 Data Curation 的机构库建设研究——以约翰霍普金斯大学 Data Conservancy 项目为例[J].图书馆学研究,2016(7):55-61.

[44] 罗鹏程,崔海媛,聂华等.高校图书馆持久标识符应用研究[J].大学图书馆学报,2017,35(5):105-113.

[45] ANDS. Identify My Data[EB/OL].[2017-08-31]. http://www.ands.org.au/guides/identify-my-data.

[46] Persistent Identifiers for eResearch[EB/OL].[2017-08-31].http://www.pidconsortium.eu/

[47] EZID[EB/OL].[2017-08-31].https://ezid.cdlib.org/

[48] THOMSN REUTERS.REPOSITORY EVALUATION,SELECTION,AND COVERAGE POLICIES[EB/OL].[2017-09-04]. http://wokinfo.com/media/pdf/DCI_selection_essay.pdf.

[49] THOMSON REUTERS.DATA CITATION INDEX DESCRIPTIVE DOCUMENT[EB/OL].[2017-09-04].http://clarivate.libguides.com/ld.php? content_id=29367818.

[50] DataCite Search[EB/OL].[2017-09-05].https://search.datacite.org/.

[51] DataCite Metadata Working Group.(2016).DataCite Metadata Schema Documentation for

the Publication and Citation of Research Data. Version 4.0. DataCite e.V. http://doi.org/10.5438/0012.

[52] About reedata.org[EB/OL].[2017-09-05].http://www.re3data.org/about.

[53] Ontology for Biomedical Investigations[EB/OL].[2017-09-06].http://obi-ontology.org/.

[54] Scientific Data Editorial & Publishing Policies[EB/OL].[2017-09-06].https://www.nature.com/sdata/policies/editorial-and-publishing-policies

[55] Science: editorial policies[EB/OL].[2017-09-06].http://www.sciencemag.org/authors/science-editorial-policies.

[56] Funders Data Policies: European Commission[EB/OL].[2017-09-06].http://www.dcc.ac.uk/resources/policy-and-legal/funders-data-policies/european-commission-ec.

[57] 黄如花,李楠.国外科学数据引用规范调查分析与启示[J].图书馆学研究,2016(10):2-9.

第七章 Dataverse 开源软件应用

本章主要对 Dataverse 的实际应用进行介绍，包括：安装指南、配置指南、使用指南、开发指南。在具体介绍时，选择了其中一些最重要和最基础的内容进行讲解。读者在实际使用中，可以结合 Dataverse 官方主页[1]中的指南了解最新的安装、配置和使用方式。

7.1 安装指南

本节以最新发布的 Dataverse 4.7 为例，介绍如何在 CentOS 7 上配置环境、安装部署 Dataverse，主要内容包括环境分析、安装准备、Dataverse 安装、R 与 TwoRavens 安装。

7.1.1 环境分析

Dataverse 是一个较为复杂的研究数据管理系统，在部署应用时，需要依据服务的用户情况，选择合适的软硬件环境。下面将从架构体系、存储空间、登录方式、持久标识符四个方面介绍如何进行软硬件环境及服务的选择。

（1）选择何种架构体系

如果用户数量较少，则可以使用单台服务器安装部署 Dataverse 相关的所有软件；如果用户数量较大，则需要使用多台服务器，将相关应用软件分别部署在不同的服务器上。目前，北京大学开放研究数据平台的用户数量相对较小，因此使用了一台服务器（200G 内存，32 颗 CPU）部署所有应用。哈佛大学 Dataverse 平台的用户量较大，因此使用了 6 台服务器部署所有应用，其中 3 台用作应用服务器（48G 内存，2 颗 CPU）部署 Apache 和 Glassfish，1 台用作 Rserve 和 rApache 服务器（64G 内存，2 颗 CPU），另外 2 台用作 solr 和数据库服务器（64G 内存，2 颗 CPU），如图 7.1 所示。通过硬件进行负载均衡，可以将访问压力分散到 3 台应用服务器中，在读取数据库和信息检索时，也可以将压力分散到 2 台服务器中。在选择部署架构体系时，需要根据用户数量选择合适的部署方式。

（2）所需要的存储空间

如果存储的数据量较少，则使用单台服务器的存储容量即可；如果数据量较大，则需要使用大容量的数据存储方案。北京大学开放研究数据平台拥有 500 GB 的 SSD 和数 TB 的常规存储空间，能够存储的数据量较大，不过现在平台仅有 100 多个数据集，数据规模较小，目前仅使用了约 10 GB 的存储空间。哈佛大学 Dataverse 平台则包含了 7 万多个数据，数据量较大，因此通过存储区域网络（Storage Area Network，SAN）加载了数 TB 的存储空间。在 Dataverse 4.6.2 中增加对 Swift 的支持，可以实现基于云的对象存储，不过当前实现方案在权限控制上存在不足，在 Dataverse 中没有下载权限的用户可以绕过 Dataverse 的权限管理机制，直接从 Swift 存储中下载数据。

（3）用户如何登陆系统

Dataverse 中包含了自建用户登录、Shibboleth 认证登录和 OAuth2 认证登录三种方式，在应用部署时，需要根据机构的具体需求选择合适的方案。Dat-

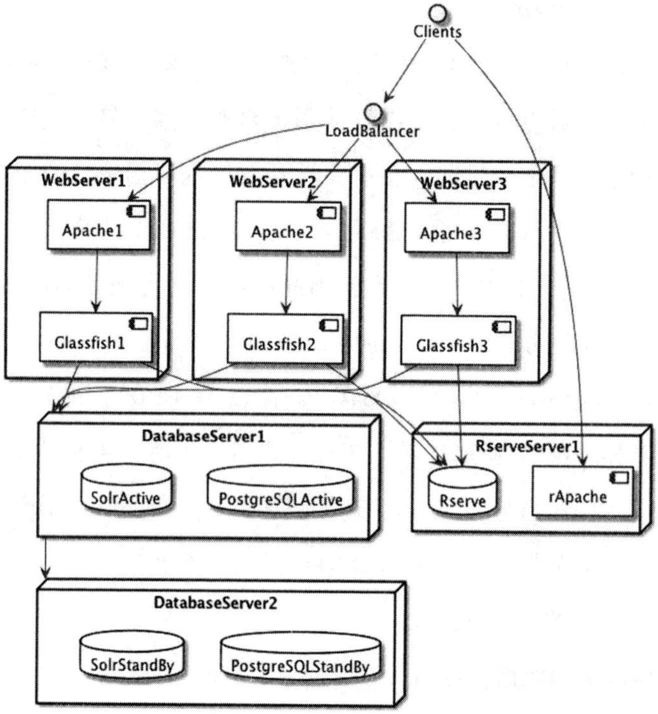

图 7.1　哈佛大学 Dataverse 平台架构

averse 自建用户登录方式允许用户通过邮箱注册账号，然后通过账号登录到系统中，该方案是 Dataverse 支持的最基本的登录方案。由于通过邮箱注册较为繁琐，为此 Dataverse 还支持 Shibboleth 和 OAuth2 两种认证方式，以便用户通过已有账号登录系统。在国外，很多高校都应用了 Shibboleth 统一认证登录机制，Dataverse 的 Shibboleth 统一认证方式允许用户直接通过机构账号登录系统，方便研究者登录并提交数据。此外，Dataverse 还实现了 OAuth2 认证方式，允许用户通过广泛使用的 ORCID、GitHub 和 Google 账号登录系统。虽然 Dataverse 已经实现了多种认证机制，但是这些认证机制主要适用于国外高校。当前国内很多高校均有自己的统一认证登录机制，为了方便本机构用户的使用，最优的方案还是需要在 Dataverse 上做二次开发，加入本机构的统一认证机制，例如北京大学开放研究数据平台便实现了 PKU IAAA 统一认证登录。

（4）持久标识符的选择

数据集在使用的过程中需要能够被持久地标识和引用，为此 Dataverse 使用 DOI 和 Handle 对数据集进行持久标识。在正式应用 Dataverse 时，需要选购合适的持久标识符服务，以便 Dataverse 中的数据能够被正确的标识、发布、引用和查找。DOI 在数据集标识中应用的最多，它也是 Dataverse 主要支持的数据标识方案。目前 Dataverse 支持两种 DOI 注册 API，即：加州数字图书馆 EZID API 和 DataCite API。需要说明的是，两种 DOI 注册方式在本质上没有区别，EZID 注册的 DOI 最终也会进入到 DataCite 中，区别仅在于费用和 API 存在差异。除了 DOI，Dataverse 还支持 Handle 标识符，在 Dataverse 4.6.2 中已经加入了 Handle 标识符注册机制。与 DOI 相比，Handle 的费用较为便宜（50 $/年），并且也无需将数据集的元数据提交给外部机构。

在权衡好以上问题后，便可以实际部署 Dataverse 系统。Dataverse 是一个企业级的 Java Web 应用，使用的相关组件较多，安装过程也较为复杂。最基本的 Dataverse 应用需要具有以下组件：

①Linux，推荐使用 RHEL/CentOS；

②Glassfish，Oracle 出品的 Java 企业级应用服务器；

③PostgreSQL，关系数据库；

④Solr，信息检索组件；

⑤SMTP 服务器，用于发送邮件（重置密码、通知信息）；

⑥持久标识符服务：DOI 或者 Handle。测试安装时不必购买，可使用测试 DOI 前缀。

基于以上必要组件，便可以完成 Dataverse 的基本安装，用户可以在该系统上注册账号、创建数据空间和数据集。由于 Dataverse 还有很多扩展功能，如在线分析、统一认证等。因此在安装部署时，还可以考虑安装以下可选组件：

①rApache、Zelig 和 TwoRavens，允许在线数据分析；

②Dropbox 集成，允许通过 Dropbox API 上传文件；

③Apache Web 服务器，用于反向代理 Glassfish；

④Shibboleth，支持 Shibboleth 统一认证系统；

⑤OAuth2，支持 OAuth2 统一认证系统；

⑥Geoconnect，允许用户使用地理空间数据文件创建地图。

在接下来的小节中，将介绍在单台计算机上的 Dataverse 基本安装。在此基础上，以在线分析为例，进一步介绍 R 与 TwoRavens 的安装。

7.1.2 安装准备

在正式进行安装前，需要准备 Dataverse 安装环境。Dataverse 的安装程序仅能运行在 Linux 和 Mac OS X 下，该安装程序无法在 Windows 中运行，Dataverse 的开发、测试和质量保证都是在 RHEL/CentOS 上进行，因而，本文的安装将以 CentOS 为例进行介绍。Dataverse 由 Java 语言编写而成，安装 Java 环境必不可少。由于 Dataverse 是一个 Java EE Web 应用，需要运行在 Java EE 容器中，目前有许多 Java EE 容器（如 Glassfish、JBoss、Weblogic、Tomcat 等），Dataverse 推荐使用 Glassfish。Dataverse 使用关系型数据库 PostgreSQL 用作主要数据的存储，使用 Solr 进行数据的索引和检索，使用 ImageMagick 为文档、图片等产生缩略图，此外，在 Dataverse 安装过程中，需要使用 jq 命令行工具来解析 JSON 数据。因此，Dataverse 的安装还需要依赖于 PostgreSQL、Solr、ImageMagick、jq。下面将针对 CentOS、Java、Glassfish、PostgreSQL、Solr、jq、ImageMagick 的安装进行详细介绍，以便为 Dataverse 准备好环境。

（1）CentOS 安装

Dataverse 推荐使用 RHEL/CentOS，本文 Dataverse 的安装均在 64 位的

CentOS 7（CentOS 7.3.1611）上进行。CentOS 安装本文不做具体介绍，读者可以从官网（https：//www.centos.org/）下载 CentOS 7，并安装到物理机上，或者也可以安装到虚拟机上测试使用。

（2）Java 安装

Dataverse 由 Java 语言编写而成，需要运行在 Java 虚拟机之上。仅仅安装 Java 运行时环境（Java Runtime Environment，JRE）便能够让 Dataverse 正常运行，不过 Dataverse 官方推荐安装 Java JDK，以便在系统运行出现故障时利用 JDK 工具进行诊断。Dataverse 要求 Java8 以上版本，可以使用 Oracle JDK，也可以使用 OpenJDK。这里以 Oracle JDK 为例介绍 Java 环境的安装。

首先需要从 Oracle 官方网站下载 JDK。当前 JDK 的下载地址为：http：//www.oracle.com/technetwork/java/javase/downloads/index.html。从页面中选择最新的 JDK 8 版本，并选择与 64 位 CentOS 相匹配的版本，即 Linux x64 所对应的版本，例如当前最新的 jdk-8u131-linux-x64.rpm。如果使用的操作系统是 32 位，则需要选择 Linux x86 对应的版本。此外，Oracle JDK 提供 rpm 和 tar.gz 两种安装包，由于 CenOS 可以直接使用 rpm 文件进行安装，故本文选择了 rpm 格式的安装文件。下载完成后，以 root 身份使用如下命令进行安装（安装文件需要在当前目录下）：

[root@localhost ~] # rpm-ivh jdk-8u131-linux-x64.rpm

安装完成后，则 Oracle JDK 8 将被放置在/usr/java 目录下。如果安装 CentOS 也安装了 OpenJDK，则还需要配置环境，将 Oracle JDK 作为默认的 Java 环境。可以使用如下命令查看当前使用的 Java 版本：

[root@localhost java] # java-version

如果系统中原先就安装了 OpenJDK，则可能会看到如下：

openjdk version " 1.8.0_102"

OpenJDK Runtime Environment（*build* 1.8.0_102-*b*14）

OpenJDK 64-*Bit Server VM* (*build* 25. 102-*b*14, *mixed mode*)

此时，可以使用 alternatives 命令，选择合适的 Java 版本，命令如下：

[root@ localhost java] # alternatives--config java

使用以上命令后，可以根据提示信息选择 Oracle JDK。

此外，除了 Oracle JDK，Dataverse 也可以使用 OpenJDK，如果操作系统已经连接互联网，则安装 OpenJDK 非常简单，只需要使用如下命令安装即可：

[root@ localhost java] # yum install java-1. 8. 0-openjdk-devel

(3) Glassfish 安装

Dataverse 是一个企业级的 Java 应用，需要运行在 Java EE 容器中。当前 Dataverse 使用的 Java EE 容器为 Glassfish，版本要求为 4. 1，其他版本可能会存在问题（例如 4. 1. 1）。

首先需要从官方网站下载 Glassfish，下载地址为：http：//dlc-cdn. sun. com/glassfish/4. 1/release/glassfish-4. 1. zip。下载完成后，可以使用如下命令将其解压至/usr/local 目录下：

[root@ localhost luopc] # unzip glassfish-4. 1. zip-d /usr/local/

通过以上步骤便已基本完成了 Glassfish 的安装，由于 Glassfish 4. 1 自带的 Weld 库存在 Bug，需要更新 Weld 库至 v2. 2. 10. SP1。可以从 maven 库中下载 weld 库，地址为：http：//central. maven. org/maven2/org/jboss/weld/weld-osgi-bundle/2. 2. 10. SP1/weld-osgi-bundle-2. 2. 10. SP1-glassfish4. jar。完成这一过程的命令如下：

[root@ localhost local] # cd /usr/local/glassfish4/glassfish/modules

[root@ localhost modules] # rm weld-osgi-bundle. jar

[root@ localhost modules] # wget http：//central. maven. org/maven2/org/jboss/weld/weld-osgi-bundle/2. 2. 10. SP1/weld-osgi-bundle-2. 2. 10. SP1-glassfish4. jar

此外，还可以修改 Glassfish 的 Java 运行参数为服务器运行模式，以便 Glassfish 以最优的性能运行。通过如下命令打开配置文件：

[root@ localhost] # vim /usr/local/glassfish4/glassfish/domains/domain1/config/domain. xml

然后在 vim 中找到<jvm-options>-client</jvm-options>，将其修改为<jvm-options>-server</jvm-options>。

最后，Dataverse 提供了一个方便的 Glassfish 启动脚本，可以从 http：//guides. dataverse. org/en/latest/_downloads/glassfish 下载，将其放置在/etc/init. d/目录下即可，完成这一操作的命令如下：

[root@ localhost modules] # cd /etc/init. d/

[root@ localhost init. d] # wget http：//guides. dataverse. org/en/latest/_downloads/glassfish

[root@ localhost init. d] # chmod u+x glassfish

做完以上步骤后，即完成了 Glassfish 的安装，可通过如下命令启动、关闭 Glassfish 服务器：

[root@ localhost init. d] # /etc/init. d/glassfish start

[root@ localhost init. d] # /etc/init. d/glassfish stop

（4） PostgreSQL 安装

Dataverse 要求使用 9. x 版本的 PostgreSQL，CentOS 7 软件包管理器所对应的 PostgreSQL 满足这一要求，因而可以直接使用 yum 命令进行安装（需要联网，本文使用的 CentOS 对应安装的 PostgreSQL 版本为 9. 2. 18），安装命令如下：

[root@ localhost init. d] # yum install postgresql-server

[root@ localhost init. d] # service postgresql initdb

[root@ localhost init. d] # chkconfig postgresql on

完成 PostgreSQL 安装后，还需要对其进行配置，以便 Dataverse 能够通过 TCP/IP 正确的访问 PostgreSQL。首先，需要编辑数据库的配置文件 pg_hba. conf，命令如下：

[root@ localhost init. d] # vim /var/lib/pgsql/data/pg_hba. conf

将其中的“host all all 127. 0. 0. 1/32 ident”改为“host all all 127. 0. 0. 1/32 trust”（即将其中的 ident 改为 trust）。这一配置的作用在于取消所有从本地访问的限制，以便于 Dataverse 安装程序能够顺利地在 PostgreSQL 中创建数据库和用户。其次，还需要编辑 postgresql. conf 文件，命令如下：

[root@ localhost init. d] # vim /var/lib/pgsql/data/postgresql. conf

将其中的“#listen_addresses = ´localhost´”前面的注释符号“#”删掉，这一配置的作用在于允许本地应用通过 TCP/IP 连接访问数据库。

完成以上数据库的配置后，即可使用如下命令启动或者关闭 PostgreSQL 服务：

[root@ localhost init. d] # service postgresql start

[root@ localhost init. d] # service postgresql stop

（5） Solr 安装

Solr 为 Dataverse 提供信息检索的功能，Dataverse 使用的 Solr 版本为 4. 6，可以使用如下命令下载 Solr：

[root @ localhost ~] # wget https：//archive. apache. org/dist/lucene/solr/4. 6. 0/solr-4. 6. 0. tgz

下载完成后，将其解压至/usr/local 目录，命令如下：

[root@ localhost ~] # tar xvzf solr-4. 6. 0. tgz-C /usr/local/

完成以上步骤后，还需要对 Solr 的 schema. xml 进行配置，该文件主要作用在于定义 Dataverse 索引的字段类型。Dataverse 4. 7 对应的 schema. xml 配置文件可从 https：//raw. githubusercontent. com/IQSS/dataverse/7a56c589059a66fda7def9eab5ab2bea2d9c83ef/conf/solr/4.6.0/schema.xml 下载，将其放置/usr/local/solr-4.6.0/example/solr/collection1/conf 目录下即可，可使用以下命令完成这一操作：

[root@ localhost local] # cd /usr/local/solr-4.6.0/example/solr/collection1/conf/

[root@ localhost conf] # mv schema.xml schema.xml.orig

[root@ localhost conf] # wget https://raw.githubusercontent.com/IQSS/dataverse/7a56c5890 59a66fda7def9eab5ab2bea2d9c83ef/conf/solr/4.6.0/schema.xml

最后，Dataverse 为 Solr 提供了一个方便的启动脚本，可以从 http://guides.dataverse.org/en/latest/_downloads/solr 下载，将其放置在/etc/init.d/目录下即可，完成这一操作的命令如下：

[root@ localhost modules] # cd /etc/init.d/

[root @ localhost init.d] # wget http://guides.dataverse.org/en/latest/_downloads/solr

[root@ localhost init.d] # chmod u+x solr

做完以上步骤后，即完成了 Solr 的安装和配置，可通过如下命令启动、关闭 Solr：

[root@ localhost init.d] # /etc/init.d/solr start

[root@ localhost init.d] # /etc/init.d/solr stop

需要注意的是，在后面 Dataverse 的安装过程中，需要确保 Solr 保持服务，即在 Dataverse 安装程序运行前需要启动 Solr。

（6）jq 安装

jq 用于 Dataverse 安装程序运行过程中 json 数据的解析，为了能够正确的运行安装程序，需要将 jq 正确安装。jq 可以从 https://stedolan.github.io/jq/download/下载，需要根据操作系统选择合适的版本。本文使用的是 64 位的

CentOS，因此从 http：//stedolan. github. io/jq/download/linux64/jq 中下载 64 位的 jq。将下载的 jq 放置/usr/bin 目录下，并添加执行权限即可。完成这一过程的命令如下：

［root@ localhost luopc］# cd /usr/bin

［root @ localhost bin］# wget http：//stedolan. github. io/jq/download/linux64/jq

［root@ localhost bin］# chmod +x jq

［root@ localhost bin］# jq--version

（7）ImageMagick 安装

Dataverse 使用 ImageMagick 来产生缩略图。该软件是可选的，可以安装，也可以不安装。如果不安装，则不能为文件产生缩略图，但是不影响 Dataverse 正常的运行。可以使用 CentOS yum 软件包管理器进行安装，命令如下：

［root@ localhost bin］# yum install ImageMagick

7.1.3 Dataverse 安装

完成前述安装准备步骤后，可以正式开始 Dataverse 的安装了。当前，最新的 Dataverse 版本为 4.7，可以从 Github（https：//github. com/IQSS/dataverse/releases）中浏览查找。安装 Dataverse 可以下载源代码自行编译安装，也可以下载已经编译好的安装包。本文将下载使用已经编译好的安装包 dvinstall. zip 进行安装。使用如下命令可以下载并解压安装包：

［root @ localhost ~］# wget https：//github. com/IQSS/dataverse/releases/download/v4. 7/dvinstall. zip

［root@ localhost ~］# unzip dvinstall. zip

解压后，即可进入 dvinstall 目录，并运行安装程序（安装程序运行前，需要确保 Solr 和 PostgreSQL 处于运行状态），命令如下：

[root@ localhost ~] # cd dvinstall

[root@ localhost dvinstall] # ./install

在安装程序运行中，会要求回答一些问题，可参考如下默认值回答：

- Internet Address of your host：localhost
- Glassfish Directory：/usr/local/glassfish4
- Administrator email address for this Dataverse：(none)
- SMTP (mail) server to relay notification messages：localhost
- Postgres Server Address：[127.0.0.1]
- Postgres Server Port：5432
- Postgres ADMIN password：secret
- Name of the Postgres Database：dvndb
- Name of the Postgres User：dvnapp
- Postgres user password：secret
- Remote Solr indexing service：LOCAL
- Will this Dataverse be using TwoRavens application：NOT INSTALLED
- Rserve Server：localhost
- Rserve Server Port：6311
- Rserve User Name：rserve
- Rserve User Password：rserve

其中，主机地址（“Internet Address of your host:”）最好填写为 IP 地址，Dataverse 管理员的邮件地址（“Administrator email address for this Dataverse”）可以填写读者自己使用的邮箱，SMTP 服务器（“SMTP (mail) server to relay notification messages”）根据所使用的邮箱服务器实际情况进行填写。在安装过程中，还会提示输入 PostgreSQL 管理员的密码（“Postgres ADMIN password”），由于在前面安装配置 PostgreSQL 时已经将本地的访问设置为“trust”，因此无需输入密码，直接按回车即可。回答完以上问题并确认之后，Dataverse 就开始进行安装，期间可能会有几处停顿（例如询问 Glassfish 管理员的密码，默认为空），直接按回车就可以。

在 Dataverse 完成安装后，即可在本地浏览器中输入 http：//localhost：8080 进行访问。如果是从远程访问，可以通过输入服务器的 IP 地址加 8080 端口进行访问（需要确保防火墙将 8080 端口开放）。由于初始的 Dataverse 没有任何数据，因此通过 http：//localhost：8080 访问会将用户引导至登录界面。默认的管理员账号为“dataverseAdmin”，密码为“admin”，使用该账号登录后，可看到如图 7.2 所示界面。该界面显示了 Dataverse 的根数据空间（Root Dataverse），此时该数据空间还未发布，在该界面中，还可以编辑根数据空间并添加数据集。后文将详细介绍 Dataverse 的使用，包括数据空间和数据集的创建、用户和权限的管理等。

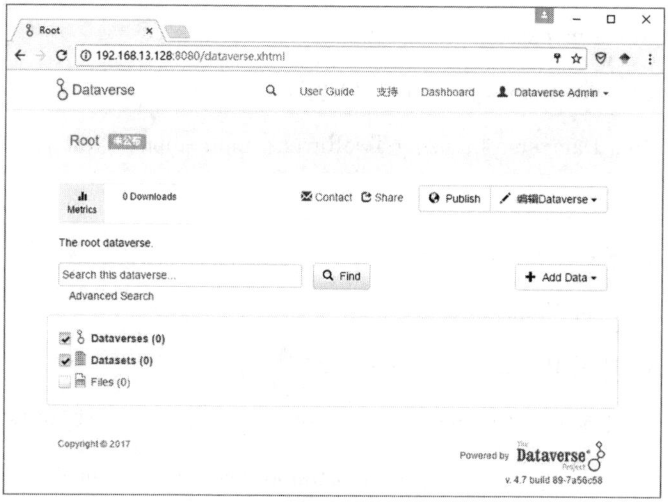

图 7.2　Dataverse 安装完成登录后界面

目前 Dataverse 的基本安装已经完成，不过还需要对 PostgreSQL 的配置进行一些修改。前面在 PostgreSQL 安装配置时，为了便于安装程序在 PostgreSQL 中创建数据库和用户，将所有本地访问设置为 trust，但是这一个配置存在安全隐患。为此需要进行修改，将其改为通过密码访问。首先需要关闭 Glassfish 和 PostgreSQL，命令如下：

[root@ localhost dvinstall] # /etc/init. d/glassfish stop

[root@ localhost dvinstall] # service postgresql stop

然后编辑数据库配置文件 pg_hba. conf，命令如下：

[root@ localhost dvinstall] # vim /var/lib/pgsql/data/pg_hba. conf

将其中的“host all all 127. 0. 0. 1/32 trust”改为“host all all 127. 0. 0. 1/32 md5”（即将其中的 trust 改为 md5）。修改并保存后，即可再次启动 PostgreSQL 和 Glassfish，命令如下：

[root@ localhost dvinstall] # service postgresql start

[root@ localhost dvinstall] # /etc/init. d/glassfish start

至此，Dataverse 的基本安装已经完全完成。此外，如果想要重新安装 Dataverse，需要删除数据库、Solr 索引、已经上传的文件，然后再次运行安装程序即可，详情可参考 Dataverse 官方文档。

7. 1. 4 TwoRavens 安装

Dataverse 在线分析功能基于 TwoRavens 实现，图 7. 3 给出 Dataverse 在线分析功能的框架。首先，在表格文件摄取时，Dataverse 会将表格文件提交给 Rserve，Rserve 利用 R 语言从表格文件中提取内容，生成表格数据和相关的元数据并保存。当用户浏览 Dataverse Web 界面时，表格文件旁边会有“浏览”按钮，用户通过点击“浏览”按钮便会从 Apache 服务器中获得 TwoRavens 静态页面。然后 TwoRavens 利用 JavaScript 从 Dataverse 中下载表格数据的元数据

（如变量名、均值、方差等），同时从 rApache 中获取 Zelig 支持的分析模型，并将它们展示给用户。当用户在分析界面中选择变量和分析工具，并点击分析按钮后，TwoRavens 会将用户的参数、选择的模型、Dataverse 数据文件路径传递给 rApache，rApache 通过 Zelig 对数据进行分析处理并返回结果，最后 TwoRavens 将结果可视化的呈现给用户。

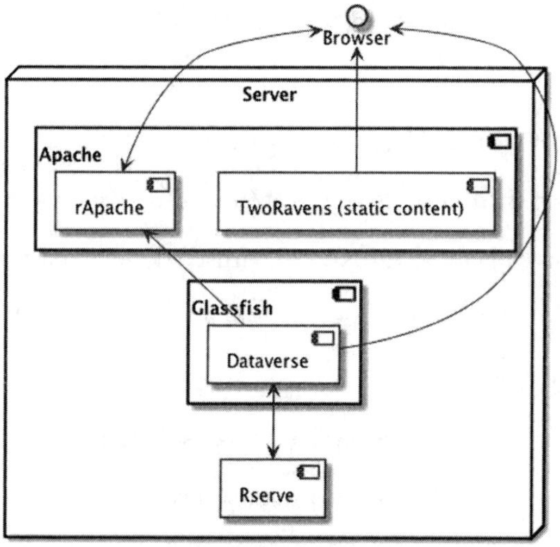

图 7.3　Dataverse 在线分析功能框架

通过以上对 Dataverse 在线分析功能的剖析可以了解，Dataverse 的在线分析功能需要有 Apache、rApache、R、Rserve、Zelig 及相关 R 包、TwoRavens 等组件组成。在本小节将详细介绍这些软件包的安装。同时还会介绍如何配置 Apache（80 端口运行）反向代理 Glassfish（8080 端口运行），以便 TwoRavens（80 端口运行）和 Dataverse 通过同一个端口访问，方便用户使用。

（1）Apache 安装

首先，需要安装 Apache 服务器，确保计算机处于联网状态，然后可以通过如下命令可便捷的安装 Apache：

[root@ localhost ~] # yum install httpd

由于 rApache 无法在 SELinux 环境下工作，因此还需要禁用 SELinux，命令如下：

[root@ localhost ~] # setenforce permissive

[root@ localhost ~] # getenforce

最后，出于安全的考虑，还需要禁用 Apache 的目录列表功能。为此，需要编辑 Apache 配置文件 httpd. conf，命令如下：

[root@ localhost ~] # vim /etc/httpd/conf/httpd. conf

默认情况下配置文件中 DocumentRoot 被设置为" /var/www/html"，此时，需要找到 <Directory " /var/www/html" >所对应部分，将其下的 Options Indexes FollowSymLinks 修改为 Options FollowSymLinks，即去掉其中 Indexes。

（2） R 安装

现在进入到 R 安装阶段，Dataverse 官方推荐使用 EPEL 发布版进行安装，并且强烈推荐安装版本号为 3. 3. 2 的 R。然而，当前 EPEL 支持安装的 R 版本为 3. 4. 0，笔者尝试过安装该版本的 R，并测试能够成功运行。此外，使用 R 源码编译安装相对比较麻烦，需要解决很多依赖问题。因此，本部分仍将介绍利用 EPEL 安装 R。

首先，需要安装操作系统所对应的 EPEL 仓储。对于 CentOS 7，可以使用如下命令进行安装：

[root@ localhost ~] # yum install https：//dl. fedoraproject. org/pub/epel/epel-release-latest-7. noarch. rpm

运行以上命令之后，便可以通过 yum 命令直接安装 R，命令如下：

[root@ localhost ~] # yum install R R-devel

如果想升级以前安装过的 TwoRavens，或者安装了 TwoRavens 但是运行不成功，为了确保新的 TwoRavens 能够正确安装，需要将以前的 TwoRavens 完全卸载，命令如下：

[root@ localhost ~] # yum erase R R-devel

[root@ localhost ~] # rm-rf /usr/lib64/R/library/ *

[root@ localhost ~] # rm-rf /usr/share/R/library/ *

卸载完成后，便可以使用以上的 yum 命令重新安装 R。

（3） rApache 安装

在 rApache 安装时，可以利用 Dataverse 官网提供的 rpm 文件直接安装。CentOS 6 和 CentOS 7 对应的 rpm 文件分别为：

http：//guides. dataverse. org/en/latest/_downloads/rapache-1. 2. 6-rpm0. x86_64. rpm

http：//guides. dataverse. org/en/latest/_downloads/rapache-1. 2. 7-rpm0. x86_64. rpm

对于本文 64 位 CentOS 7 的来说，可以使用以下命令完成安装：

[root@ localhost ~] # wget http：//guides. dataverse. org/en/latest/_downloads/rapache-1. 2. 7-rpm0. x86_64. rpm

[root@ localhost ~] # rpm-ivh rapache-1. 2. 7-rpm0. x86_64. rpm

在安装 rapache 时，可能会存在相应依赖包的缺失，例如 libapreq2。如果缺失，可以利用 yum 命令进行安装，例如：

[root@ localhost ~] # yum install libapreq2

（4） R 构建环境

在开始安装 TwoRavens 所需要的 R 相关软件包之前，需要安装 R 软件的构建环境。这是因为有些软件包的安装需要从源代码开始构建，为此，操作系统中需要安装标准的 GNU 编译器，包括 gcc，gcc-c++ 和 gcc-gfortran。此外，在后文 R 软件包的安装过程中，还需要/bin/ed 和/usr/bin/wget 两个命令，也需确保这两个命令行工具被正确安装。对于以上所述软件，可以使用如下命令进行安装：

［root@ localhost luopc］ # yum install gcc gcc-c++ gcc-gfortran

［root@ localhost luopc］ # yum install ed wget

（5）相关 R 软件包安装

原先在安装 TwoRavens 所依赖的 R 软件包时，由于不同软件包版本的冲突，经常导致一些软件包安装失败，现在 Dataverse 官方已经给出了一组不会引起冲突的 R 软件包版本，提供方便的安装程序自动进行安装，目前该安装程序也放置到了 TwoRavens 之中。

在安装相关 R 软件包时，首先需要下载 TwoRavens，然后运行其中的 r-setup. sh 程序即可，整个过程的命令如下：

［root@ localhost ~］ # wget https：//github. com/IQSS/TwoRavens/archive/a6869eb. zip

［root@ localhost ~］ # unzip a6869eb. zip

［root@ localhost ~］ # cd TwoRavens-a6869eb28693d6df529e7cb3888c40de-5f302b66/r-setup/

［root@ localhost r-setup］ # chmod +x r-setup. sh

［root@ localhost r-setup］ # . /r-setup. sh

这一安装过程会安装很多 R 软件包（45 个，包括 Rserve、Zelig 等），持续较长时间，用户需要耐心等待，并且安装时产生的日志文件也会记录在 r-setup. sh 所在的目录，可以帮助用户发现安装失败的原因。安装程序还会在/etc/init. d 目录下安装 Rserve 启动脚本 rserve。可以通过如下命令启动 Rserve：

［root@ localhost ~］ # /etc/init. d/rserve start

如果以上命令无法启动 Rserve，可以编辑一下/etc/init. d/rserve 文件，将其中“. /etc/rc. d/init. d/functions”一行注释掉或者删掉。安装过程中，会将 Rserve 的用户名和密码都设置为默认的“rserve”，读者可以在/etc/Rserv. pwd 中对其进行修改。如果修改了 Rserve 的用户名和密码，也需要对 Glassfish 使用的 Rserve 用户名和密码进行修改，也即修改/usr/local/glassfish4/glassfish/domains/domain1/config/domain. xml 中的如下内容：

<jvm-options>-Ddataverse. rserve. user=rserve</jvm-options>

<jvm-options>-Ddataverse. rserve. password=rserve</jvm-options>

将以上 rserve 用户名和密码修改为正确的取值。

（6）TwoRavens 安装

前面已经下载了 TwoRavens，现在可以直接在其基础之上进行安装。首先，将 TwoRavens 目录移动到/var/www/html 目录下，并命名为 dataexplore。使用如下命令可以完成这一过程：

[root@ localhost ~] # mv TwoRavens-a6869eb28693d6df529e7cb3888c40de-5f302b66 /var/www/html/dataexplore

然后，可以运行 install. pl 脚本进行 TwoRavens 的安装，命令如下：

[root@ localhost ~] # cd /var/www/html/dataexplore

[root@ localhost dataexplore] # chmod +x install. pl

[root@ localhost dataexplore] # ./install. pl

在安装的过程中，脚本程序会要求提供相关的参数配置，如表 7. 1 所示，读者可按参数取值列进行配置，其中“{your hostname}”可设置为自己计算机的 IP 地址。

表 7. 1　TwoRavens 安装参数

配置参数项	参数取值	说明
TwoRavens 目录	/var/www/html/dataexplore	TwoRavens 所安装的目录
Apache 配置目录	/etc/httpd	TwoRavens 所对应的 rApache 配置文件将会存放在该目录下的 conf. d 目录下
Apache Web 目录	/var/www/html	Apache 的 Web 目录

续表

配置参数项	参数取值	说明
rApache/TwoRavens 访问 URL	http://{your host-name}:80	访问 TwoRavens 和 rApache 的 URL 路径
Dataverse 访问 URL	http://{your host-name}:8080	与 TwoRavens 进行集成的 Dataverse URL 访问路径

TwoRavens 安装完成后，还需要检查 preprocess. R 是否冲突。TwoRavens 安装目录下的 preprocess. R（即/var/www/html/dataexplore/rook/preprocess/preprocess. R）可能与 Dataverse 安装使用的 preprocess. R 存在不一致，此时需要以 TwoRavens 的版本为准。可通过如下命令将 TwoRavens 的 preprocess. R 拷贝到 Dataverse 中：

[root@ localhost scripts] # cd /var/www/html/dataexplore/rook/preprocess/

[root @ localhost preprocess] # cp preprocess. R /usr/local/glassfish4/glassfish/domains/ domain1/applications/dataverse/WEB-INF/classes/edu/harvard/iq/dataverse/rserve/scripts/

如果是新安装的 Dataverse，完成以上步骤即可。否则，Dataverse 可能已经利用原有的 preprocess. R 生成了相关的统计文件，此时需要将其删除，命令如下：

[root@ localhost ~] # cd /usr/local/glassfish4/glassfish/domains/domain1/files/

[root@ localhost files] # find . -name ′*. prep′ | while read f; do /bin/rm $f; done

至此，我们已经完成了 TwoRavens 的安装和配置。

（7）Dataverse 配置

为了使得 TwoRavens 和 Dataverse 集成在一起，还需要对 Dataverse 进行配置，并用 Apache 反向代理 Glassfish。

首先需要配置 Dataverse，使得在数据集浏览页面查看表格数据文件时，旁边显示“浏览”按钮，用户可以通过按钮进入到 TwoRavens 界面。可使用如下命令完成这一配置（需确保 Dataverse 已经启动并运行）：

[root@ localhost ~] # curl-X PUT-d true http：//localhost：8080/api/admin/settings /：TwoRavensTabularView

以上命令通过 Dataverse API 接口将“：TwoRavensTabularView”数据库配置参数设置“true”，这样“浏览”按钮便会显示，后文还会详细介绍 Dataverse 的各种参数配置。虽然以上操作能够将“浏览”按钮显示出来，但还需要配置按钮所对应的链接，以便用户能够正确的进入到 TwoRavens 界面。可通过如下命令完成这一配置：

[root@ localhost ~] # curl-X PUT-d http：// {your hostname} /dataexplore/gui. html http：//localhost：8080/api/admin/settings/：TwoRavensUrl

以上命令通过 Dataverse API 接口将“：TwoRavensUrl”数据库配置参数设置为“http：// {your hostname} /dataexplore/gui. html”，其中“{your hostname} ”需要替换成读者计算机的 ip 地址或者域名。

接下来，需要对 Apache 进行配置，使得 Apache 反向代理 Glassfish。Dataverse 已经提供了配置文件，可直接下载使用，以下命令可以完成这一过程：

[root@ localhost conf. d] # cd /etc/httpd/conf. d

[root@ localhost conf. d] # wget https：//raw. githubusercontent. com/IQSS/dataverse/ 7a56c589 059a66fda7def9eab5ab2bea2d9c83ef/conf/httpd/conf. d/dataverse. conf

当使用 Apache 反向代理 Glassfish 时，如果使用 Dataverse 打包下载功能下载的数据文件较大，容易出现内存溢出错误（Out Of Memory Error）。为了修复该错误，需要应用 GRIZZLY-1787 补丁。首先关闭 Glassfish，然后可以通过如下命令完成这一过程：

[root@ localhost ~] # cd /usr/local/glassfish4/glassfish/modules

[root@ localhost modules] # mv glassfish-grizzly-extra-all. jar glassfish-grizzly-extra-all. jar. bak

[root@ localhost modules] # wget http：//guides. dataverse. org/en/latest/_downloads/ glassfish-grizzly-extra-all. jar

（8） TwoRavens 功能测试

通过前述七个步骤，已经完成了 TwoRavens 的安装以及与 Dataverse 的集成。现在可以对 TwoRavens 的功能进行测试。

首先，需要启动 PostgreSQL、Solr、Rserve、Glassfish、Apache（如果 Apache 启动时失败，请确保已经禁用了 SELinux，命令为“setenforce permissive”），然后以管理员身份登录 Dataverse 中，并新建一个测试数据集（后文将会详细介绍 Dataverse 的使用），然后将 Dataverse 源文件 dataverse/scripts/search/data/tabular 目录中的 50by1000. dta 文件上传到测试数据集中，该文件可以从如下地址下载：

https：//github. com/IQSS/dataverse/blob/7a56c589059a66fda7def9eab5ab2-bea2d9c83ef/scripts/search/data/tabular/50by1000. dta？ raw=true

图 7. 4 给出了笔者创建的一个 TwoRavens 数据集，所有元数据均为英文，包含一个数据文件，即 50by1000. dta。在数据文件右侧有一个“浏览”按钮，点击该按钮，用户便能够进入到 TwoRavens 分析界面，如图 7. 5 所示。

在 TwoRavens 分析界面中，将鼠标移至界面中部的“var1”圆圈上，用鼠标点击圆圈旁边出现的“Dep Var”。然后，再选择中右边“Model Selection”下面的“ls”，使其呈红色。最后，点击右上角的“Estimate”，即可出现如图 7. 6 所示的分析结果。此时，可以测试 TwoRavens 安装成功。

图 7.4　TwoRavens 测试数据集

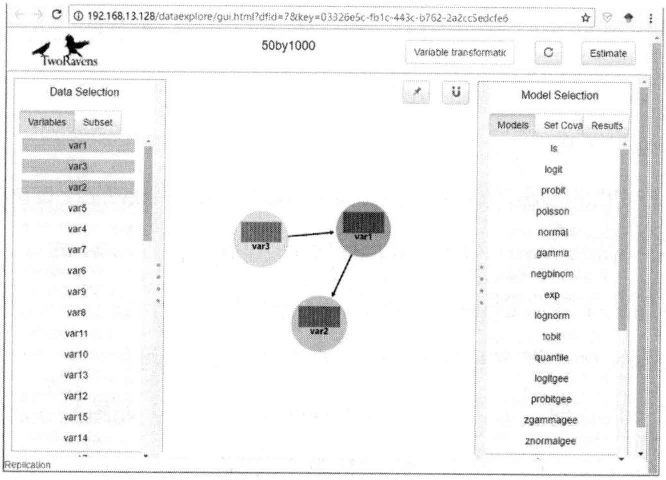

图 7.5　TwoRavens 分析界面

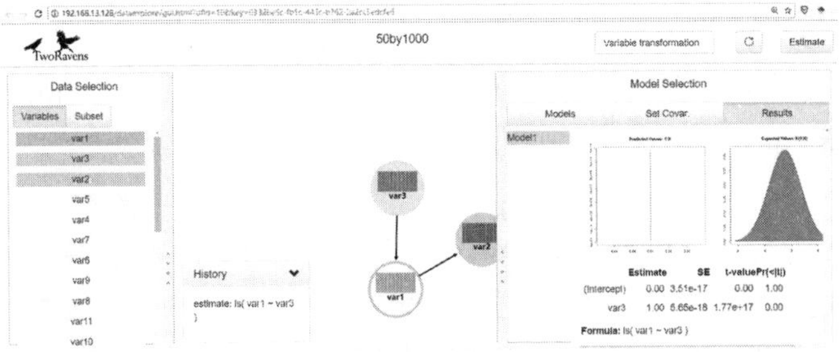

图 7.6 TwoRavens 分析结果

7.2 配置指南

Dataverse 安装后，用户便可以利用 Dataverse 来创建数据空间，上传并发布数据集，默认情况下 Dataverse 的绝大多数功能都能正常运行。读者如果想测试 Dataverse 的功能，可以直接跳至 7.3 节查看使用指南。但是，如果想 Dataverse 能够在生产环境中运行，需要对 Dataverse 的各种参数配置有较多的了解（如 DOI 的配置、Handle 的配置、邮件服务器的配置），本节将对 Dataverse 的配置进行详细的介绍，主要包括：JVM 选项配置、数据库参数配置、邮件服务配置。

7.2.1 JVM 选项配置

在 Dataverse 系统实现时，利用了 JVM 选项（JVM Options）获取参数。因此，可以通过 JVM 选项对 Dataverse 进行配置。以下将介绍 Dataverse 可配置的所有 JVM 参数、如何配置以及配置示例。

（1）可配置参数

Dataverse JVM 可配置的参数有 18 个，如表 7.2 所示。这些参数涉及

Rserve、DOI、Handle、Dropbox 等与外部服务系统交互时的配置，此外还涉及缩略图、数据文件存放地址、密码重置有效时间、站点域名和地址的设置，详细解释参见表 7. 2 说明。

表 7. 2 Dataverse JVM 选项参数

参数名称	详细说明
dataverse. fqdn	用于指定官方域名地址，例如“opendata. pku. edu. cn”。
dataverse. siteUrl	站点 URL 地址，可以指定协议和端口，例如：“http：//opendata. pku. edu. cn：8080”。后文会介绍此参数与 dataverse. fqdn 的区别和联系。
dataverse. files. directory	数据文件保存路径，用户上传的数据文件将会保存在该目录下。默认放置在 Glassfish 安装目录下的 glassfish/domains/domain1/files 下。
dataverse. auth. password-reset-timeout-in-minutes	密码重置超时时间设置，单位为分钟，默认值为 60。
dataverse. rserve. host	Rserve 所在的主机地址，如果 Dataverse 与 Rserve 在一台机器上，取值可以为“localhost”。
dataverse. rserve. port	Rserve 端口，默认为 6311。
dataverse. rserve. user	Rserve 的用户名。
dataverse. rserve. tempdir	Rserve 临时文件目录。
dataverse. rserve. password	Rserve 用户密码。
dataverse. dropbox. key	Dropbox 账户秘钥。
dataverse. path. imagemagick. convert	ImageMagick 的 convert 命令路径，默认是在/usr/bin/convert。
dataverse. dataAccess. thumbnail. image. limit	设置从图片生成缩略图的最大值（单位为字节）。
dataverse. dataAccess. thumbnail. pdf. limit	设置从 PDF 生成缩略图的最大值（单位为字节）。
doi. baseurlstring	DOI 注册地址，当前仅支持 EZID 和 DataCite，取值仅能为：“https：//ezid. cdlib. org”或者“https：//mds. datacite. org”。
doi. username	DOI 用户名。

续表

参数名称	详细说明
doi. password	DOI 密码。
dataverse. handlenet. admcredfile	Handle. Net 服务器安装时产生的私钥，用户 dataverse 与 Handle. Net 服务器交互时认证。
dataverse. handlenet. admprivphrase	如果对私钥进行了加密，还需要提供密码进行解密，此处配置即为解密密码。

（2）参数配置方法

Glassfish 中 JVM 选项配置方法有三种：第一种方法是通过 Glassfish 所提供的命令行工具进行配置；第二种方法是直接编辑 Glassfish 中 Dataverse 所对应的 domain. xml 文件；第三种方法是通过 Glassfish Web 界面进行编辑。使用以上三种方法配置好参数后，需要重启 Glassfish 服务器才能使得配置生效。

第一种方法。通过 Glassfish 安装目录中 bin 子目录下的 asadmin 命令可以查看、删除、增加 JVM 选项。通过“asadmin list-jvm-options”可以查看 JVM 所有的选项，当然也可以结合 Linux 命令 grep 来查看特定命名，例如以下命令可以查看 Rserve 相关的 JVM 选项：

[root@ localhost config] # /usr/local/glassfish4/bin/asadmin list-jvm-options | grep rserve

如果想对 Rserve 用户密码进行修改，需要先通过“asadmin delete-jvm-options”命令删除 JVM 选项，然后再通过“asadmin create-jvm-options”命令添加 JVM 选项。例如将原先的 Rserve 密码（“rserve”）改为新的密码（即“password”），可以通过如下命令实现：

[root@ localhost config] # /usr/local/glassfish4/bin/asadmin delete-jvm-options " -Ddataverse. rserve. password=rserve"

[root@ localhost config] # /usr/local/glassfish4/bin/asadmin create-jvm-options " -Ddataverse. rserve. password=password"

第二种方法。将 Glassfish 关闭后，可以直接对 Dataverse 所对应的 domain. xml 文件进行编辑，该文件路径/usr/local/glassfish4/glassfish/domains/domain1/config/domain. xml。打开该文件后，找到“<config name=" server-config" >”下的“<java-config>”元素，在其下便可以查看、添加、删除 JVM 选项。例如如下命令为对 Rserve 密码进行配置：

<jvm-options>-Ddataverse. rserve. password=rserve</jvm-options>

可按照这样的形式对 JVM 选项进行编辑，修改后并保存，然后启动 Glassfish 服务器即可。

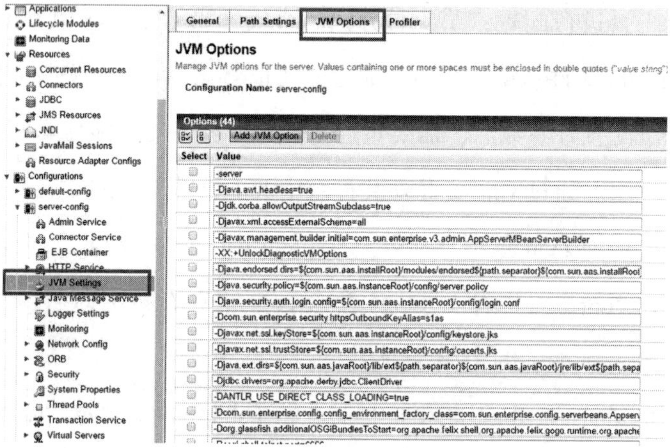

图 7.7 Glassfish Web 管理控制台

第三种方法。Glassfish 有基于 Web 的管理控制台，在浏览器中输入 http://localhost:4848 即可访问。默认情况下，Glassfish 仅允许本地访问，并且也没有设置密码。如果要远程访问，则需要为管理员设置密码，同时需要允许远程访问。进入控制台后，点击界面左侧的导航，选择“Configurations” -> “server-config” -> “JVM Settings”，然后再点击界面中上部的“JVM Options”选项卡，即可看到如图 7.7 所示的界面。在该界面中，管理员可以查看、增加、删除 JVM 选项。修改完后，需要重启 Glassfish 服务器才能使得这些修改生效。

（3）配置示例——站点名称配置

在 Dataverse 中，dataverse. fqdn 可用于配置站点的名称，例如当有多个 DNS 名称时，可以指定其中一个作为官方名称，同时当系统在形成一个 URL 时（例如在给用户发送邮件时，需要发送数据集 URL 地址），默认会拼成 https：//dataverse. fqdn 形式，即假定了 https 协议，并且端口为 80。如果这样不能满足系统管理员的需求，可以使用 dataverse. siteUrl 做进一步配置。当配置了 dataverse. siteUrl 时，则会使用 dataverse. siteUrl 配置的地址。例如，如下两行 JVM 选项配置将域名指定为 opendata. pku. edu. cn，同时将站点地址指定为 http：// opendata. pku. edu. cn：8080。

<jvm-options>-Ddataverse. fqdn=opendata. pku. edu. cn</jvm-options>

<jvm-options>-Ddataverse. siteUrl=http：// $ {dataverse. fqdn}：8080</jvm-options>

7.2.2 数据库参数配置

在 Dataverse 系统实现时，还利用了数据库中的“setting”表来存储并获取相关配置参数。因此，可以通过“setting”的修改对 Dataverse 进行配置。如下将介绍 Dataverse 可配置的所有数据库参数、如何配置以及配置示例。

（1）可配置参数

目前 Dataverse 可配置的数据库参数数量多达 52 个，如表 7. 3 所示。这些参数涉及的面非常广泛，具体参数含义可参考 Dataverse 官方网站中的说明。

表 7.3　Dataverse 数据库参数

参数名	参数名	参数名
: BlockedApiPolicy	: ExcludeEmailFromExport	: DatasetPublishPopupCustomTextOnAllVersions
: BlockedApiEndpoints	: NavbarAboutUrl	: SearchHighlightFragmentSize
: BlockedApiKey	: GuidesBaseUrl	: ScrubMigrationData
: BuiltinUsers. KEY	: GuidesVersion	: MinutesUntilConfirmEmailTokenExpires
: SystemEmail	: MetricsUrl	: DefaultAuthProvider
: HomePageCustomizationFile	: StatusMessageHeader	: AllowSignUp
: HeaderCustomizationFile	: MaxFileUploadSizeInBytes	: PiwikAnalyticsId
: FooterCustomizationFile	: TabularIngestSizeLimit	: PiwikAnalyticsHost
: StyleCustomizationFile	: ZipUploadFilesLimit	: FileFixityChecksumAlgorithm
: FooterCopyright	: GoogleAnalyticsCode	: ShibPassiveLoginEnabled
: DoiProvider	: SolrHostColonPort	: ComputeBaseUrl
: Protocol	: SignUpUrl	: CloudEnvironmentName
: Authority	: TwoRavensUrl	: DataCaptureModuleUrl
: DoiSeparator	: TwoRavensTabularView	: RepositoryStorageAbstractionLayerUrl
: IdentifierGenerationStyle	: GeoconnectCreateEditMaps	: UploadMethods
: ApplicationTermsOfUse	: GeoconnectViewMaps	: DownloadMethods
: ApplicationPrivacyPolicyUrl	: GeoconnectDebug	
: ApiTermsOfUse	: DatasetPublishPopupCust-omText	

（2）参数配置方法

Dataverse 数据库参数配置方法有两种：第一种方法是通过修改数据库“setting”表；第二种方法是通过 Dataverse 提供的管理 API 进行配置。对于第一种方法，如果 JPA 被配置成可缓存数据，则在修改完数据库表后，需要重启 Glassfish 服务器才能够使得配置生效。

第一种方法。在“setting”表中，仅有两个字段：一个是“name”字段，即参数名称；另一个是“content”字段，即参数取值。修改数据表中数据，可使用 Linux 命令，也可使用 pgAdmin 工具。下面介绍使用 Linux 命令查看、增加、删除数据库参数配置。首先以 root 用户身份执行以下命令进入到 psql 命令行工具中：

[root@ localhost ~] # su postgres

bash-4. 2 $ psql

通过“\ l”命令可以查看所有的数据库，如下：

postgres=# \ l

通过“\ c dvndb”命令可以切换到数据库，这里假定 Dataverse 安装的数据库名为 dvndb，命令如下：

postgres=# \ c dvndb

最后，通过标准的 SQL 命令可以查看、增加、删除、修改数据库参数配置。例如以下命令可以查看数据库中“：DoiProvider”的配置情况：

dvndb=# SELECT * FROM setting WHERE name=´：DoiProvider´;

第二种方法。Dataverse 提供了大量的 API，其中包含了管理 API，系统管理员可以通过该 API 实现对数据库参数的配置。数据库参数配置管理 API 访问地址为 http：//localhost/api/admin/settings，可以通过如下命令查看所有数据库参数配置：

[root@ localhost ~] # curl-X GET http：//localhost/api/admin/settings

通过地址 http：// localhost/api/admin/settings/ $ name 查看、添加、修改、删除特定参数的配置（其中 $ name 表示参数名称）。例如，可用如下命令查看“：DoiProvider”的配置情况：

[root @ localhost ~] # curl - X GET http：//localhost/api/admin/settings/：DoiProvider

通过如下命令可以增加、修改“：DoiProvider”为 DataCite：

[root@ localhost ~] # curl-X PUT-d DataCite http：//localhost：8080/api/

admin/settings /：DoiProvider

通过如下命令可以删除“：DoiProvider”：

[root@ localhost ~] # curl-X DELETE http：//localhost：8080/api/admin/settings/：DoiProvider

需要注意的是通过 API 利用以上命令从 Dataverse 返回的数据均为 JSON 格式。

（3）配置示例——DOI 注册配置

目前，Dataverse 支持 EZID 和 DataCite 两种 DOI 注册方式。如果是要在生产环境部署 Dataverse，首先需要去 EZID 或者 DataCite 注册，获取账号和 DOI 前缀，然后才能够在 Dataverse 中进行配置。DOI 配置相关的内容包括了 JVM 选项配置和数据库参数配置。JVM 选项配置包含了 doi. baseurlstring、doi. username、doi. password 三个，默认的取值为 https：//ezid. cdlib. org、apitest、apitest。该账号为 EZID 的测试账号，仅能生成短暂的 DOI 标识。如下所示为 domain. xml 文件中这三个 JVM 选项的配置情况，读者可以根据实际申请的账号进行修改。

<jvm-options>-Ddoi. password=apitest</jvm-options>

<jvm-options>-Ddoi. username=apitest</jvm-options>

<jvm-options>-Ddoi. baseurlstring=https：//ezid. cdlib. org</jvm-options>

数据库参数配置包含了：DoiProvider、：Authority、：DoiSeparator。当前：DoiProvider 的取值仅能为“EZID”和“DataCite”。：Authority 为申请 DOI 前缀，例如北京大学开放研究数据平台从 DataCite 申请了 10. 18170 前缀，EZID 测试账号的 DOI 前缀为 10. 18170，：Authority 可以直接设置为 DOI 前缀，也可以在前缀的基础上加部分后缀，例如 10. 18170/DVN。：DoiSeparator 一般都设置为“/”。如下为 EZID 测试账号默认的取值，读者可以根据实际申请的 DOI 前缀进行修改。

: *Authority* 10.5072/*FK2*

: *DoiProvider* *EZID*

: *DoiSeparator* /

7.2.3 邮件服务配置

邮件服务是 Dataverse 中非常重要的一个基础功能，Dataverse 向用户发送通知消息以及用户给数据空间和数据集管理员发送信息都需要使用邮件服务功能。虽然在安装 Dataverse 的时候，根据提示添加了管理员的邮箱以及 SMTP 邮件服务器的地址，但是此时邮件服务还不能使用，这是因为 Dataverse 还需要知道管理员邮箱的账号和密码等信息才能够正确登陆到邮件服务器中。

Dataverse 邮件服务的配置需要在 Glassfish 中进行。首先在浏览器中输入 http：//localhost：4848，访问 Glassfish 管理控制台。然后，点击界面左侧的导航，选择“Resources” -> “JavaMail Sessions” -> “mail/notifyMailSession”，就可以看到如图 7.8 所示 JavaMail 会话配置编辑界面。在配置编辑界面中，包含了：基本配置（图 7.8）、高级配置（图 7.8 未显示）、附加属性（图 7.8 未显示）三个部分。在基本配置中，管理员需要完善邮件服务器（Mail host）、默认用户名（Default User）、默认发件地址（Default Sender Address）三个必填字段。例如以笔者所在单位邮件服务器和邮箱为例，可在 Mail Host、Default User、Default Sender Address 三个字段中分别填写“mail.lib.pku.edu.cn”、“luopc”、“luopc@lib.pku.edu.cn”，如图 7.8 所示。在附加属性中，需要补充邮箱登录认证的相关信息，包括 mail.smtp.auth、mail.smtp.user、mail.smtp.password。例如以笔者的邮箱为例，需要添加三个属性 mail.smtp.auth、mail.smtp.user、mail.smtp.password，并且取值为分别为“true”、“luopc”、“笔者邮箱的密码”，如图 7.9 所示。

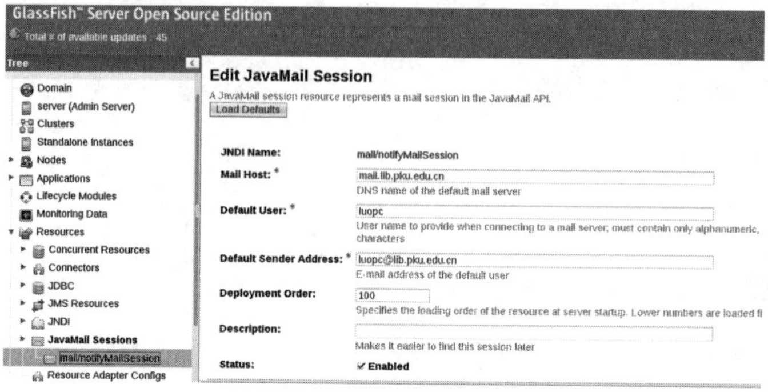

图 7.8　Dataverse 邮件服务器配置界面

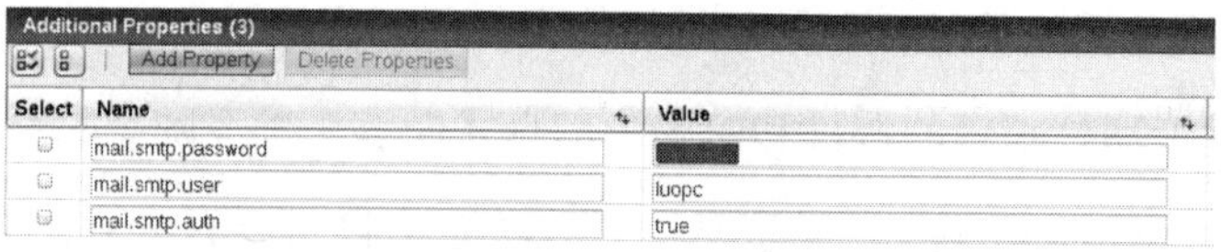

图 7.9　Dataverse 邮件服务器附加信息配置

7.3　使用指南

本节将以一个简单的例子为线索，介绍 Dataverse 数据空间、数据集、数据文件、用户、权限的管理。这里假设我们要为一个名为“北清大学”的高校创建研究数据管理平台，并以机构组织架构为基准来组织数据。

7.3.1　数据空间的创建

在 Dataverse 中，包含了数据空间（Dataverse）这个容器实体，它可以按照层次结构的方式来对数据集进行组织。在本小节中，将演示如何创建一个具有两层结构的数据空间，即：顶层的“北清大学研究数据管理平台”数据空间，其下层的“信息管理学院”数据空间。

(1) 顶层数据空间创建

首先，在浏览器中输入“http://localhost:8080”，由于此时 Dataverse 中没有任何已发布的内容，用户将会被重定向到登录界面（可直接输入“http://localhost:8080/loginpage.xhtml”进入登录界面），在登录界面中以管理员（用户名：dataverseAdmin，密码：admin）身份登录系统。

图 7.10 数据空间编辑页面

登录后，将会看到一个名为“Root”的未发布数据空间，如图 7.2 所示，该数据空间即为需要进行编辑的顶层数据空间。在页面的右上方，有一个“编辑 Dataverse”的按钮，点击该按钮，并从弹出的下拉菜单中选择“一般信息”，即可对顶层数据空间进行编辑，编辑界面如图 7.10 所示。在该界面中，需要输入数据空间的名称、数据空间所属单位、URL 路径、数据空间的分类、数据空间的描述、联系人电子邮件。此外，可以对数据空间下数据集的元数据方案、检索页面中的分面进行设置。图 7.10 显示了对顶层数据空间的内容设置，填写完成后，点击页面最下方的“保存更改”按钮即可。

完成顶层数据空间信息的填写后，需要将数据空间进行发布，发布后的数据空间才能够被普通用户看到。如图 7.2 所示的页面右上方，有一个

"Publish"按钮，点击此按钮即可将数据空间进行发布，数据空间一旦发布后便不可删除。发布完成后，数据空间名称右侧的"未公布"黄色标记消失。

（2）下层数据空间创建

进入顶层数据空间，在页面右侧偏上方有一个"Add Data"按钮，如图7.2所示。点击该按钮，从弹出的下拉菜单中选择"New Dataverse"，即可进入到添加数据空间页面，页面的内容与数据空间编辑页面（图7.10）相同。在该页面中输入数据空间的名称（如"信息管理学院"）、URL路径（如"im"）等信息，然后点击页面下方的"创建Dataverse"按钮，即完成了下层"信息管理学院"数据空间的添加。为了让普通用户能够看到该数据空间，还需要点击"Publish"按钮对数据空间进行发布。

最终，可以看到如图7.11所示的两层数据空间：顶层为"北清大学研究数据管理平台"数据空间，下层为"信息管理学院"数据空间。按照这种方式，读者可以创建多层数据空间。

图7.11 数据空间示例

7.3.2 数据集的创建

在Dataverse中，数据集是数据管理的基本单元，系统会为每个数据集生成一个 DOI，并且数据的发布和引用都是在数据集的粒度上进行的。在本小节中，将演示如何在“信息管理学院”数据空间下创建一个“OPAC 检索日志”数据集。

首先，以管理员身份登录系统。然后进入到“信息管理学院”数据空间页面，该页面的结构与图 7.2 相同。在页面右侧偏上方有一个“Add Data”按钮，点击该按钮，从弹出的下拉菜单中选择“New Dataset”，即可进入到数据集的创建页面，如图 7.12 所示。在数据集创建页面中，会显示需要填写的元数据字段，这里的元数据方案由创建数据空间时设置决定，如图 7.12 显示了“Citation Metadata”方案。根据数据集的实际情况完善元数据，填写完成后，在页面下方，可以添加该数据集相关的数据文件（也可以不在此时添加数据文件，数据集创建完成后仍可以继续添加数据文件）。此处假定添加了 2 个数据文件，一个是文本格式的 OPAC－Data. txt，另一个是前面讲解 TwoRavens 安装时用到的 50by1000. dta。数据文件上传完成后，点击页面最下方的“添加数据集”按钮，即完成了数据集的创建。

图 7.12　数据集创建页面

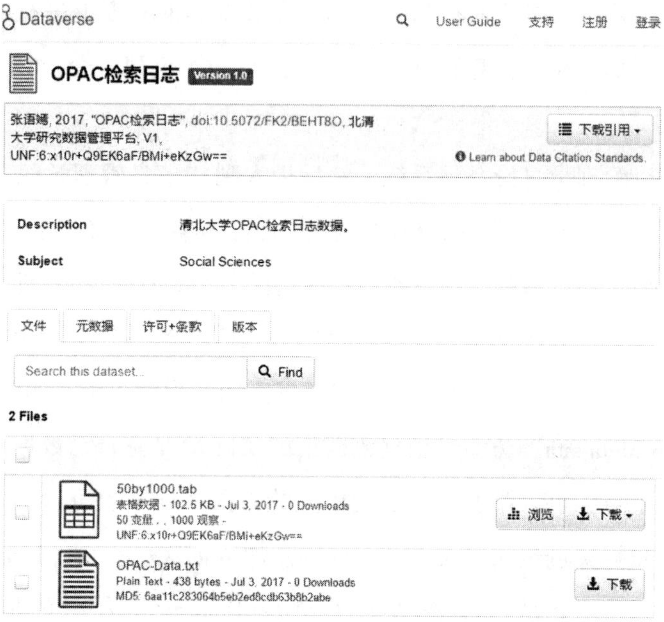

图 7.13　数据集发布后页面

数据集创建完成后，普通用户还查看不到，为此需要将数据集进行发布。首先需要进入到“OPAC 检索日志”数据集页面中，与数据空间页面类似，在页面的右上方有一个“Publish”按钮。点击该按钮，则系统将会自动注册 DOI，注册完成后，数据集才能够成功发布。发布后的效果如图 7.13 所示，从图中可以看到数据集的名称、版本、元数据、数据文件等信息。

由于 Dataverse 需要去 EZID 注册 DOI，因此需要确保主机能够联网，否则发布会失败。另外，如果在安装 Dataverse 时，将主机地址设置为默认值 localhost，则在数据集发布时也会失败。这是因为 Dataverse 使用了 EZID 的测试账号去注册 DOI，EZID 发现 localhost 不是一个有效的地址，会返回“Name or service not known”错误，从而导致数据集不能成功发布。这时可以利用 7.2.1 介绍的 JVM 选项配置方法将“dataverse.fqdn”设置成为 IP 地址即可。

7.3.3 Dataverse 用户管理

Dataverse 支持多种类型用户管理，包括：注册用户（直接在系统中注册的用户）、Shibboleth 认证用户、OAuth2 认证用户。如果机构提供 Shibboleth 统一认证，则可以直接使用机构自己的账号登录到 Dataverse 中。用户也可以使用 ORCID、GitHub 和 Google 的账号通过 OAuth2 登录系统。当然，Dataverse 也有不依赖于第三方的用户管理方式，即自建的注册用户。可通过邮箱在 Dataverse 中注册一个账号，并使用注册时登记的密码进行登录。如下将介绍用户的注册与用户组的管理。

（1）用户注册

在浏览器中输入地址“http：//localhost：8080/dataverseuser.xhtml？editMode=CREATE”，即可进入到用户注册页面，如图 7.14 所示。在用户注册页面中，必填的字段有：用户名、密码、姓氏、名称、邮箱。在本示例中，将创建一个用户名为“luopengcheng”的用户。完成信息填写后，点击页面下方的“创建账户”。如果提供的信息无误，则 Dataverse 会成功创建一个账号，并立即以该身份进入到系统。同时，系统会给注册的邮箱发送邮件，该邮件中有邮箱验证 URL，用户通过在浏览器中访问该 URL，可以告知 Dataverse 邮箱是有效的。用户可以登录 Dataverse 查看账户信息，了解邮箱是否已经验证。

（2）用户组管理

以管理员身份（dataverseAdmin）登录系统，进入到“信息管理学院”数据空间页面，点击页面右上方的“编辑 Dataverse”按钮，在弹出的下拉菜单中点击“Groups”，则会进入到初始的 Dataverse 用户组管理界面。点击页面右上方的“Create Group”按钮，则会弹出如图 7.15 所示的用户组创建对话框。在该对话框中，需要填写：用户组的名称、用户组的标识符号、描述、成员。其中成员可以是单个用户，也可以是用户组。在本示例中，创建了一个名为

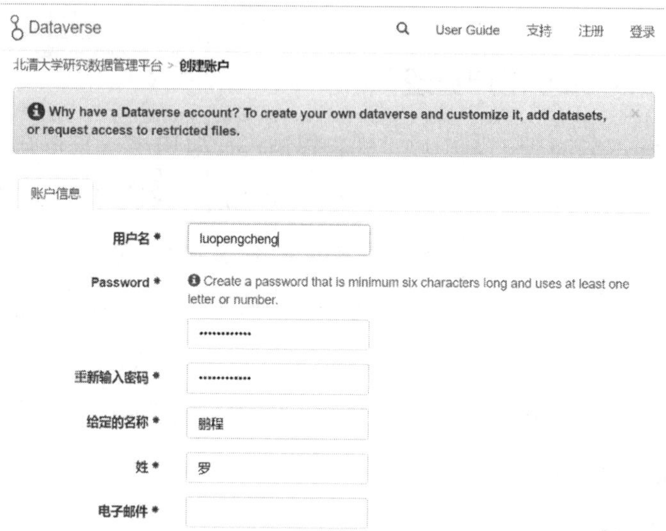

图 7.14　Dataverse 用户注册页面

“信管数据下载用户组”，并在其中添加了一个用户（即“luopengcheng”）。信息填写完成后，单击“Create Group”即完成了用户组的创建。刷新页面，即可看到如图 7.16 所示的新的用户组管理界面。在用户组管理界面中，可以查看用户组的成员数量、编辑用户组成员、也可删除用户组。

通过以上步骤，可以了解如何注册用户以及创建用户组。用户注册的目的是使用数据，创建用户组的目的是为了管理用户。当把用户、用户组与权限管理相结合时，才能更加深入的了解 Dataverse 强大的数据分享功能。

7.3.4　Dataverse 权限管理

数据空间、数据集、数据文件的创建、完善和分享是一个协作过程，不同的成员应设置不同操作权限。例如某个数据空间仅允许研究组成员去添加新的数据空间和数据集；某个数据集仅允许课题组成员编辑；某个数据文件仅允许校园内用户下载使用。针对数据空间、数据集、数据文件，Dataverse

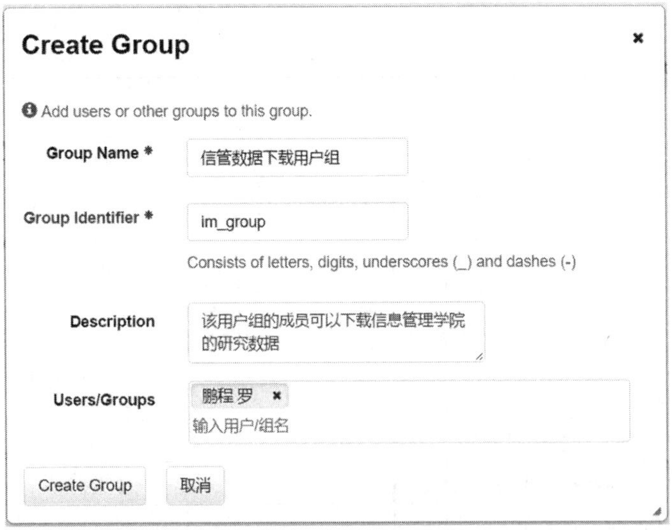

图 7.15　用户组创建对话框

图 7.16　Dataverse 用户组管理界面

定义了 13 种访问控制权限，可分为四类：创建权限、读取权限、更新权限、删除权限，如表 7.4 所示。

表 7.4　Dataverse 的权限与角色

权限 / Dataverse 角色	创建权限		读取权限			更新权限						删除权限	
	添加数据空间	添加数据集	查看未发布数据空间	查看未发布数据集	下载文件	编辑数据空间	编辑数据集	管理数据空间权限	管理数据集权限	发布数据空间	发布数据集	删除数据空间	删除草稿版数据集
Admin	Y	Y	Y	Y	Y	Y	Y	Y	Y	Y	Y	Y	Y
Contributor				Y	Y		Y						Y
Curator	Y	Y	Y	Y	Y		Y		Y	Y			Y
Dataset Creator		Y											
Dataverse Dataset Creator	Y	Y											
Dataverse Creator	Y												
File Downloader					Y								
Member			Y	Y									

一个用户可具有多种操作权限，在 Dataverse 中，多种权限的组合定义为角色。13 种基本权限有 213 种组合，Dataverse 中预定义了 8 种角色，如表 7.4 所示。例如 Admin 具有所有权限，Contributor 具有查看未发布数据集、下载文件、编辑数据集、删除草稿版数据集四种权限。除了这 8 种基本角色外，管理员可以从基本权限中组合定义新的角色。

在权限管理时，Dataverse 将“角色”r、“数据对象（数据空间、数据集、数据文件）”obj、“用户/用户组”ug 三者关联起来，即表示：在数据对象 obj 上，为用户（或用户组）ug 赋予角色 r，则 ug 在 obj 上具有 r 中所有的权限。由于 Dataverse 按照层次结构组织数据（即数据空间、数据集、数据文件层次结构），在权限计算中，下层对象继承上层对象所赋予的权限。例如，一个用户 u 在“信息管理学院”数据空间上被赋予“File Downloader”角色，则用户 u 在“OPAC 检索日志”数据集及其下的数据文件上都具有“File Downloader”角色。然而，默认情况下，上下位数据空间之间不具有这种权限继承关系。例如，一个用户 u 在“北清大学研究数据管理平台”数据空间上被赋予“File Downloader”角色，则用户 u 在“信息管理学院”数据空间、“OPAC 检索日志”数据集及其下的数据文件上并不具“File Downloader”角色。

与数据空间、数据集和用户的管理相比，Dataverse 的权限管理相对复杂，如果不能正确理解和操作，很可能导致权限设置错误，从而引发数据的泄露。如下，将分别介绍如何为用户（或用户组）在数据空间、数据集、数据文件赋予权限，将以文件下载权限为例介绍权限设置。

（1）数据文件下载权限受限

之前数据文件的添加中，没有对它的访问权限进行控制，因此所有用户都可以下载数据文件。为了演示 Dataverse 权限控制功能，需要先将数据文件的下载权限进行设置。

图 7.17　数据文件访问受限设置

以管理员身份登录系统，并进入到“OPAC 检索日志”数据集页面。在页面中，找到数据文件的列表，如图 7.17 所示。首先将 2 个文件都选中，在文件左侧的复选框选中，单击右侧的“Edit Files”按钮，从弹出的下拉菜单中单击“Restrict”。然后会弹出一个“File Restrictions”对话框，在对话框中输入“访问条款”，选中“启动访问请求”，单击“继续”按钮即可限制文件下载权限。由于前述操作修改了数据文件的权限，使得数据集发生了变化，因此 Dataverse 会将其保存为一个新的“草稿”数据集。需要点击“OPAC 检索日志”数据集页面上方“Publish”按钮发布数据，以便普通用户能够看到。

完成上述操作后，退出管理员账号，并用“luopengcheng”账号登录。进入到“OPAC 检索日志”数据集页面，可以看到数据文件上面都加入了红色的锁，如图 7.18 所示。此时，普通用户（如“luopengcheng”）便无法下载数据文件。后文将介绍如何在数据空间、数据集、数据文件上进行设置，以便特定用户可以下载数据文件。

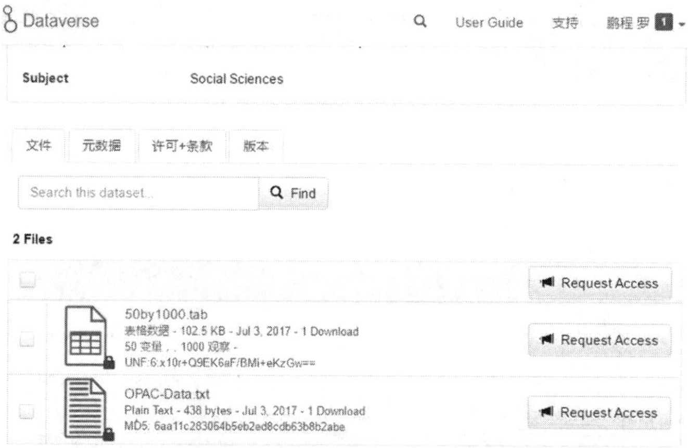

图 7.18　访问受限的数据文件界面

（2）数据空间权限分配

以管理员身份登录系统，进入到“信息管理学院”数据空间。点击“编辑 Dataverse”按钮，从弹出的下拉菜单中，点击“权限”，便进入到数据空间的角色和权限管理界面。权限管理界面中有三个面板，分别是：“角色+权限”、“用户/组”、“角色”。展开“用户/组”面板，该面板用于管理用户角色的分配，在该面板的右上角有一个“角色分配给用户/组”按钮，单击该按钮，会弹出一个用户/组角色分配对话框，如图 7.19 所示。在对话框的“用户/组”输入框中，通过输入用户名称（如“luopengcheng”）或者用户组名称（如“im_group”），可从弹出的匹配的用户/组中进行选择；在“角色”中，选中“File Downloader”即可。最后单击“保存更改”，即完成了在“信息管理学院”数据空间上为用户或者用户组赋予文件下载角色。

最终的分配结果可在数据空间的角色和权限管理界面中查看到，如图 7.20 所示。从图中可以看到用户 luopengcheng 和用户组 im_group 都被赋予了文件下载角色（由于 im_group 中包含 luopengcheng，实际上只需为其中一个分配该角色即可），现在以 luopengcheng 身份登录系统，并进入到“OPAC 检索日志”数据集。在数据集页面中，可以看到原先数据文件旁边红色加锁的图标，变成了现在的绿色开锁的图标，并且“下载”按钮也可用。点击“下载”按钮便可下载数据。

（3）数据集权限分配

在演示数据集权限分配前，需要先将“信息管理学院”数据空间中分配的角色删除，如图 7.20 所示，点击“删除分配的角色”即可将用户/组分配的角色删除。此时，如果再以 luopengcheng 身份登录，则又不能下载“OPAC 检索日志”数据集中的数据文件。下面将介绍如何在数据集上做权限的分配。

首先以管理员身份登录系统，并进入到“OPAC 检索日志”数据集页面中。单击页面的右上“编辑数据集”的按钮，从弹出的下拉菜单中选择“权限”，此时会跳出“Dataset”和“File”两个子菜单。此处，点击“Dataset”，便进入到数据集权限管理页面，该页面中有两个面板，分别是：“用户/组”、“角色”。展开“用户/组”面板，该面板用于管理用户角色的分配，单击该面板的右上角“角色分配给用户/组”按钮，会弹出用户/组角色分配对话框，

图 7.19　用户/组角色分配对话框

图 7.20　数据空间的角色和权限管理界面

内容与图 7.19 很相似（只是少了些数据空间特有的角色）。在用户/组角色分配对话框中选择 im_group 和 File Downloader，然后单击“保存更改”按钮即可。最终可以看到如图 7.21 所示的角色分配结果，可以看到：在“OPAC 检索日志”数据集上，为 im_group 分配了 File Downloader 角色。

为了验证权限分配效果，以 luopengcheng 身份登录系统，并进入到“OPAC 检索日志”数据集页面，可以看到用户又可以下载数据文件了。

图 7.21　数据集权限管理界面

（4）数据文件权限分配

在演示数据文件权限分配前，需要先将“OPAC 检索日志”数据集中分配的角色删除，如图 7.21 所示，点击“删除分配的角色”即可将用户/组分配的角色删除。此时，如果再以 luopengcheng 身份登录，则又不能下载“OPAC 检索日志”数据集中的数据文件。下面将介绍如何在数据文件上进行权限的分配。

首先以管理员身份登录系统，并进入到“OPAC 检索日志”数据集页面中。单击页面的右上方“编辑数据集”的按钮，从弹出的下拉菜单中选择“权限”，此时会跳出“Dataset”和“File”两个子菜单。此处，点击“File”进入到数据文件权限管理页面，该页面中有两个面板，分别是：“Users/Groups”、“Restricted Files”。展开“Users/Groups”面板，该面板用于管理用户角色的分配，单击该面板的右上角“Grant Access to Users/Groups”按钮，会弹出一个文件访问授权对话框，如图 7.22 所示。在对话框中“Users/Groups”输入框中选择 im_group，在“Restricted Files”中，选择“OPAC-Data. txt”，然后单击“Grant”按钮即可。此时，在“OPAC-Data. txt”数据文件上为 im_group 分配了文件下载权限，但是在“50by1000. tab”文件上并没有分配相应的权限，最终分配结果如图 7.23 所示。

为了验证权限分配效果，以 luopengcheng 身份登录系统，并进入到“OPAC 检索日志”数据集页面，可以看到用户可以下载 OPAC-Data. txt，但是没法下载 50by1000. tab。

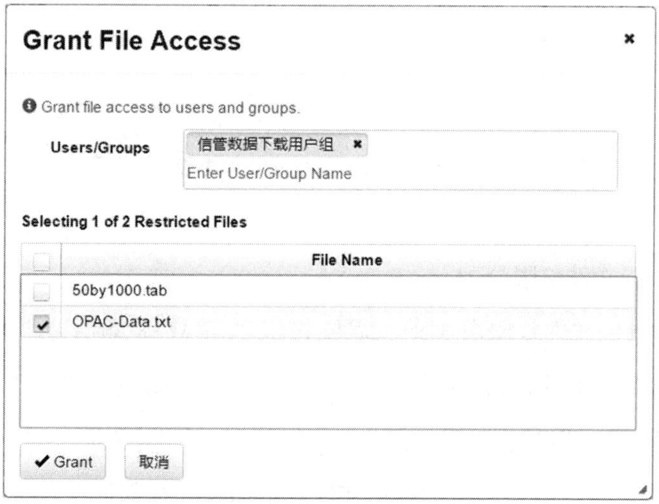

图 7.22　文件访问授权对话框

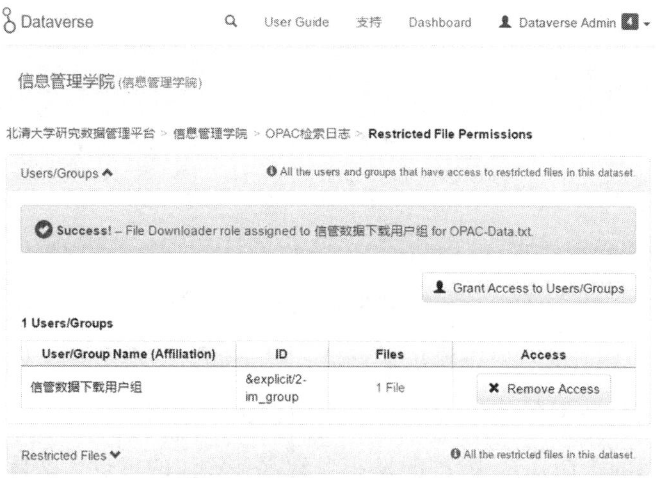

图 7.23 数据文件权限管理界面

以上，我们对 Dataverse 中数据空间和数据集的创建、数据文件的上传、用户的注册与用户组的管理、权限管理等内容进行了较为详细的介绍，然而 Dataverse 还有很多其他的功能，如：数据集模板、留言簿、特色数据空间、首页的定制等。更多的内容需要读者自行探索，或者参考 Dataverse 官方文档进行学习。

7.4 开发指南

在 Dataverse 应用的过程中，各机构或多或少都有一些定制化的需求，为了满足这些需求，需要利用 Dataverse 的源代码进行二次开发。在本节中，首先介绍一下用户需求调研及 Dataverse 软件框架，然后再详细讲解如何搭建 Dataverse 开发环境，最后用一个示例介绍 Dataverse 的二次开发。

7.4.1 开发准备

了解用户需求和掌握 Dataverse 框架是二次开发的前提，下面对这两个方面进行详细介绍。

（1）用户需求调研

在进行二次开发前，首先需要明确需求。在这一阶段，最重要的便是用户调研。用户调研的对象主要包括三类：一是数据的发布者（如拥有数据的研究者）、二是数据的使用者（如下载数据的学生或研究者）、三是管理者（如职能部门的管理者）。数据的发布者常常是关注的重点，这是因为研究数据管理平台的建立主要是希望为数据发布者提供数据存储共享服务，此时需要了解用户数据管理的需求、数据共享的条款等。例如，在北京大学开放研究数据平台的建立过程中，中国家庭追踪调查就希望数据使用者需要先申请，在申请的时候要求有丰富的个人信息（如身份证号、导师等）；申请后，再由中国家庭追踪调查进行审核；同时还要求对用户下载、使用的情况进行详细的记录。数据使用者的需求也很重要，但是常常会被忽视，由于平台建立前潜在的用户群体不太确定，因此可以在平台运行的过程中逐渐收集用户的反馈意见并进行改进。科学数据作为一种重要的研究成果已经受到越来越多的重视，在未来，数据产出也可能会纳入科研评价之中，为此，收集职能部门管理者的需求有利于平台更好的支持学术科研评价工作。

（2）熟悉 Dataverse 框架

在进行二次开发前，需要熟悉 Dataverse 的框架。Dataverse 4.7 基于 Java EE7，采用的技术主要包括 Bootstrap、JSF、Enterprise JavaBeans、JPA 等，使用 Glassfish 作为容器，PostgreSQL 作为后台数据库。其系统结构可分为三层：应用层、业务逻辑层和存储层，如图 7.24 所示。应用层包含了 Dataverse 与外部系统、用户交互的接口，Web UI 采用了 JSF 技术，用户可通过浏览器与系统交互，API 接口采用了 JAX-RS 技术，外部系统可通过 SWORD API、本地 API、搜索 API、数据访问 API 对 Dataverse 管理和数据交换。业务逻辑层主要使用企业 Bean 实现，包括数据管理、用户管理、权限管理、检索服务、在线分析、标识符管理等。最底层为存储层，数据文件使用本地文件系统存储，元数据、用户等信息使用 PostgreSQL 存储、检索信息使用 Solr 索引存储，业务逻辑层通过 JPA 访问 PostgreSQL，Solr 管理着索引数据。此外，Dataverse 系统具有较好模块化设计和面向接口的编程，使系统具有很好的扩展性，便于对其定制开发。

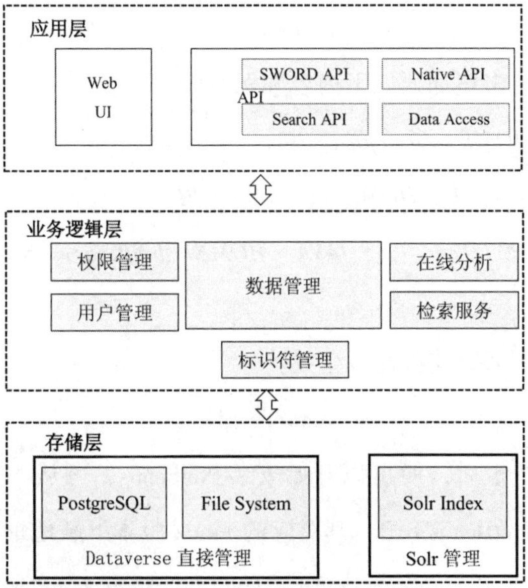

图 7.24　Dataverse 架构体系

7.4.2　环境搭建

明确需求并对 Dataverse 架构有一定了解后，就可以着手进行二次开发。在进行二次开发之前，需要搭建开发环境。开发环境的搭建除了需要如 7.1

所述的各种软件、硬件环境，还需要 Dataverse 源代码、集成开发环境 NetBeans。Dataverse 官方推荐使用 Mac OS X 或者 Linux 作为开发环境，目前不支持在 Windows 下进行开发，下面以 CentOS 7 为例介绍开发环境搭建。

（1）安装 Dataverse

首先，需要安装 Dataverse，可参照 7.1 所述的步骤操作。

（2）安装 NetBeans

在安装 NetBeans 之前，需要对 Java 环境变量进行设置，通过修改 profile 文件可以完成该步骤，命令如下：

```
[root@ localhost ~] # vim /etc/profile
```

在 profile 文件末尾加入如下内容并保存即可：

```
export JAVA_HOME=/usr/java/jdk1.8.0_144
export PATH=$JAVA_HOME/bin:$PATH
export CLASSPATH=.:$JAVA_HOME/lib/dt.jar:$JAVA_HOME/lib/tools.jar
```

然后通过如下命令使得修改生效：

```
[root@ localhost ~] # source /etc/profile
```

设置好环境变量后，便可以开始安装 Netbeans，可从 NetBeans 官方网站下载，本书选择 NetBeans 8.2，其对应的 Linux 版本下载地址为：

http://download.netbeans.org/netbeans/8.2/final/bundles/netbeans-8.2-javaee-linux.sh

下载完成，使用如下命令进行安装：

```
[root@ localhost ~] # ./netbeans-8.2-javaee-linux.sh
```

按照安装向导进行安装即可，由于前面已经安装了 Glassfish，所以在安装 NetBeans 的过程中不要选择安装 Glassfish。

最后，通过如下命令启动 NetBeans：

[root@ localhost ~] # /usr/local/netbeans-8.2/bin/netbeans

(3) NetBeans 中导入 Dataverse 源代码

Dataverse 的源代码在 Github 中开放[2]，可通过 NetBeans 中的 Git 插件直接克隆源代码。启动 NetBeans 后，选择 NetBeans 菜单中的“Team” -> “Git” -> “Clone…”，然后会弹出“Clone Repository”对话框，如图 7.25 所示。在对话框的 Repository URL 中输入 Dataverse 地址“https://github.com/IQSS/dataverse.git”，然后直接点击“Next”和“Finish”即可。

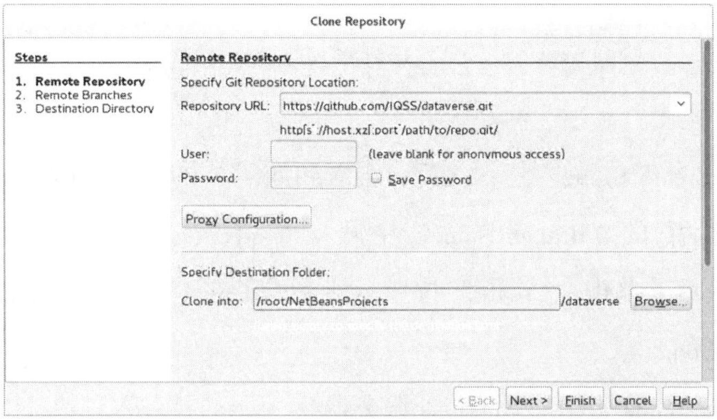

图 7.25 NetBeans Git 克隆对话框

Dataverse 源代码导入完成后，NetBeans 会弹出一个对话框询问是否打开项目，此时点击“Open Project”按钮即可在 NetBeans 中打开项目，效果如图 7.26 所示。其中右侧为项目、文件、服务器的导航窗口，中间和右侧部分为源代码编辑窗口。

(4) 新建开发分支

为了能够更好地管理源代码，Dataverse 使用 Git 进行版本管理。为了不和 Dataverse 原有的开发分支混合，可在 Dataverse 4.7 版本的基础上，创建一个新的开发分支。首先，在 NetBeans 右侧的“Project”导航窗口中，选中 Dataverse 项目；然后点击鼠标右键，从弹出的菜单中选择“Git” -> “Branch/

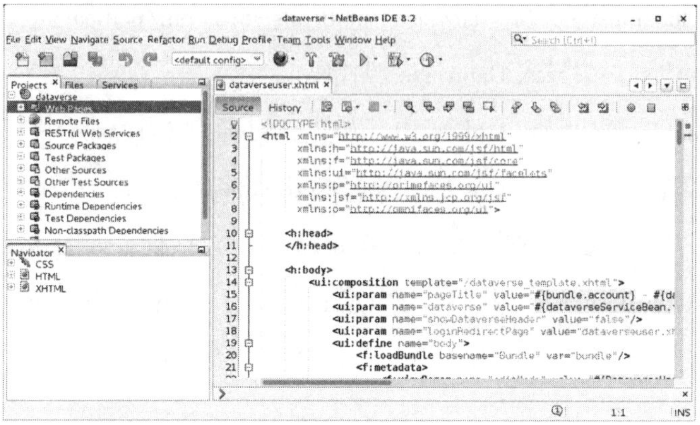

图 7.26　NetBeans 中打开 Dataverse 源代码效果

Tag” -> “Create Branch…”；之后，会看到如图 7.27 所示的创建 Git 分支对话框，在对话框的“Branch Name”中输入“bqdx”，并在“Revision”中选择“v4.7”；最后，单击“Create”按钮，即完成了在 Dataverse 4.7 的基础上创建新的分支 bqdx。

（5）NetBeans 中添加 Glassfish 服务器

为了能够在 NetBeans 中运行并调试 Dataverse，需要为其添加 Glassfish 服务器。首先，在 NetBeans 右侧的“Services”导航窗口中，选中“Servers”；然后点击鼠标右键，从弹出的菜单中选择“Add Server…”；之后，会看到如图 7.28 所示的添加服务器向导窗口，包含：选择服务器（Choose Server）、服务器位置（Server Location）、域名称/位置（Domain Name/Location）三个步骤；在第一步中，选择“GlassFish Server”，如图 7.28 所示，然后单击“Next”；在第二步中，选择服务器的位置为“/usr/local/glassfish4”，然后单击“Next”，在第三步中，选择将“Domain”按照默认的设置为“domain1”即可，最后单击“Finish”即完成了 Glassfish 服务器的添加。

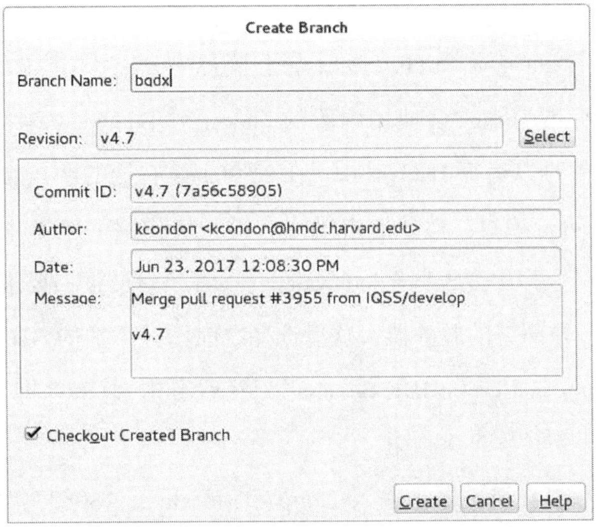

图 7.27 NetBeans 创建 Git 分支对话框

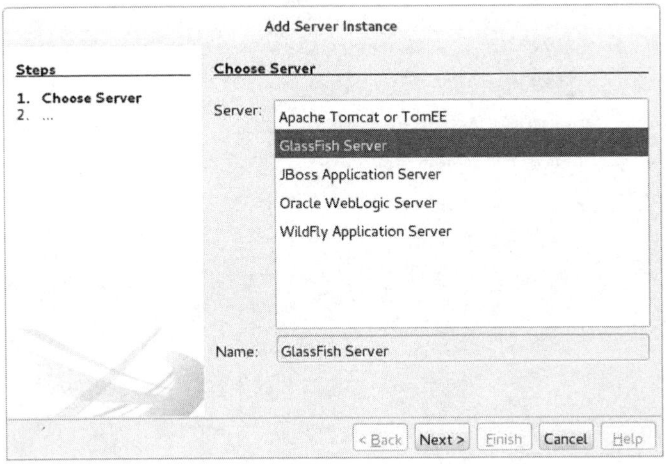

图 7.28 添加服务器向导窗口

（6）NetBeans 中构建并运行

完成了以上各个步骤后，便可以构建 Dataverse 源代码，并在 NetBeans 中直接运行。首先，构建 Dataverse 源代码：在 NetBeans 右侧的“Project”导航窗口中，选中 Dataverse 项目，然后点击鼠标右键，从弹出的菜单中选择“Build”。此时，Netbeans 会使用内置的 Maven 对 Dataverse 源代码进行构建。构建成功后，便可以运行 Dataverser：在 NetBeans 右侧的“Project”导航窗口中，选中 Dataverse 项目，然后点击鼠标右键，从弹出的菜单中选择“Run”；此时，Netbeans 会弹出“Select deployment server”对话框，要求用户选择 Dataverse 将要运行并部署的服务器，这里选择之前已经添加的 Glassfish 服务，并选择“Remember in Current IDE Session”，然后点击“OK”即可，如图 7.29 所示。

启动完成后，在浏览器中输入“http：//localhost：8080”，便可以查看到 Dataverse 的 Web 用户界面。

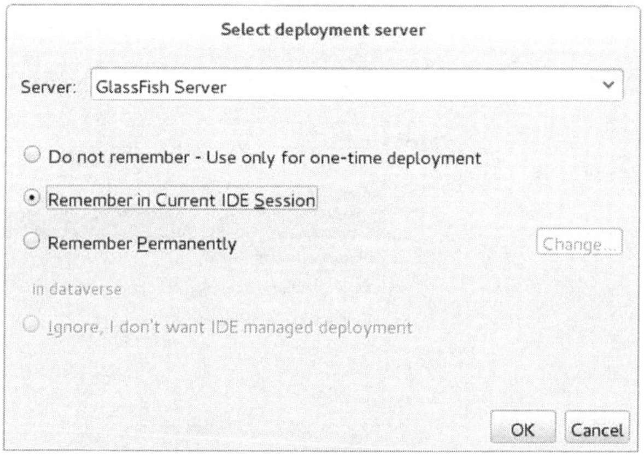

图 7.29　部署服务器选择

7.4.3　开发示例

搭建好 Dataverse 开发环境后，便可以着手二次开发，这里以创建一个简单的 Dataverse 主页为例进行介绍。该主页显示平台的简单文字介绍，并且能展示最新发布的数据集，最终效果如图 7.30 所示。

图 7.30　示例主页

Dataverse 视图层使用的是 JSF 技术，后台使用 JavaBean。因此，本示例需要新建三个文件：一个是“index. xhtml”文件，用于渲染并生成 Web 界面，其代码位于“Project”导航窗口中“Web Pages”目录下面，如图 7.31 所示；另一个是“IndexPage. java”文件，用于为 Web 页面提供最新发布的数据集列

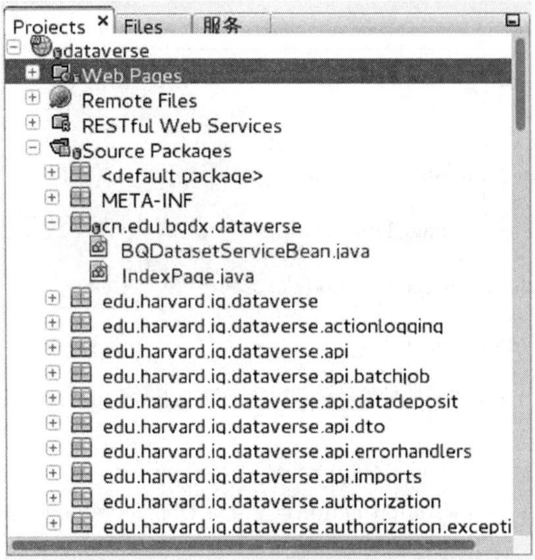

图 7.31　开发示例新增文件

表，其代码位于“cn. edu. . bqdx. dataverse”包下面；最后一个是“BQDataset-ServiceBean. java”文件，它是一个 JavaBean，用于提供数据集相关的服务，其代码位于“cn. edu. . bqdx. dataverse”包下面。

index. xhtml 文件

```
<! DOCTYPE html>
<html xmlns=" http://www.w3.org/1999/xhtml"
      xmlns:h=" http://java.sun.com/jsf/html"
      xmlns:f=" http://java.sun.com/jsf/core"
      xmlns:ui=" http://java.sun.com/jsf/facelets"
      xmlns:p=" http://primefaces.org/ui"
      xmlns:o=" http://omnifaces.org/ui"
      xmlns:jsf=" http://xmlns.jcp.org/jsf" >
<h:head>
</h:head>
<h:body>
  <ui:composition template=" /dataverse_template.xhtml" >
   <ui:param name=" pageTitle" value=" 北清大学开放研究数据平台" />
          <ui:define name=" body" >
            <f:metadata>
                  <f:viewParam name=" showDataverseHeader" value="
false" />
               <f:viewAction action=" #{DataversePage.init} " />
            </f:metadata>
            <div class=" jumbotron" >
```

```
            <h1>北清大学开放研究数据平台</h1>
            <p>重用数据，再现科研。提升引用，跟踪影响。</p>
            <p>
              <a class=" btn btn-primary btn-lg" href=" dataverse. xhtml"
role=" button" >
                浏览平台数据
              </a>
            </p>
          </div>
          <div class=" panel panel-info" >
            <div class=" panel-heading" >最新发布数据</div>
            <table class=" table" >
              <ui: repeat value=" # {indexPage. latestDatasets} " var="
dataset" >
                <tr>
                  <td># {dataset. publicationDate} </td>
                  <td>
                        < a href = " dataset. xhtml? persistentId = doi: #
{dataset. authority} # {dataset. doiSeparator} # {dataset. identifier} " >
                                        < h: outputText value = " #
{dataset. displayName} " />
                    </a>
                  </td>
                  <td># {dataset. creator. name} </td>
                </tr>
```

```
                </ui: repeat>
            </table>
        </div>
    </ui: define>
  </ui: composition>
</h: body>
</html>
```

IndexPage. java 文件

```
package cn. edu. bqdx. dataverse;

import edu. harvard. iq. dataverse. Dataset;
import java. io. Serializable;
import java. util. List;
import javax. ejb. EJB;
import javax. faces. view. ViewScoped;
import javax. inject. Named;

@ ViewScoped
@ Named
public class IndexPage implements Serializable {

    @ EJB
    BQDatasetServiceBean datasetServiceBean;
```

```
    public List<Dataset> getLatestDatasets () {
        return datasetServiceBean. findLatestDataset (10);
    }

}
```

BQDatasetServiceBean. java 文件

```
package cn. edu. bqdx. dataverse;

import edu. harvard. iq. dataverse. Dataset;
import java. util. List;
import javax. ejb. Stateless;
import javax. inject. Named;
import javax. persistence. EntityManager;
import javax. persistence. PersistenceContext;

@ Stateless
@ Named
public class BQDatasetServiceBean implements java. io. Serializable {

    @ PersistenceContext (unitName = " VDCNet-ejbPU" )
    private EntityManager em;

    public List<Dataset> findLatestDataset (int maxCount) {
```

```
            return em. createQuery (" select object (o) from Dataset as o order
by o. createDate DESC" )
                    . setMaxResults (maxCount) . getResultList ();
        }

    }
```

将这三个文件加入 Dataverse 源代码之后，便可以按照前面介绍的方法对源代码进行构建并运行。成功运行后，在浏览器中输入“http：//localhost：8080/index. xhtml”，便可以看到如图 7. 30 所示的新主页。确认代码无误后，便可以提交到 Git 代码库中。在 NetBeans 右侧的“Project”导航窗口中，选中 Dataverse 项目；然后点击鼠标右键，从弹出的菜单中选择“Git” -> “Commit …”，即可看到如图 7. 32 所示的代码提交页面；在提交页面中输入提交信息，然后点击“Commit”即可完成提交。

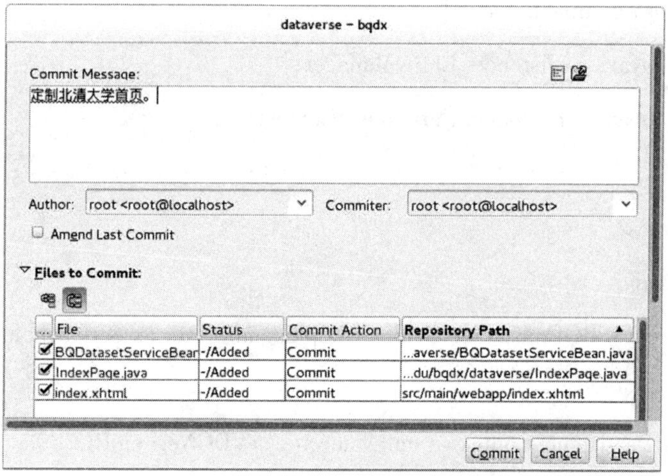

图 7. 32　Git 代码提交

7.5 结语

本章对如何应用 Dataverse 开源软件进行了详细的介绍，包括 Dataverse 的安装、配置和使用，在此基础上，进一步介绍了 Dataverse 的二次开发。Dataverse 系统庞大、功能丰富，为了能够更好的应用 Dataverse，读者可以更进一步地阅读 Dataverse 官方指南、Dataverse Git 代码库，以及参与到 Dataverse 的 Google 讨论组之中。通过这些资料并结合读者的不断实践，最终可以很好地掌握 Dataverse 的功能，并能有效地应用于研究数据管理之中。

参考文献

[1] IQSS. The Dataverse Project [EB/OL]. [2018-12-04]. https://dataverse.org/.

[2] IQSS. IQSS/dataverse: Open source research data repository software [EB/OL]. [2018-12-04]. https://github.com/IQSS/dataverse.

第八章　研究数据管理的服务框架

8.1　服务研究进展和趋势

8.1.1　国内外数据政策和服务平台发布进展

国际上，数据政策陆续发布推动全球研究数据管理和开放服务。2011 年，美国自然科学基金委要求项目申请书必须包含“数据管理计划”，美国多个资助机构数据管理政策陆续发布。2011 年，英国“国家数据监管中心（National Digital Curation Center，简称 DCC）”发布《制定数据管理与共享计划》指南[1]。2012 年 7 月，英国皇家学会（Royal Society）发布《科学是开放事业（Science as an open enterprise）》报告，确立共享和开放科学数据的基本原则、机遇与面临的挑战。2013 年 6 月，八国集团首脑在北爱尔兰 G8 Summit 峰会上签署《开放数据宪章》，宪章中提出五点要求：①使开放数据成为规则；② 注重数据质量和数量；③让所有人都可以使用；④改善数据发布的管理流程；⑤发布数据为创新服务。2014 年，芬兰 Academy of Finland 提倡研究者开放共享研究成果和数据。欧盟 2020 计划规定，2017 年开始全面实施科研数据开放制度，推动“开放科学”战略。

2015 年 8 月 31 日，中国国务院以国发〔2015〕50 号印发《促进大数据发展行动纲要》：发展科学大数据。积极推动由国家公共财政支持的公益性科研活动获取和产生的科学数据逐步开放共享，构建科学大数据国家重大基础设施，实现对国家重要科技数据的权威汇集、长期保存、集成管理和全面共享。政府伙伴关系行动计划。2014—2015 年，国家自然科学基金委发布开放获取政策和细则[2]，并发布资助成果基础知识库[3]，正式开启中国资助机构的开放获取行动，但目前仍没有发布开放数据政策和开放数据平台。

8.1.2 服务内容研究和实践

需求催生服务，研究数据管理（Research Data Management，RDM）成为研究型高校和图书馆的重要服务之一，相关研究与实践发展迅速。目前国内外关于研究数据管理服务框架的相关研究，主要集中在服务意义、服务调研、服务内容框架、实践案例、数据素养教育等方面。

研究数据管理，需要提供哪些服务，多位学者通过需求调查和案例分析，研究给出服务内容建议。2014 年，DCC 发布了对来自英国 67 个研究机构共 87 位管理人员的调查结果，调查显示对 RDM 的资金、人员和基础设施的投入并不均衡[4]。卡罗·泰诺普（Carol Tenopir）等在 2016 年 2 月向 333 个欧洲大学图书馆邮件调查研究数据管理服务的开展情况，共有 119 个图书馆回复邮件。90%以上图书馆都已经开展或计划开展政策、研究数据管理计划（Data Management Plan，DMP）制定、培训、数据管理等服务，31. 9%的图书馆已经参与到研究项目中进行数据服务[5]。Cox，Andrew M 等在 2017 年，对 170 个来自澳大利亚、加拿大、德国、爱尔兰、苏格兰、新西兰和英国的图书馆进行调查，调查结果显示，与高度认可数据政策与开展服务的意愿相比，整体缺乏高质量、高水平的 RDM 服务[6]。阿杨·尹（Ayoung Yoon）等在 2015

年 10 月–12 月期间，对 185 个美国研究型大学图书馆网站进行调查分析后，发现美国研究型图书馆开展的研究数据管理服务主要包括：咨询帮助（help/ask librarians，79.5%）、数据管理（Data deposit，60%）、研究数据管理计划（Data management planning，41.1%）、数据咨询（Data consultation，38.4%）、数据出版和共享（data publishing and sharing，27.6%）、数据方法（data methodology，15.7%）[7]。

8.1.3 服务框架研究

服务框架方面，2017 年 3 月，OCLC 发布“研究数据管理现实”系列报告，研究总结 RDM 服务为三大领域：教育类（数据意识、数据长期保存概念、数据政策、数据管理方法、数据管理工具软件、数据资源）、解决方案类（数据馆员面向研究者研究过程的个性化需求服务）和长期保存类（研究生命周期中的数据管理服务、标识符、权限管理、元数据管理 、版本管理、长期保存）（图 8.1）[8]。

图 8.1　OCLC RDM 服务领域说明

澳大利亚国际数据服务中心（The Australian National Data Service，ANDS）提出数据管理能力的5个要素：政策和流程、信息架构、服务能力、元数据管理和研究数据管理[9]。英国联合信息系统委员会（the Joint Information Systems Committee，简称JISC）在研究数据指南中为研究者提供了研究生命周期各阶段应考虑的数据管理策略和内容（见图8.2）。

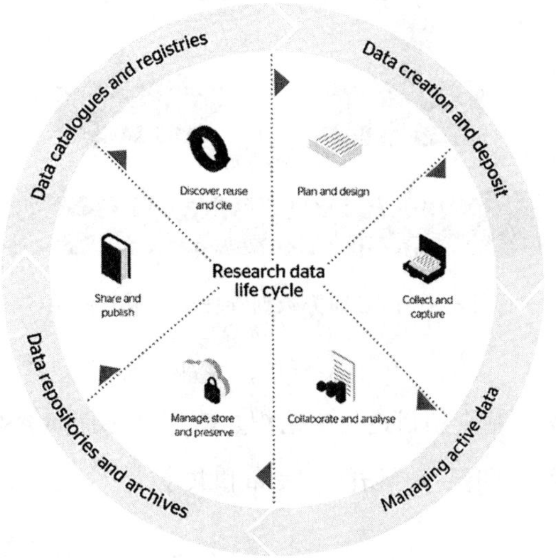

图8.2　JISC研究生命周期数据管理建议

英国DCC（The Digital Curation Centre，DCC）根据研究生命周期，提出研究数据管理支持服务框架建议应涵盖：政策和规划、可持续性发展、研究数据管理计划、元数据管理、数据存储、数据存档策略、数据管理、培训指南等（图8.3）[10]。

崔宇红参考信息通信技术促进发展项目（Information and Communication Technology for Development，ICT4D），提出RDM4D模型立方体，并通过对20所英国大学研究数据管理服务内容的分析和归纳，依据研究过程的3个不同阶段将21个关键实践聚类到3个关键过程域中，即：基金项目申请前的创建

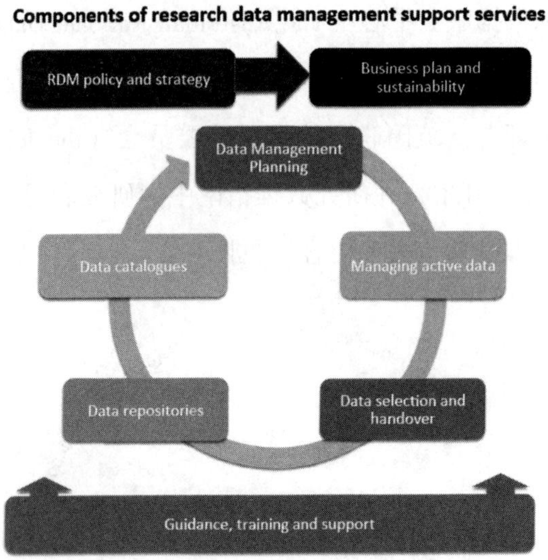

图 8.3　DCC 研究数据管理支持服务框架

研究数据管理计划；基金项目进行中组织、描述和存储研究数据；基金项目完成后对研究数据的长期保存、访问、发布和共享[11]。

8.1.4　实践案例

实践案例方面，国内，复旦大学、北京大学和武汉大学已经率先提供研究数据管理服务，但均无数据政策发布[12-14]。国际上，因国家和资助机构政策要求，服务已经广泛开展，相关研究案例很多，内容集中在分享各机构的服务实践经验[15-17]。于飞（Fei YU）等（2017 年）介绍了澳大利亚昆士兰大学在对大学用户进行调查后，设计与开展基于生命周期的研究数据管理服务，内容包括：①研究数据管理计划和准备（数据指南、数据培训、研究数据管理计划等）；②研究过程支持服务（数据工具、管理和分析、培训等）；③数据保存、出版和传播（数据发布平台、长期保存和数据出版等）（图 8.4）[18]。

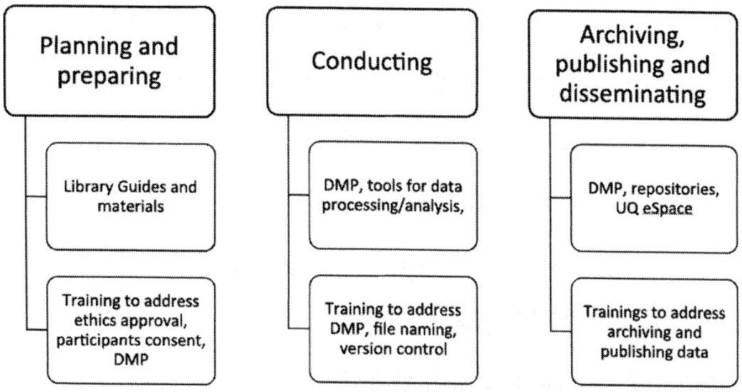

图 8.4 澳大利亚昆士兰大学研究数据管理服务内容

8.2 FAIR 数据原则

服务框架设计，首先需要了解和遵循 FAIR 数据原则。

8.2.1 FAIR 原则内容

2014 年，莱顿大学医学中心人类遗传学系巴伦斯·蒙斯（Barend Mons）教授，在名为“Jointly Designing a Data Fairport”的交流会议上，与科研界、工业界、资助机构和学术出版社在内的各相关领域人士共同设计并发布了研究数据管理原则——FAIR 数据原则（findability，accessibility，interoperability，and reuse of digital assets），为提升数据重复使用、机器自动搜索与使用数据提供指导。在 2016 年，Mark D. Wilkinson 和 Barend Mons 等人在《科学数据》发表了名为 The“FAIR Guiding Principles for scientific data management and stewardship”的文章，为研究数据管理提供指导原则，提高数字资产的可查找性，可访问性，互操作性和重用性[19]。FAIR 原则强调机器可操作性（即计算系统在没有或最少人为干预的情况下查找，访问，互操作和重用数据的能力)[20]。原则涉及三种类型的实体：数据（或任何数字对象），元数据（关于该数字对象的信息）和信息基础设施。例如，原则 F4 定义元数据和数据都在数据发现平台（信息基础设施组件）中注册或被索引。FAIR 原则内容具体说明见表 8.1。2016 年，在欧洲开放科学云计划（European Open Science Cloud，EOSC）支持下，成立了 GO FAIR（Global Open FAIR）国际自治合作倡议组织，在全球推广 FAIR 原则和服务。

FAIR 原则已成为全球建设研究数据管理服务共同遵循的基本原则，为数据生产者和发布者提供了增强研究数据可重用的指南，对 FAIR 原则的研究和应用是当前研究数据管理领域的重要研究热点和趋势，研究数据符合 FAIR 原则成为评估数据规范和数据仓储功能的重要指标。

表 8.1　FAIR 原则主要内容

可查找（Findable） 重复使用数据的第一步是发现数据。元数据和数据应该易于被研究者和计算机找到。机器可读元数据对于自动发现数据集和服务至关重要，是 FAIR 过程的重要组成部分。	F1：（元）数据被分配全球唯一且持久标识符
	F2：使用丰富的元数据描述数据（由下面的 R1 定义）
	F3：元数据中需要清楚、明确包括所描述数据的标识符
	F4：（元）数据在数据发现平台注册或被索引
可访问（Accessible） 一旦用户找到所需数据，他/她就需要知道如何获取数据，包括身份验证和授权使用。	A1：（元）数据可以基于标准通信协议，通过唯一标识符检索获取
	A1.1：标准通信协议应是开放、免费、通用的
	A1.2：协议允许在必要时进行身份验证和用户授权
	A2：即使数据不再可用，也可以访问元数据
可互操作（Interoperable） 数据通常需要与其他数据集成。数据还需要与其他应用程序或系统互操作，以进行数据分析，存储和处理。	I1：（元）数据使用正式、可访问、可共享和广泛适用的语言来进行知识表达
	I2：（元）数据使用遵循 FAIR 原则的词汇表
	I3：（元）数据应包括对其他（元）数据的交叉引用描述

续表

可重用（Reusable） FAIR 的终极目标是实现数据重用。为实现这一目标，应充分描述元数据和数据，以便可以在不同条件下都能复制和/或组合使用数据。	R1：元（数据）描述需要丰富、准确并涵盖所有相关属性
	R1.1：（元）数据使用清晰且可访问的许可协议方式发布
	R1.2：（元）数据应包括关联数据的详细出处
	R1.3：（元）数据应符合相关学科领域社区标准

8.2.2 数据 FAIR 化工作流程

对数据，如何处理成符合 FAIR 原则的规范数据，FAIRification 提供了工作流程建议[21]：

①检索非 FAIR 化数据：获取需要 FAIR 化的数据。

②分析数据：检查数据内容，如数据含义、数据结构、数据元素关系等。不同的数据需要不同的识别方法。例如，如果数据集在关系数据库中，则关系模式需要包括数据集结构、数据字典（字段名称等信息）、基数等信息。

③定义语义模型：为数据集定义合适的语义模型，有助于准确、明确描述数据集中实体和关系的含义，有助于计算机识别。良好的语义模型应表示出特定域中的共识视图，语义模型通常包含来自现有本体和词汇表的多个术语。词汇表是一种包括术语、URI 和描述信息的计算机可读文件。本体可以概要描述为具有层次结构，相互关系的概念词汇表。这些概念模型允许我们使用提供的术语、概念和概念结构对数据模型和数据项进行分类。

④ 使数据可关联：通过应用步骤 3 中定义的语义模型，可以将非 FAIR 数据转换为关联数据，实现数据互操作、重用和数据集成。用户需要评估关联的可行性。关联数据，对于大部分数据类型（如结构化数据）来说都可操作，但有一些数据类型（例如：图像数据、音频数据和视频中的像素或音频

元素）没有关联性。而关于图像、音频和视频的注释（例如图像地理信息、音频文件说明等）具有关联性。

⑤分配许可协议：尽管许可协议是元数据的一部分，但 FAIRification 流程中将其单独列出，突出其重要性。即使数据已是开放数据，许可协议不明确也会对用户重用数据造成障碍。

⑥定义数据集的元数据：正如 FAIR 原则众多解释所言，适当、丰富的元数据符合 FAIR 原则各权益方的需要。

⑦部署 FAIR 数据资源：部署或发布 FAIR 化后的数据、相关元数据和许可协议，以便搜索引擎可以索引元数据，数据可以被访问获取（可能需要身份验证和授权）。

FAIR 原则，使不同的利益相关者都能从开放数据中受益：研究人员能够更容易分享、获取和重复使用研究数据；数据出版商能够提供更优质的数据服务；软件和工具开发者可以提供更好的数据分析和处理服务，提供可重用的工作流程；资助机构（私人和公共）更容易实现数据长期保存目标；数据科学管理和服务机构能够深入挖掘、整合和分析数据，改进数据搜索。

8.3 需求调研

8.3.1 用户需求调查

2013 年起，笔者团队从调研开始，定位研究者需求，掌握国际发展动态，开发数据服务平台，全面推广服务，完成北京大学研究数据管理服务框架的初步构建，为未来研究和服务奠定基础。

2014 年，笔者团队对校内教师进行问卷调查，获取 50 份教师问卷调查，对 26 人进行一对一需求访谈。调研发现：高达 87.5%的受访者愿意在一定条件下开放研究数据，开放的最大动机是通过开放数据，提升数据价值、提高成果引用率与增强数据曝光度。开放的最大疑虑是他人利用数据抢先发表成果。开放条件中，受访者最需要“审核使用者身份和数据使用用途后提供”功能。通过调研，准确定位研究者对研究数据管理服务的实际需求。

一对一访谈发现：（1）数据开放程度与学科特点密切。对于数据驱动、数据密集特征明显的学科，数据开放比较标准和规范，可以到原始数据的力度，例如社会调查学科和生物信息学科。在生物信息学科，发表期刊时发表数据已经是趋势，大多向期刊指定数据库提交，或者自己建立数据库。对于其他学科，数据开放也存在，但向大多数同行开放的仅是整理后的成果数据，原始数据阶段只与直接合作者共享。（2）数据开放具有明显的时滞期。几乎所有的学者都强调，数据必须在自己的成果发表之后，才考虑开放。这与学者对“数据被他人抢先发表成果”的担心是一致的。（3）研究数据开放行为多为学者自发，中国缺乏政策激励机制和维护更新，缺乏基于数据引用、认可和学术声誉的良性反馈，亟须规范的数据服务平台。

2017 年，笔者研究团队对校内本科生与研究生课程调研发现：全校约 26 个院系开设数据驱动研究的研究生课程约有 56 门，本科生课程有 85 门，学科不仅分布于理工学部，也分布于人文与社科学部。对课程教师访谈 9 人，调研发现：教师课程教学急需高质量开放研究数据平台。教师获取数据的难度远远超过获取文献。

2018 年，为了找出研究数据管理的核心工具和服务，多伦多大学两位图书馆员从多伦多大学招募了 28 名教师，通过焦点小组法研究发现了研究者关心的 4 类 RDM 服务：①支持研究过程的基础设施；②数据安全；③数据管理技能；④发布数据的版权保护[22]。

8.3.2 QS 排名前 50 世界大学数据服务

笔者对 2018 年 QS 世界大学排名（Quacquarelli Symonds World University

Rankings，简称 QS 世界大学排名）前 50 所大学（美国 18 所、加拿大 2 所、英国 9 所、澳大利亚 5 所、瑞士 2 所、中国大陆和香港 7 所、法国 1 所、新加坡 2 所、日本 2 所，韩国 2 所）进行调研，了解是否提供研究数据管理服务，提供哪些服务，梳理国内外研究型大学研究数据管理服务内容，调研结果见表 8. 2。研究发现提供的研究数据管理服务内容主要包括：数据管理计划、数据服务、数据素养、数据管理、长期保存和数据政策等几部分。调研同时发现：政策支持下，前 50 所大学除了亚洲国家大学外，基本都有研究数据管理服务，亚洲国家大学提供服务的较少；在服务内容上，开展较好的服务是数据管理计划和数据服务，数据管理和长期保存等相关服务有待提供与加强。

表 8. 2　2018 年 QS 世界大学排名前 50 所大学研究数据管理服务内容调研结果

	数据管理计划	数据服务				数据素养					数据管理			长期保存				数据政策
	DMP 指南	数据需求咨询	数据共享	数据引用	数据版权	数据生命周期介绍	数据政策指南	DMPTool 培训	工具软件培训	数据仓储指南	元数据描述	文件格式	文件命名	数据存储	机构的数据仓储	数据安全与备份	软件代码保存	机构的数据政策
麻省理工学院	√	√					√	√	√		√	√	√	√				
斯坦福大学	√	√	√	√	√			√	√	√	√	√	√	√	√	√		
哈佛大学	√	√		√			√	√		√		√	√	√	√			
加州理工学院	√	√	√					√			√	√	√	√	√			
剑桥大学	√	√	√	√			√		√		√	√	√		√			√
牛津大学	√	√	√	√	√		√		√		√		√	√	√	√		√
伦敦大学学院	√		√	√	√		√					√		√	√		√	√
帝国理工大学	√		√							√	√	√	√			√		√
芝加哥大学	√		√					√		√	√	√	√			√		
苏黎世联邦理工学院	√	√	√						√		√	√	√		√	√		
南洋理工大学	√		√		√		√			√					√			√
洛桑联邦理工学院	√					√				√	√	√				√		
普林斯顿大学	√		√	√	√						√	√	√		√	√		
康奈尔大学	√	√	√	√	√		√				√	√	√	√	√	√		

续表

	数据管理计划	数据服务				数据素养					数据管理			长期保存				数据政策
	DMP指南	数据需求咨询	数据共享	数据引用	数据版权	数据生命周期介绍	数据政策指南	DMPTool培训	工具软件培训	数据仓储指南	元数据描述	文件格式	文件命名	数据存储	机构的数据仓储	数据安全与备份	软件代码保存	机构的数据政策
新加坡国立大学	√		√	√	√		√			√	√	√	√		√			√
耶鲁大学	√	√		√					√	√	√							
约翰霍普金斯大学	√	√	√	√	√		√		√	√	√			√	√	√	√	√
哥伦比亚大学	√	√	√	√	√	√	√			√	√	√	√	√	√	√		√
宾夕法尼亚大学	√		√	√			√	√		√	√	√	√			√		
澳大利亚国立大学	√		√	√	√					√	√	√	√		√	√		
杜克大学	√			√							√	√	√		√	√		
密歇根大学	√		√	√							√				√	√		
爱丁堡大学	√	√					√		√						√			√
伦敦国王学院	√	√	√	√	√	√	√		√		√	√	√	√	√	√		
清华大学（无）																		
香港大学				√	√					√	√	√	√			√		√
加州伯克利大学	√	√	√	√	√						√			√	√	√		
东京大学（无）																		
西北大学	√	√		√			√			√	√				√			
香港科技大学	√			√		√				√	√				√			
多伦多大学	√		√	√	√		√				√	√	√		√	√		
麦吉尔大学	√		√	√														
加州大学洛杉矶分校	√			√	√					√	√	√	√	√		√		
曼彻斯特大学	√		√	√			√				√	√	√	√	√	√		
伦敦政治经济学院	√										√	√	√			√		√
京都大学（无）																		
首尔大学（无）																		
加州大学圣迭戈分校	√										√	√	√	√		√		
北京大学		√	√	√	√				√		√	√	√	√	√	√	√	
复旦大学															√			
韩国科学技术院（无）																		
墨尔本大学	√	√					√	√	√									√

续表

	数据管理计划	数据服务				数据素养					数据管理			长期保存				数据政策
	DMP 指南	数据需求咨询	数据共享	数据引用	数据版权	数据生命周期介绍	数据政策指南	DMPTool 培训	工具软件培训	数据仓储指南	元数据描述	文件格式	文件命名	数据存储	机构的数据仓储	数据安全与备份	软件代码保存	机构的数据政策
巴黎高等师范学校（无）																		
布里斯托大学	√		√											√				√
新南威尔士大学	√		√	√	√						√				√			
香港中文大学（无）																		
昆士兰大学	√		√			√	√		√					√	√			
卡耐基梅隆大学	√		√	√	√	√	√				√	√	√	√				
香港城市大学（无）																		
悉尼大学				√	√				√		√	√	√	√				√

8.3.3 服务内容

伊娜·库珀（Inna Kouper）等在 2015 年对 124 个研究型图书馆联盟（The Association of Research Libraries，ARL）成员馆的网站进行调研，表 8.3 是该研究对 ARL 图书馆网站提供的数据服务类型和内容描述[23]。

表 8.3 ALR 图书馆数据服务类型和内容

类型	内容
采购	采购、收集和管理数据
存档和保存	数据长期保存服务
最佳实践案例	介绍数据管理和共享的最佳实践案例。通过网站和其他资源推荐，供用户了解服务
协作和参与	为师生提供研究数据相关支持服务
咨询和指导	提供工作坊、研讨会等数据培训服务

续表

类型	内容
版权和数据道德	提供知识产权和数据道德使用服务
数据处理和分析	提供数据处理和分析支持服务
数据和研究人员 ID	数据和人员永久标识符服务
数据引用	数据引用介绍和服务
数据管理	数据管理介绍和服务
数据仓储和仓储库	寻找和使用适合数据仓储（学科或机构仓储）服务
数据资源导航	提供数据搜索，资源和工具等相关服务
DMP 服务支持	数据管理计划相关服务
元数据	元数据标准和应用相关服务
政策	发布、应用和使用数据政策相关服务
共享和重用	数据共享和重用服务
软硬件	管理和分析所需软硬件服务
数据保存	数据短期和长期保存服务

8.4 服务框架设计

英国数据管理中心（The Digital Curation Centre，DCC）根据研究生命周期，提出研究数据管理支持服务框架建议应涵盖：政策和规划、可持续性发展、研究数据管理计划、元数据管理、数据存储、数据存档策略、数据管理、培训指南等[10]。

而通过调研发现，数据驱动研究者需要的数据服务主要包括：①满足国际资助机构申请要求的服务；②支持教学、科研和数据发布的数据服务；③研究过程所需的数据管理基础设施和服务；④数据驱动所需的数据技能和知识；⑤数据长期保存服务；⑥数据政策、数据素养和知识产权服务。

根据数据驱动研究范式特点和研究者需求，如图 8.5 所示，研究数据生命周期需要服务于研究生命周期，两者密切相关。依据国家、国际组织、资助机构和科研机构的数据政策要求，结合实践经验，并符合 FAIR 数据原则，笔者提出研究数据管理服务框架设计内容，表 8.4 列出研究数据管理服务应包括：数据管理计划、数据服务、数据管理、数据素养、长期保存和数据政策六部分。每一部分应包括的具体内容服务内容见表 8.5。各机构可以参考框架内容，并根据实际需求，设计服务体系，开展 RDM 服务。

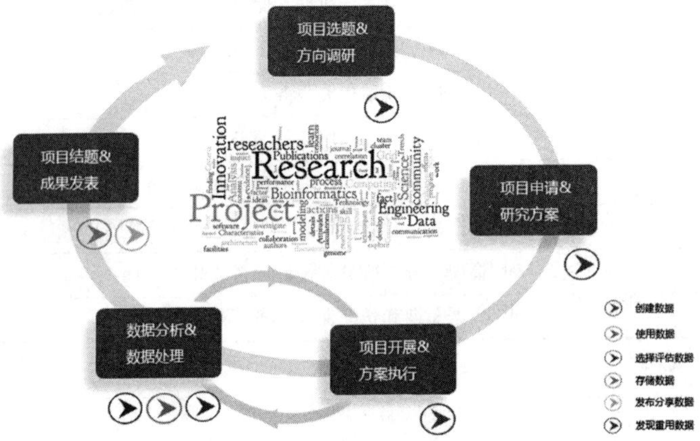

图 8.5　研究和研究数据生命周期

表 8.4　研究数据管理服务框架

数据管理计划	数据服务	数据管理	数据素养	长期保存	数据政策
DMP 指南	RDM 介绍（概念、意义、生命周期）	RDM 工具软件服务	DMP 工具使用	框架体系	RDM 政策制定与发布
DMP 咨询	国际发展动态	RDM 私有云服务	数据素养培训	元数据标准	知识产权培训
	开放数据平台	项目过程管理支持	工具软件使用	存储保存	政策培训（国家、资助机构、机构、期刊）

续表

数据管理计划	数据服务	数据管理	数据素养	长期保存	数据政策
	研究数据支持		研究培训	安全备份	政策咨询
	教学数据支持		写作培训	源代码保存	
	数据需求咨询		数据资源导航		

表 8.5 研究数据管理服务内容说明

服务框架	服务内容	服务说明
数据管理计划	DMP 指南	为研究者提供 DMP 写作指南、资助机构 DMP 要求，机构 DMP 政策等服务支持。
	DMP 咨询	由了解 DMP 的数据馆员为研究者提供咨询服务。
数据服务	RDM 介绍（概念、意义、生命周期）	提供 RMD 概念、意义和生命周期等服务入口（网站、手册等），帮助研究者了解 RDM。
	国际发展动态	提供国家、国际组织、资助机构等 RDM 最新发展动态（网站、手册等），提升研究者数据素养，帮助研究者了解最新研究进展。
	开放数据平台	高质量研究数据发布与检索服务，为研究者提供数据发布和检索入口。数据学科馆员提供数据整理、分类和归档等服务。
	研究数据支持	以数据馆员、学科馆员、平台和工具软件等多种服务，为研究者提供研究过程中数据服务支持。
	教学数据支持	以开放数据平台为基础，建设教学数据服务，汇集全学科数据，提供教学支持。
	开放数据服务（共享、分享、引用）	以开放数据平台为基础，为研究者提供共享数据、分享传播、引用等开放学术交流服务。
	数据需求咨询	设置学科馆员和数据馆员岗位，为研究者提供完整研究生命周期的数据需求咨询服务。

续表

服务框架	服务内容	服务说明
数据管理	RDM 工具软件服务	研究过程中的数据管理软件、工具与服务平台，为项目团队提供数据管理支持。
	RDM 私有云服务	研究过程中数据管理私有云服务。
	项目过程管理支持	研究过程中项目管理平台和服务支持。
数据素养	DMP 工具使用	研究管理计划撰写工具使用培训和方法指南。
	数据素养培训	开展相关的数据素养培训和咨询，包括文献管理软件的培训和利用咨询，论文写作规范和学术道德规范培养等。
	工具软件使用	数据管理工具软件（R、Python 等）使用培训。
	研究培训	持续开展数据管理相关资源、软件工具和方法等系列培训，提升用户数据素养。
	写作培训	开展论文写作技巧与数据引用、出版合同签署、出版媒介选择、数据版权和发布等服务支持。
	数据资源导航	建设数字资源导航，提供数据资源搜索发现服务入口。
长期保存	框架体系	建设数字资源长期保存体系规划，保障数据资源长期保存。
	元数据标准	制定数据资源元数据标准规范。
	存储保存	提供数据存储保存基础设施、平台和服务。
	安全备份	制定数据安全备份制度。
	源代码保存	源代码保存平台，为研究者提供项目源代码长期保存服务。
数据政策	RDM 政策制定与发布	研究制定与推动机构研究数据管理和服务政策，推进开放学术交流。
	知识产权培训	数据、成果等知识产权培训与服务，帮助研究者了解知识产权法律法规。
	政策培训（国家、资助机构、机构、期刊）	数据政策培训，帮助研究者了解国际、国际组织、资助机构、机构和期刊数据政策，顺利完成项目申请和成果发表。
	政策咨询	数据馆员和学科馆员为研究者提供数据政策咨询。

在服务框架下，为支持新一代学术交流生态系统[24]对数据服务的需求（图8.6）和高校研究支持服务，建议提供支持学术交流生态系统各研究周期完整数据需求的服务（图8.7）。在科研准备阶段，需要了解把握研究领域前沿方向，跟踪研究热点，为项目申请做准备，以数据管理计划、数据服务和数据素养培训为核心，满足研究者需求。在搜索发现阶段，需要获取完整文献和数据资源，以建设海量数字资源导航和开放数据服务平台为基础，提供数据发现服务。在研究分析阶段，用户需要项目管理和数据服务支持，以数据管理和长期保存服务提供研究过程需要的数据管理和长期保存所需软件、工具与服务，以数据服务满足研究过程中需要的数据支持服务。在成果写作阶段，以数据开放服务和写作培训为基础，学科馆员和数据馆员服务为主体，为研究者提供论文写作和数据服务。在成果发表阶段，为研究者提供数据知识产权政策咨询服务，帮助研究者顺利发表研究和数据成果，提高学术影响力。在成果推广阶段，以数据服务平台和长期保存平台为研究者提供研究数据的发表、存档和传播服务，并支持于教学过程，帮助研究者广泛传播学术影响力。在科研评价阶段，以数据服务和长期保存服务为完整、精准评价服务提供支持，为研究者总结研究成果、开始新研究提供支持。以完整支持学术交流完整生命周期为目标，设计与构建研究数据管理服务。

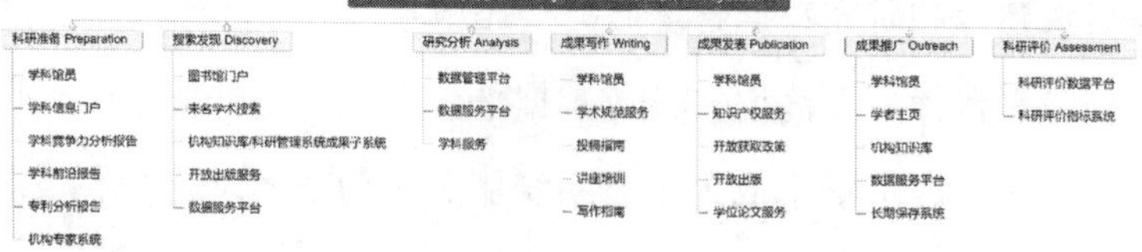

图8.6　新一代学术交流生态系统框架

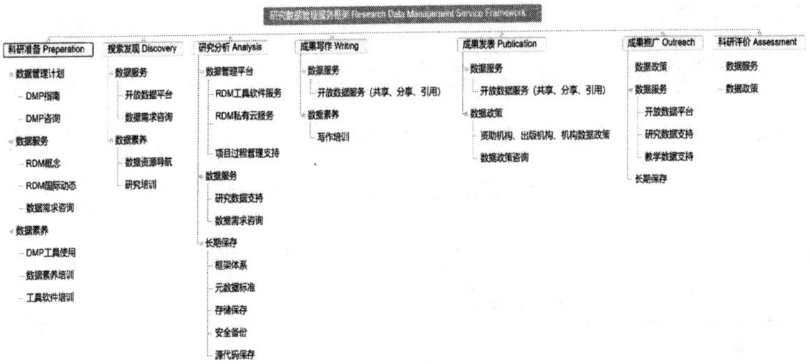

图 8.7　支持学术交流生态系统各研究周期完整数据需求的服务建议

8.5　北京大学研究数据管理服务框架设计与服务

8.5.1　服务框架设计

为适应高校教学和研究变革趋势，顺应大数据时代和数据密集型研究新范式，北京大学图书馆将构建新一代学术交流生态系统，建设数据资源和研究数据管理服务，作为重要发展目标，调整组织机构，重新组织与设计服务，推动数据资源建设和研究数据管理服务。2015 年 12 月 25 日，正式发布开放研究数据服务平台（以下简称“开放数据平台”）、机构知识库、开放出版-期刊网和学者主页四个学术成果生态系统服务，为学术交流提供支持，成为国内高校相关建设的引领者。

2015 年，北京大学图书馆调整组织机构，设置研究数据管理服务岗位（表 8.6）。在国内外调研和用户调查的基础上，结合北京大学实际需求，设计数据管理服务框架（表 8.7），开展平台、服务、培训、政策研究与推进等一系列研究数据管理服务工作，提供研究数据汇集、管理与服务。在组织结构和资源建设上，做以下调整：①原系统部更名为信息化与数据中心，设置数据管理与服务岗位，全面开展研究数据管理平台、工具和服务建设。②组建研究支持中心，设置数据馆员，开展信息素养和数据咨询等服务。③数据资源成为资源建设的重要内容。

表 8.6　北京大学图书馆研究数据管理服务岗位设置

机构设置	岗位	职责
信息化与数据中心	数据管理与服务组	数据管理与服务 数据政策研究推动 数据管理服务平台建设 长期保存体系建设
研究支持中心	数据馆员	数据素养 数据服务 数据导航
资源建设中心	数据资源建设岗位	数据资源建设

表 8.7　北京大学研究数据管理服务框架

数据服务	数据管理	数据素养	长期保存	数据政策
数据服务主页（建设中）	数据管理工具软件服务（建设中）	数据素养培训	框架体系（建设中）	RDM 政策制定与发布（建设中）
开放数据平台（发布）	数据管理私有云服务（建设中）	工具软件使用	元数据标准	知识产权培训
数据需求咨询	数据管理平台（建设中）	研究培训	存储保存	政策培训（国家、资助机构、机构、期刊）
数据驱动研究大赛		写作培训	安全备份	政策咨询
		数据资源导航	源代码保存（建设中）	

8.5.2 北京大学研究数据管理服务实践

(1) 数据服务

2013 年，开始对研究数据管理进行调研，调研范围包括现有研究数据管理服务案例（如哈佛大学、爱丁堡大学、莫纳什大学、复旦大学等）、数据政策（如美国自然科学基金、英国研究理事会等）、系统平台（如 Dataverse、ICPSR、Data Conservancy、CKAN、Datahub 等）、持久标识符（如 DOI、Handle 等），同时与社科部、科研部、相关院系合作，通过问卷调查和访谈两种形式对教师的研究数据管理需求和现状进行调查。在前期广泛调研的基础上，选择以哈佛大学开源系统 Dataverse 为基础，构建北京大学开放数据服务平台。2015 年，图书馆与社科调查中心合作，以国家自然科学基金“北京大学管理科学数据中心”的“数据服务”子项目为契机，共同建设开放数据服务平台。图书馆基于 Dataverse 4.0，增加了双语界面、统一认证、用户审核管理、DOI 注册、数据统计等定制化功能，同时负责系统管理和服务器运维工作；社科调查中心推动数据集的收集、整理和发布。2015 年 12 月，在调研和用户调查基础上，发布基于开源软件 Dataverse 的开放数据平台，为全球用户提供研究数据提交、管理和开放服务。2016 年，实现平台数据与机构知识库的成果相互关联，提升数据和成果的曝光与影响力。2017 年，与国际接轨，与国际数据仓储 Re3data、国际数据索引平台 Data Citation Index（DCI）实现数据交互、收录与揭示，推动开放数据平台建设成为国际一流研究数据服务平台。截至 2018 年 10 月，开放数据平台发布数据空间 35 个、数据集 234 个、数据文件 1 104 个，收录中国家庭追踪调查、中国健康与养老追踪调查、综合型语言知识库、中国历代人物传记资料库等多个高质量、具有国际影响力的数据集。

在平台建设基础上，开始建设数据服务主页，为用户提供完整研究数据服务入口。专业数据馆员提供数据咨询、数据素养培训、数据资源导航等数据咨询服务。OCLC“研究数据管理现实”报告中关于数据咨询，特别提出：数据咨询服务必须是馆员提供的面向研究者面对面的咨询服务，而不是邮件、电话和在线咨询服务。

2017 年，通过举办大赛，推动全国高校师生利用开放数据进行数据驱动研究的同时，极大提升了数据平台的影响力。大赛活动期间开放数据平台日均访客数为 753 人，大赛结束后日均访客数为 477 人。通过大赛，平台日均访问量增加了近 10 倍，大赛期间，数据下载量达到过去两年总和的 5 倍，新增用户数量达到过去两年总和的 4 倍。2018 年，举办的第二届大赛，通过大赛促进高校数据驱动研究和数据服务，成为北京大学图书馆开展研究数据服务的成功经验。该案例说明创新服务需要创新的方法推广。图 8.8 是北京大学研究数据管理服务的建设历程。

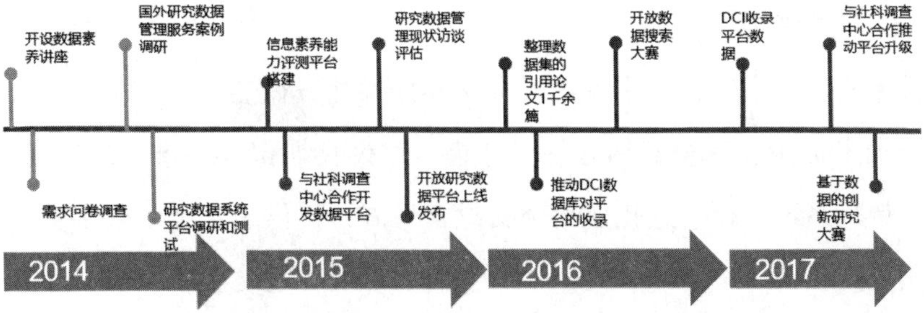

图 8.8　北京大学研究数据管理服务的建设历程

（2）数据管理

如前所述，国际上各机构开展研究数据管理服务，目前多局限于数据素养和数据服务层面，而为研究者提供研究过程中的数据管理服务，并不多见，但却是研究者需要的服务。美国明尼苏达大学图书馆在 2017 年发布了一项关于美国顶尖研究大学实验室电子笔记（Electronic Laboratory Notebooks，简称 ELNs）应用情况的调查，在 35 个被调查大学中，有 8 个大学购买了 ELNs，占比 23%。在没有购买的大学中，有 14 个大学在一些课堂教学或者实验室中使用了 ELNs，占比 40%. 此外，有 7 个大学的图书馆提供 ELN 指南或者相关的网页，占比 20%。由此可见，美国顶尖研究大学有超过半数正在应用实验室电子笔记于教学和科研之中，并且一部分图书馆也开始提供实验室电子笔记相关服务[25]。笔者团队已经开始推进数据管理工具软件、私有云和研究过程中的数据管理平台服务工作，以专职数据服务人员、平台和工具软件等多种服务，为研究者提供研究过程中数据管理服务。

（3）数据素养

自 2014 年开始，数据馆员在北京大学图书馆品牌培训课程“一小时讲座”中，讲授数据素养培训，内容包括数据资源、软件工具、数据分析和挖掘工具软件使用和学术规范等培训。2018 年，发布数据资源导航。截至 2018 年 10 月，提供了 422 种数据资源浏览和检索入口[26]。

（4）长期保存

北京大学图书馆将数字资源长期保存体系建设做为重点规划项目，将自建数字加工资源、数据资源等统一考虑，建设长期保存标准、规范与平台，与科研管理系统、校信息化建设项目融合发展，提供北京大学数字资源长期保存服务。

（5）数据政策

笔者团队前期完成了北京大学开放获取政策的前期调研、起草与论证工作，进一步修订后提交校方。在“一小时讲座”和数据服务主页中，介绍数据政策（国家、资助机构、机构、期刊），帮助研究者了解国际、国际组织、资助机构、机构和期刊数据政策。2018 年 10 月，北京大学知识产权信息服务中心正式成立，负责建设北京大学知识产权信息资源平台，开展北京大学知识产权培训，为重大科研项目提供科研全周期的知识产权信息咨询服务，参与北京大学产学研协同创新，为知识产权转移转化工作提供协助等。

(6) 未来规划

完善研究数据服务框架，深入服务，建设完整研究数据服务体系，为师生提供高质量的服务，将北京大学建设成为研究数据汇集、管理与服务的世界一流引领者，是图书馆的重要发展目标之一。加强在数据工具、软件、管理与服务等方面研究与应用，推动大数据研究与应用。加快研究数据建设，以数据服务为凝聚力，建设持续汇集国内外高质量研究数据的研究数据平台，提供基于数据的教学与研究的支撑平台。开展数据创新研究、教学与产业孵化活动与比赛，与校外数据资源丰富的政府、企事业单位合作，寻求优势互补、共赢的合作模式，推动数据教学与科研创新。

8.6 服务能力评价

ANDS 提出数据管理能力的 5 个要素：政策和流程、信息架构、服务能力、元数据管理和研究数据管理，并给出研究数据管理五种层次发展阶段的成熟度评价指标[9]。根据 ANDS 的指南建议，在服务框架体系构建中，建议在研究生命周期各阶段，研究数据管理涉及的关键内容可以参考表 8.8。在服务体系建设和服务能力评估中，评估指标可以参考表 8.9 所列的研究数据管理五种发展阶段成熟度评价指标内容。

表 8.8 研究各阶段研究数据管理涉及的关键内容

预研究	研究期间	研究后
研究数据管理框架	政策合规监控	发布研究数据
风险管理计划	风险监控和沟通	注册研究数据
研究数据管理计划	研究数据收集和分析	研究数据管理
数据道德评估和处理	元数据生成	使用监控
培训和归纳	存储和访问	

表 8.9　研究数据管理五种发展阶段成熟度评价指标

	阶段 1 初期	阶段 2 发展	阶段 3 确定	阶段 4 管理	阶段 5 优化
	无流程、 宣传不足	开发流程中	流程逐渐 标准化	规范、 可控流程	持续改进
机构政策和流程	政策和流程尚未开发、未更新、不一致。	制定和协调政策和流程。	政策和流程已经应用。	政策和流程已经内化为机构文化并接受审计。	政策和流程被评估和持续改进。
IT 信息架构	IT 基础设施不完整，宣传不足。	投入资金和人力建设 IT 基础设施，明确责任、流程和文档。	持续稳定支持 IT 基础设施建设，优化集成度和标准化。	因需提供支持。管理层积极支持。文档持续新。	持续维护，更新和宣传基础设施。基于用户使用统计和反馈意见优化服务。
服务能力	只提供临时性培训，没有数据管理、数据管理计划等服务，宣传不力	投入经费支持建设，配置人员，明确责任，构建服务，提供服务文档和培训。	研究人员积极参与相关培训，提供全面的数据服务。	服务普及，数据管理和保存已是机构重要的发展目标和使命。	基于用户反馈，不断改进和更新服务。
元数据管理	没有元数据标准，未规范管理元数据，仅有个别人理解元数据标准规范	建立元数据管理流程、责任和标准规范。元数据已经应用于关键数据集和数据共享。	建立标准管理流程，元数据应用于新数据集创建和数据共享，确保数据可查找和可访问。	收集元数据质量指标。所有数据集均以机器可读格式和具备标准元数据描述保存。元数据符合 FAIR 规范。	持续改进流程和功能。

续表

	阶段1 初期	阶段2 发展	阶段3 确定	阶段4 管理	阶段5 优化
	无流程、 宣传不足	开发流程中	流程逐渐 标准化	规范、 可控流程	持续改进
研究数据管理	数据随意存储。只有数据持有人了解数据存储位置。只有持有人本人或小组研究人员才能访问。存储格式不规范，重用范围有限。	建设机构数据存储库，建立数据标准。	建设应用良好的数据存储库。使用标准、开放格式管理数据。支持有限范围内数据交互、重用和共享。	数据仓储库运行良好，符合FAIR规范。所有数据集均以机器可读格式和开放标准格式存储。	基于用户使用统计和意见反馈，持续更新、改进、维护和宣传数据基础设施和服务。

8.7 实践指南

2015年8月，研究数据联盟（The Research Data Alliance，RDA）在南非开普敦举行的国际图书馆协会联合会年会上发布了图书馆开展研究数据管理的23项建议。该建议是RDA研究数据兴趣小组的研究成果，为开展研究数据管理服务提供了清晰、可操作的方法建议和扩展学习的资源信息[27]。根据该建议，提出开展研究数据管理的23项工作指南（表8.10），供读者参考和延伸阅读。

表 8.10　RDA 开展研究数据管理的 23 项工作指南

学习资源 -学习如何利用图书馆学原理解决问题并为研究数据提供新的服务	1. LIBER 给图书馆开始研究数据管理的“前十”条建议 http：//bit. ly/RDAthing1
	2. 相关概念介绍与解释 e－Science 词典 https：//nnlm. gov/data/thesaurus
	3. 理解研究数据生命周期模型与 DCC 监护生命周期模型 http：//bit. ly/RDAthing3
	4. MANTRA 图书馆员在线培训模块 http：//bit. ly/RDAthing4
	5. 阅读 Digital Curation Bibliography 最新文献 http：//bit. ly/RDAthing5
	6. SpringShare LibGuide Community 网站提供了十几个资源指南案例，供用户深入学习数据相关知识 http：//bit. ly/RDAthing6
数据参考与推广 -回答用户关于数据的问题，通过开展推广活动评估用户数据需求	7. 与研究者开展数据相关的对话 Conducting a Data Interview，http：//bit. ly/RDAthing7
	8. 通过阅读或创建自己的 Data Curation Profile 深入了解研究者的需求 http：//bit. ly/RDAthing8
	9. 开发帮助图书馆员融入研究数据管理的资料，如 DataOne Librarian Outreach Kit http：//bit. ly/RDAthing9
	10. DataQ 论坛上与数据相关的专家问 答 http：//bit. ly/RDAthing10
数据管理计划 -熟悉科研基金要求，为研究者撰写和实施有效的数据管理计划提供咨询与帮助	11. 以 DMPTool 为例，它列出美国多个基金组织对数据管理的要求并通过系列问答创建数据管理计划，英国、加拿大等其他国也有这样的工具 http：//bit. ly/RDAthing11
数据素养 -培训、帮助用户提升数据需求意识，提高使用和评估数据能力	12. 数据信息素养开发课程的项目和图书帮助图书馆员和其他教师将数据纳入信息素质宣传与教学中 http：//bit. ly/RDAthing12

续表

元数据 -帮助组织、分类和描述研究数据，建设元数据标准，使数据易于发现、理解与保存	13. 利用 Metadata Standards Directory 确定适当的元数据格式和推荐或应用的元数据标准 http：//bit. ly/RDAthing13
引用数据 -通过鼓励和应用数据引用，为数据集分配标识符，创建文档与数据间的链接来促进数据学术，帮助用户给予数据生产者合理的学术信用	14. DataCite 通过为数据集赋予数字对象标识（Digital Object Identifiers，DOIs）的方式令数据集可永久引用，帮助用户明确数据归属和影响力评估 http：//bit. ly/RDAthing14
数据许可与隐私 -帮助研究者使用适当的许可协议共享数据，同时保护学科机密信息或敏感数据。	15. 如何授权研究数据 数据监护中心可以帮助图书馆员与研究人员一起选择数据共享协议 http：//bit. ly/RDAthing15
	16. JISC 管理的 DATA-PROTECTION 有关敏感数据问题讨论的邮件列表 http：//bit. ly/RDAthing16
数字保存 -图书馆与档案界合作开发基础设施并实践，确保数据长期可访问与可利用	17. 理解相关国际标准规范、术语和模型，如 Open Archival Information System（OAIS）模型、ISO 16363 和 Data Seal of Approval 标准等
	18. 利用 COPTR 查找用于数字保存的工具 http：//bit. ly/RDAthing18
数据仓储 -提供机构仓储支持用户进行数据集发布和存档，或帮助研究者确定其他合适的数据仓储，以满足特定基金要求、特定学科和特定领域等需求	19. 通过检索 re3data. org 研究数据仓储注册发现合适的仓储 http：//bit. ly/RDAthing19
	20. 使用 figshare，Zenondo，Open Science Framework，DataVerse 等目前免费在线数据仓储发布和共享数据

续表

实践社区 -图书馆员之间，图书馆与研究者、技术人员、基金资助者、出版商及其他人员所处的大型研究社区应紧密合作发展科研数据管理的解决方案并共享最佳案例。	21. Australian National Data Service 是在联邦层面进行研究数据管理社区建设的案例，http：//bit. ly/RDAthing21
	22. 专注于研究数据和馆员参与年会包括：国际数据监护会议（International Digital Curation Conference，IDCC），研究数据保存与访问峰会（Research Data Access & Preservation Summit，RDAP），国际社会科学与信息服务与技术峰会（International Association for Social Science and Information Services & Technology，IASSIST）和研究数据联盟（Research Data Alliance，RDA）
	23. 加入研究数据联盟！ 加入一个可建立数据共享的社会与技术桥梁的国际联盟。如：Libraries for Research Data Interest Group，http：//bit. ly/RDAthing23

8.8 结语

在大数据和人工智能时代，数据驱动研究方法已经被各个学科应用，基于数据进行研究已经是趋势。重视与发展研究数据的管理与服务，已成为世界各国科研机构未来提升学术竞争力和影响力的重要发展战略之一。2018 年 4 月国务院办公厅发布科学数据管理办法后，可以预见，中国资助机构与科研机构的数据政策即将出台，研究数据管理服务也将成为图书馆重要的创新服务内容。图书馆应了解研究数据管理服务框架，规划本机构的服务内容，支持数据驱动研究，为基于数据的教学与研究提供支持，助力中国高等教育双一流建设和科技创新发展。

参考文献

[1] 陈大庆.英国科研资助机构的数据管理与共享政策调查及启示［J］.图书情报工作，2013,(08):5-11.

[2] 崔海媛,聂华,吴越,等.公共资助机构开放获取政策研究与实施——以国家自然科学基金委员会基础研究知识库开放获取政策为例 [J].大学图书馆学报,2017,35(3):79-86.

[3] 崔海媛,聂华,罗鹏程,等.资助机构开放获取知识库研究与构建-以国家自然科学基金基础研究知识库为例 [J].图书情报工作,61(11):45-54.

[4] WHYTE A.Final results from dcc rdm 2014 survey[EB/OL].[2018-08-01].http://www.dcc.ac.uk/blog/rdm-2014-survey.

[5] TENOPIR C,TALJA S,HORSTMANN W,et al.Research data services in european academic research libraries [J].Liber Quarterly,2017,27(1):23-44.

[6] COX A M,KENNAN M A,LYON L,et al.Developments in research data management in academic libraries:Towards an understanding of research data service maturity [J].Journal of the Association for Information Science and Technology,2017,68(9):2182-2200.

[7] YOON A,SCHULTZ T.Research data management services in academic libraries in the us:A content analysis of libraries' websites [J].College & Research Libraries,2017,78(7):920-933.

[8] The realities of research data management[EB/OL].[2018-05-01].https://www.oclc.org/research/publications/2017/oclcresearch-research-data-management.html.

[9] Creating a data management framework[EB/OL].[2018-06-07].https://www.ands.org.au/guides/creating-a-data-management-framework.

[10] How to develop rdm services-a guide for heis[EB/OL].[2018-05-01].http://www.dcc.ac.uk/resources/how-guides/how-develop-rdm-services.

[11] 崔宇红.机构研究数据管理实践探析:模型,核心服务和优先战略 [J].情报理论与实践,2017,40(8):19-22.

[12] 殷沈琴,张计龙,张莹,等.社会科学数据管理服务平台系统选型研究——以复旦大学社会科学数据平台为例 [J].图书情报工作,2013,57(19):92-96.

[13] 罗鹏程,朱玲,崔海媛,等.基于 dataverse 的北京大学开放研究数据平台建设 [J].图书情报工作,2016,60(3):52-58.

[14] 刘霞,饶艳.高校图书馆科学数据管理与服务初探——武汉大学图书馆案例分析 [J].图书情报工作,2013,57(06):33-38.

[15] WITTENBERG J,ELINGS M.Building a research data management service at the university of california,berkeley:A tale of collaboration [J].IFLA journal,2017,43(1):89-97.

[16] HODSON S,MOLLOY L.Current best practice for research data management policies:A memo for the danish e-infrastructure cooperation and the danish digital library[EB/OL].[2018-10-10].https://ora.ox.ac.uk/objects/uuid:de360744-ad4f-458b-95cd-162eb47e6bbb.

[17] VAN ZEELAND H, RINGERSMA J. The development of a research data policy at wageningen university & research: Best practices as a framework [J]. Liber Quarterly, 2017,27(1):153-170.

[18] YU F,DEUBLE R,MORGAN H.Designing research data management services based on the research lifecycle-a consultative leadership approach [J].Journal of the Australian Library and Information Association,2017,66(3):287-298.

[19] WILKINSON M D,DUMONTIER M,AALBERSBERG I J,et al.The fair guiding principles for scientific data management and stewardship[EB/OL].[2019-01-10].https://doi.org/10.1038/sdata.2016.18.

[20] Fair principles[EB/OL].[2019-01-10].https://www.go-fair.org/fair-principles/.

[21] Fairification process[EB/OL].[2019-01-10].https://www.go-fair.org/fair-principles/fairification-process/.

[22] PERRIER L,BARNES L.Developing research data management services and support for researchers:A mixed methods study [J].Partnership,2018,13(1):1-23.

[23] KOUPER I, FEAR K, ISHIDA M, et al. Research data services maturity in academic libraries[EB/OL].[2018-12-22].https://open.library.ubc.ca/cIRcle/collections/ubclibraryandarchives/494/items/1.0343479.

[24] 崔海媛,罗鹏程,聂华,等.新一代学术交流生态系统的研究与构建———以北京大学为例 [J].图书情报工作,2018,63(22):22-31.

[25] SAYRE F,BAKKER C,KELLY J,et al.Support for electronic lab notebooks at top american

research universities [J].Journal of eScience Librarianship,2018,7(2):1-8.

[26] 北京大学图书馆数据库导航[EB/OL].[2018-10-20].http://dbnav.lib.pku.edu.cn/.

[27] 23 things:Libraries for research data[EB/OL].[2019-01-20].https://www.rd-alliance.org/group/libraries-research-data-ig/outcomes/23-things-libraries-research-data-supporting-output.

第九章 研究数据管理服务推广案例——全国高校数据驱动创新研究大赛

在大数据与人工智能快速发展环境下，数据驱动研究已经渗透到所有学科，数据正成为研究的基础，价值日益重要。与数据受到高度重视相对应，国内研究数据本身的开放程度和管理水平还存在不足，研究者需要提升数据管理意识，了解和掌握数据分析和研究方法。而缺乏资助机构和机构数据政策的现状，也使得推动中国研究数据管理和开放共享非常困难。在现实条件下，机构如何发展研究数据管理和服务，本章通过介绍北京大学的服务推广的成果案例-首届全国高校数据驱动创新研究大赛，对参赛情况，对组织过程、评选方法、论文选题和研究方法进行深入分析。并以 133 篇获奖论文为例，通过词频、文本统计，分析参赛论文选题、内容、方法，研究各学科数据驱动研究热点与发展趋势，提出高校数据驱动研究服务支撑体系建议，供读者服务推广和建设服务体系参考。

9.1 大赛组织

2013 年被称为“大数据元年”[1]，2016 年被称为“人工智能元年”[2]。

在大数据和人工智能时代，数据的价值受到学术界、产业界和政府的高度重视。为了培养数据人才，很多高校与学会举办了数据大赛，如中国计算机学会的“大数据与计算智能大赛”[3]、清华大学的“中国高校计算机大赛——大数据挑战赛”[4]等。为了吸引数据人才解决热点和难点问题，大量竞赛平台在产业界涌现，Kaggle[5]、DataCastle[6]、阿里巴巴天池大数据竞赛[7]等竞赛平台吸引了数以万计的数据人才参与。为了推动研究和大数据产业发展，各省市政府近年来也举办了一些有影响力的数据比赛，如贵州省的“中国国际大数据挖掘大赛”[8]、广东省的“广东政务数据创新大赛”[9]等。在图书情报领域，上海图书馆举办的“开放数据应用开发竞赛”，通过面向全社会征集以开放数据为基础的优秀移动应用产品原型和服务创意，以期充分释放人文数据的价值[10]。

以上数据类比赛主要是算法模型和应用创新类大赛，且大多集中在计算机科学相关领域，缺乏全学科的、研究性的比赛。在大数据与人工智能快速发展环境下，数据驱动研究已经渗透到所有学科，需要面向全学科、研究性的数据比赛来促进高校的教学和科研。与数据受到高度重视相对应，国内研究数据本身的开放程度和管理水平还存在不足，数据管理意识也急需提升。为了促进高校学生基于数据进行研究，提高学术创新能力，促进研究数据的保存、共享和利用，由北京大学图书馆、北京大学信息管理系、南海大数据应用研究院主办，联合国家信息中心等多家机构合作组织了“首届全国高校数据驱动创新研究大赛”[11]（以下简称“大赛”）。大赛一经发布便吸引众多学生参赛报名，在全国高校范围内产生了较大的影响。

9.1.1 实施过程

大赛实施过程主要包括如下五个部分：

①大赛策划：2017-09 至 2017-11。笔者团队对国内外多个重要数据比赛

进行调研，对校内多个院系 16 位老师访谈需求，并结合数据服务，设计大赛方案。

②宣传报名：2017-11-24 至 2018-01-15。大赛于 2017 年 11 月 24 日正式发布，并通过多种渠道广泛宣传，包括社交网络（如微信、微博）、新闻媒体（如北大主页和新闻网、图书馆主页、微信公众号）、各高校图书馆（通过中国高等教育文献保障系统成员馆）、合作机构（如北京大学社科调查中心领域内院校宣传）、海报展板、线下多渠道动员等。同时举办启动与培训会、大赛咨询等相关工作。这一期间，有近 4 万用户访问了大赛主页，最终吸引了来自全国 169 所高校的 1 892 名同学参赛报名。

③成果提交与评审：2018-01-16 至 2018-03-22。报名结束后，来自 121 所高校的 968 名同学成功提交了作品。为了保证评审的客观、公正，组委会邀请国内各领域知名专家任指导委员会委员，同时邀请来自北京大学、中国人民大学、中国科学院等近 10 所著名科研机构的 25 位专家担任评审委员会成员。评审原则以选题价值、创新性、论证严谨性、工作量、规范性与数据原创性作为标准，每篇论文需经过论文查重、形式审查、两位专家初审、专家复审。最终，共有 13 支队伍进入现场答辩，120 支队伍获得优秀奖。

④现场答辩（2018-04-03）。现场答辩在北京大学阿卜杜勒·阿齐兹国王公共图书馆分馆举行，邀请北京大学、清华大学、中国人民大学、国家信息中心、腾讯研究院等 10 所机构的 13 名专家作为答辩专家组成员。通过参赛队员演讲展示、专家提问等环节，最终确定了特、一、二、三等奖得主。

⑤京陵峰会展示（2018-05-05 至 2018-05-06）。大赛特等奖、一等奖得主受邀在“第二届京陵大数据高峰论坛”主论坛介绍研究成果，二等奖得主在“数字中国”分论坛介绍研究成果。大赛参赛作品受到与会专家、企业代表的广泛好评，为大赛赢得良好口碑。

9.1.2 参赛情况

本次大赛在全国高校范围内引起广泛关注，共吸引来自北京大学等全国169所高校的1 892名同学参赛报名，共有593组队伍，其中本科生392组、研究生201组，平均每组队员3.19人。在参赛报名学校中，北京大学、武汉大学人数众多，分别为190人、146人。在参赛报名学科中，共涉及了56个一级学科，其中图书馆、情报与档案管理的报名队伍最多，达到102组，其次是应用经济学，达84组。

最终，来自121所高校的968人（共289支队伍）成功提交了参赛作品，在成功提交作品的学校中，北京大学、武汉大学、中山大学人数最多，分别达到139人、83人、38人。图9.1给出了成功提交作品人数最高的前20所高校，从图中可以看出，至少有20所高校成功提交参赛作品的人数在10人以上，部分高校报名阶段人数众多，但最终成功提交作品的人数却很少。在成功提交作品的学科中，共涉及45个一级学科，图9.2给出了成功提交作品最多的前20个一级学科。从图中可以看出，图书馆、情报和档案队伍最多，达到59组；其次是应用经济学、社会学、管理科学与工程、统计学、计算机科学也分别达到50组、27组、23组、19组、19组。

图9.1 成功提交作品的参赛队员高校分布情况（TOP 20）

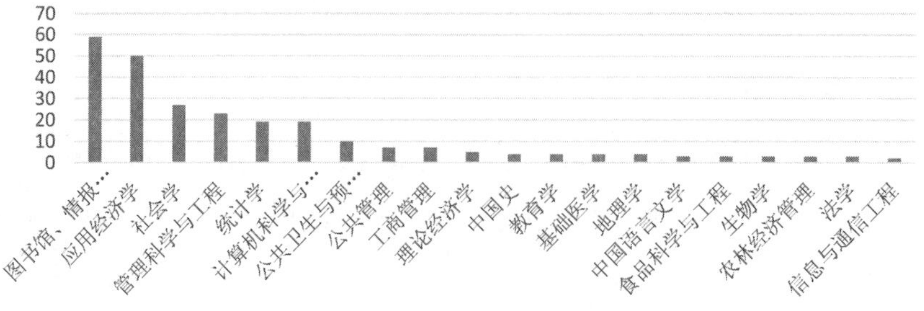

图 9.2　成功提交作品的参赛团队一级学科分布情况（TOP 20）

9.1.3　数据使用情况

大赛期间，北京大学开放研究数据平台（以下简称“开放数据平台”）[12]日均访客量、页面浏览量提升 10 余倍，分别达到 549 人、3 793 页，注册用户量与数据下载量均增加了 4 倍多。参赛队员在平台中提交了约 170 个数据集。

在通过形式审核的 233 篇论文中，有 103 篇论文使用平台已有数据，135 篇论文使用自带的原创性数据，同时使用平台已有数据和自己原创数据的共有 5 篇。图 9.3 统计了平台已有数据在本次大赛中的使用情况。从图可以看出，参赛队伍共计使用了 18 个平台已有数据集。使用量最多的为中国健康与养老追踪调查，达到 28 队；开放数据平台其次是中国家庭追踪调查，达到 22 队；佰职公开职位大数据信息、互联网招聘网站数据、中国老年健康影响因素跟踪调查使用量也较多，均达到 9 队。

参赛队伍使用数据情况与笔者前期调研情况表明：数据已是全学科研究基础，研究者需要高质量的大数据提交、发布和研究服务平台；高质量调查数据、招聘数据与社交媒体数据仍是人文社科经济学领域研究者重点关注的研究数据。

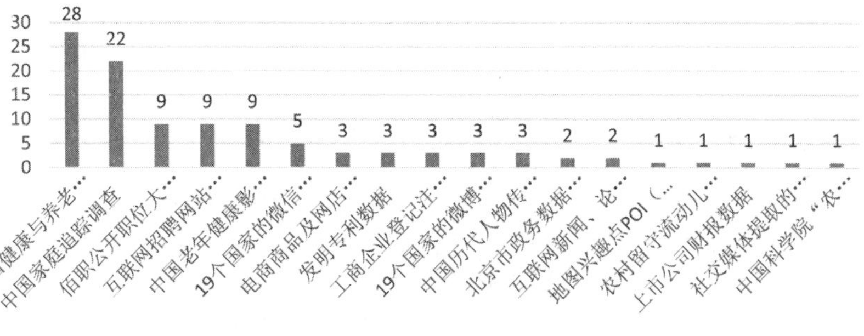

图 9.3　平台已有数据使用情况

9.2　参赛论文数据分析

9.2.1　分析研究方法

以 289 篇参赛论文为研究对象，通过数据分析，从总体上研究各学科基于数据驱动研究的选题。针对 133 篇获奖论文[13]，依据参赛作品数量和学科类别，将提交的论文归属到计算机、理工农医、人文社科、经济管理与图书情报五个领域，分别分析其研究主题与方法，研究各学科在数据驱动研究领域的研究现状与数据需求特点。主要运用以下分析研究方法：

①分词词频统计

中文文本不像英文文本词与词之间有空格隔开，因此对于中文文本的分析，第一步便是分词。在对文本分词之后，对词频进行统计，从高频具有实质意义的词语可以看出本次数据大赛的研究热点。

②词频逆文本频率指数（Term Frequency-Inverse Document Frequency，TF-IDF）

TF-IDF 是一种统计方法，用以评估单一字词对于一个文件集或一个语料库中的其中一份文件的重要程度。公式表达如下：

$$D_i = (TF-IDF_{i1}, TF-IDF_{i2}, \cdots, TF-IDF_{in}), \ 1 \leqslant i \leqslant N$$

$$TF-IDF_{ij} = TF_i(w_j) \times IDF(w_j), \ 1 \leqslant j \leqslant n$$

$$IDF(w_j) = log\frac{N}{df(w_j)}, \ 1 \leqslant j \leqslant n$$

其中，N 为文档的个数，n 为所有文档中词语的个数，w_{ij} 为文档 D_i 中词语 w_j 的频次，$df(w_j)$ 为词语 w_j 出现在了多少文档中。字词的重要性随着它在文件中出现的次数成正比增加，但同时会随着它在语料库中出现的频率成反比下降。TF-IDF 加权的各种形式常被搜索引擎应用，作为文件与用户查询之间相关程度的度量或评级。运用 TF-IDF 算法可以用来发现单一文档独特的，区别于其他文档的关键词。

③TextRank 算法

TextRank 算法是一种用于文本的基于图的排序算法。其基本思想来源于谷歌的 PageRank 算法，通过把文本分割成若干组成单元（单词、句子）并建立图模型，利用投票机制对文本中的重要成分进行排序，仅利用单篇文档本身的信息即可实现关键词提取、文摘。和 LDA、HMM 等模型不同，TextRank 不需要事先对多篇文档进行学习训练，因其简捷有效而得到广泛应用。

本研究应用 TextRank 算法提取关键词，对自动文摘的文本进行分析。每个词作为 TextRank 中的一个节点，通过共同出现在句子中的共词关系（也可控制句子的长短）构建网络，并根据此网络计算出每个节点（词）的重要性，提取关键词。最重要的若干词可以作为区分文本类别和主题的关键词。

④ LDA 主题模型

主题模型的代表 LDA 模型，建立词语、主题、文档三者之间的关系，通过控制主题的个数和迭代次数生成主题模型。该主题模型一般由两部分构成：

第一部分：文本-主题向量

$$D_i = (P_{iTopic1}, P_{iTopic2}, \cdots, P_{iTopicm}), 1 \leqslant i \leqslant N$$

其中，m 为主题的数目，N 为文档的个数，$P_{iTopicj}$ 表示文档 D_i 对应到主题 $Topic_j$ 的概率。

第二部分：主题-词语向量

$$Topic_j = (P_{jw1}, P_{jw2}, \cdots, P_{jwn}), 1 \leqslant j \leqslant m$$

其中，P_{jwk} 表示主题 $Topic_j$ 生成词语 w_j 的概率。

分析数据包括两部分：

- 论文标题、关键词、文摘
- 论文全文

在文本分析中，常用文献标题、关键词、文摘作为分析原料，一般来讲，文献的标题、关键词、文摘是文献的核心关键词集中出现的地方，文本数据量虽然比论文全文少，但相对噪音较少。分析结果与文摘、关键词质量关系较大，因此本文选取两方面的数据进行分析，并对结果进行比较。

9.2.2 研究主题分析

利用百度 AI 开放平台语言处理基础技术[14]中词法分析接口，对 289 篇参赛论文的标题进行分词处理，统计各标题中名词和动词出现的频次，结果如表 9.1、表 9.2 所示。从表中可以发现，“数据”一词出现的次数最多，高达 68 次，充分反映出参赛队伍紧扣“数据驱动”的大赛主题。对表中数据进行总结，可以发现各参赛队伍注重数据分析，关注于“网络”、“信息”、“老年人”、“家庭”、“教育”、“招聘”、“企业”等主题的“影响”、“因素”、“行为”、“特征”等方面的“分析”、“挖掘”、“预测”、“实证”研究等。

表 9.1　标题中名词出现次数排名（频次 5 以上）

名词	频次	名词	频次	名词	频次	名词	频次	名词	频次	名词	频次
数据	68	中	13	方法	8	大数据	7	技术	6	模式	5
因素	33	模型	12	CHARLS	8	用户	7	互联网	6	聚类	5
例	26	需求	12	系统	8	情况	7	领域	6	收入	5
下	23	文本	11	热点	8	微博	7	视角	6	学生	5
实证	21	中老年	10	人才	8	知识	7	科学	6	CFPS	5
国	21	信息	10	状况	7	环境	6	农村	5	情感	5
老年人	19	企业	9	城市	7	机制	6	子女	5	机器学习	5
家庭	16	社会	9	经济	7	心理	6	资本	5	金融	5
网络	16	特征	9	人	7	关系	6	市场	5		
行为	16	现状	8	行业	7	职位	6	政策	5		

表 9.2　标题中动词出现次数排名（频次 5 以上）

动词	频次	动词	频次	动词	频次	动词	频次	动词	频次	动词	频次
研究	104	预测	19	基于	13	可视化	8	创新	6	追踪	6
分析	96	挖掘	16	发展	11	养老	8	消费	6	探究	6
影响	59	调查	15	教育	9	评价	7	参与	6	应用	5
为	29	招聘	14	服务	8	识别	7	利用	6	相关	5
										构建	5

利用百度 AI 开放平台语言处理基础技术中短文本相似度接口，计算参赛论文标题两两之间的相似度，再利用 scikit-learn[15] 中谱聚类算法对论文标题进行聚合（尝试了不同参数，最终选择 8 个类）。从聚类结果中发现两个类有明显含义：一个是关于“老年人”和“养老”主题的研究（共有 42 篇论文），另一个是关于“招聘”和“人才”主题的研究（共有 24 篇论文）。从表 9.1 和表 9.2 中相关名词、动词的出现频率可以观察到，这两个主题确实涉及较多论文。随着我国人口老龄化的加速，老年人心理健康、生活满意度、

养老和社会保障等问题日益突出，通过大赛中关于这一主题众多成果可以看出，学术领域十分重视对这一社会问题的研究。招聘和人才一直是社会关注的焦点，同时也是同学们以后会面临的问题，参赛作品中涉及这一主题的论文较多，反映出同学们对此的关心。

9.2.3 词频统计分析

对标题、关键词、文摘文本研究分析，其词频大于等于 60 的词如表 9.3 所示，整体词云如图 9.4 所示。

表 9.3 词频统计分析

词	词频	词	词频	词	词频
研究	621	预测	132	技术	79
数据	616	网络	124	文本	77
分析	478	相关	122	时间	77
影响	429	经济	115	领域	76
模型	294	招聘	108	系统	72
基于	275	养老	105	需求	71
中国	253	用户	103	政策	70
因素	227	生活	98	关注	70
方法	218	回归	96	同时	69
发展	208	企业	92	构建	68
信息	166	行业	91	算法	67
老年人	159	显著	87	服务	64
社会	153	关系	87	变量	64
健康	152	地区	83	调查	63
问题	140	城市	83	分类	63
教育	140	特征	83	创新	61
家庭	137	行为	80	收入	60

图 9.4　研究主题整体词云图

对每篇论文选取 TF-IDF 值 Top 10 的词语作为关键词，选取出现该关键词篇数大于等于 15 的关键词，分析结果如表 9.4 所示。

表 9.4　TF-IDF 关键词分析结果

关键词	出现篇数	关键词	出现篇数	关键词	出现篇数
研究	113	回归	28	算法	20
数据	104	招聘	28	系统	20
分析	100	CHARLS	27	社会	19
影响	84	发展	26	相关	19
模型	76	用户	24	教育	19
因素	54	养老	23	探究	18
追踪调查	41	网络	23	生活	16
老年人	40	文本	22	微博	16
健康	35	家庭	22	评价	15
预测	32	可视化	21	行为	15
方法	31	数据分析	21	分类	15
数据挖掘	28	挖掘	20	特征	15

对每篇选取 textRank 排名 Top 10 的词语为关键词，选取出现该关键词篇

数大于等于 20 的关键词，分析结果如表 9.5 所示。

表 9.5　textRank 关键词分析结果

关键词	出现篇数	关键词	出现篇数	关键词	出现篇数
研究	186	老年人	38	行业	23
分析	179	网络	35	行为	22
数据	168	经济	34	挖掘	22
影响	122	家庭	34	时间	22
模型	86	生活	33	政策	22
因素	76	回归	33	城市	21
利用	63	教育	31	地区	21
发展	59	调查	30	文本	21
方法	57	用户	27	分类	21
预测	45	招聘	25	系统	21
相关	45	特征	24	构建	21
社会	41	技术	24	变量	20
信息	40	关系	23	领域	20

从词频统计分析，可以看出：（1）大赛论文研究主题集中在基于数据的研究分析。（2）研究方法主要是通过构建模型算法，对数据进行分析，预测发展和趋势。文本分析仍是当下数据驱动研究的主要方法。（3）研究内容涉及“老年人”、“养老”、“招聘”和“人才”主题较多。可以看出，人文社科研究领域研究者关注社会热点，老龄化社会研究主题备受关注，老年人心理健康、生活满意度、养老和社会保障等问题被广泛关注。招聘和人才研究，反映出高校学生对未来就业的关注。

9.2.4 全文文本分析

对论文全文文本进行词频统计分析，词频大于等于 500 的词如表 9.6 所示。

表 9.6 全文词频统计分析

词	词频	词	词频	词	词频
研究	7314	分布	1074	概率	612
发展	2737	农村	1062	阅读	607
信息	2663	养老	1027	活动	604
社会	2396	学习	1025	资产	602
因素	2325	评价	881	聚类	593
相关	2062	年龄	872	关联	591
企业	2019	计算	861	医疗	588
特征	1876	情感	843	女性	584
关系	1702	创新	814	孩子	579
收入	1601	文献	799	专业	579
样本	1542	平台	778	性别	578
地区	1502	市场	773	图书馆	565
指标	1359	知识	756	儿童	563
学生	1323	资本	747	相关性	554
分类	1293	学历	737	支出	533
生活	1266	应用	725	阶段	524
领域	1231	关注	722	公司	514
检验	1225	评论	645	岗位	511
工作	1189	人群	617	个人	505
差异	1108	科学	613		

每篇选取 TF-IDF 值 Top 10 的词语作为关键词，选取出现该关键词篇数大于等于 10 的关键词，分析结果如表 9.7 所示。

表 9.7 TF-IDF 分析结果

关键词	出现篇数	关键词	出现篇数	关键词	出现篇数
数据	96	回归	19	聚类	12
研究	76	社会	18	行为	12
模型	66	用户	18	程度	12
分析	62	城市	16	检验	12
变量	58	特征	16	问卷	12
影响	52	学历	15	农村	12
老年人	26	算法	15	满意度	11
家庭	26	网络	15	服务	11
样本	25	水平	15	子女	11
预测	23	评价	14	学生	11
显著	23	因素	14	CHARLS	11
教育	23	招聘	14	薪资	10
健康	22	行业	13	节点	10
信息	22	指标	13	企业	10
收入	19	文本	13	情感	10

每篇选取 textRank 排名 Top 10 的词语为关键词，选取出现该关键词篇数大于等于 12 的关键词，分析结果如表 9.8 所示。

表 9.8 TextRank 分析结果

关键词	出现篇数	关键词	出现篇数	关键词	出现篇数
研究	167	网络	25	地区	16
数据	165	相关	24	时间	16
分析	130	城市	23	学习	15
影响	104	用户	23	评价	14
模型	76	生活	22	选择	14
变量	63	特征	22	服务	14
信息	55	回归	21	文本	14

续表

关键词	出现篇数	关键词	出现篇数	关键词	出现篇数
社会	50	收入	21	招聘	14
中国	47	行业	21	检验	13
因素	45	指标	20	学生	13
发展	43	行为	20	学历	13
经济	40	样本	18	技术	13
家庭	34	企业	18	调查	13
教育	30	算法	18	经验	12
预测	29	工作	17	年龄	12
水平	27	农村	17	需求	12
老年人	27	数量	16	关系	12
方法	26	分类	16		

9.2.5 LDA 主题分析

主题分析中运用标题、关键词、文摘文本分析结果较差，因此运用全文数据进行主题分析。TF-IDF 选取每篇 TOP 40 的关键词作为 LDA 分析文本，共划分为 5 类，将共同的关键词删除后如表 9.9 所示。

表 9.9　LDA 主题分析关键词

类别号	类别关键词	计数
1	信息 评价 发展	43
2	样本 教育 特征	40
3	家庭 显著 健康	46
4	用户 因素 特征	57
5	回归 信息 社会	49

以上分析中发现 TF-IDF 分析方法提取关键词效果较好，LDA 主题分析

中，将参赛论文分为五类，各类主题较为鲜明。从中可以发现：

① 大赛论文主要研究热点：健康、养老、招聘、企业、老年人、教育。

② 主要研究方法：数据分析、数据挖掘、建模、预测、回归。

③ 充分体现数据大赛特点，研究以数据为核心。

④ 与成熟学者相比，年轻的参赛选手在文摘撰写、关键词选取方面有待提高，需要提高论文写作能力。

9.3 学科研究热点分析

9.3.1 计算机学科

通过形式审核的计算机类论文共有 19 篇，其中 1 篇获得特等奖、1 篇获得二等奖、另有 9 篇获得优秀奖。这些论文主要以现实需求为背景，利用机器学习、数据挖掘等方法解决所面临的问题。中国人民大学史嘉彤等的论文“AASC：基于 Logistic 曲线与深度回归的众筹项目建议自动生成系统”，以众筹项目成功性预测和持续时长的建议为目标，收集 Kickstarter 中众筹项目数据，利用深度回归和四变量逻辑回归（Logistic）构建了预测模型。论文立意新颖、论证合理、分析深入、数据规范，具有较好的应用前景，得到初审、复审、答辩专家的一致认可，最终获得特等奖。中山大学张驰俊等的论文“基于 GBRT 的电影日票房预测建模”，以电影日票房预测为目标，收集电影资讯网站中的影片属性、用户评论以及演员百度指数等数据，利用梯度渐进回归树构建了预测模型。论文思路清晰、数据收集得当、特征分析翔实，具有创新性和应用价值，经过现场答辩获得二等奖。

其他参赛队伍有从校园生活入手，基于校园大数据构建学生画像，并利用机器学习算法实现奖助学金预测、失联预警、成绩预测等；有以可穿戴设备人机交互需求为背景，利用智能手环收集运动数据、构建特征，使用机器学习分类算法实现手势识别，并应用于游戏控制。还有使用支持向量机算法对股票进行预测，使用关联规则、K 均值聚类等数据挖掘方法对招聘数据进行分析，使用主题模型、情感分析等文本挖掘算法对微信公众号、学生评教文本进行分析。也有算法设计与实现类的论文，如社交网络中意见领袖识别算法。

通过对计算机类的参赛论文分析可知，目前计算机学科领域数据驱动的研究集中于深度学习等机器学习类算法、关联规则等数据挖掘算法的研究与应用。在大数据驱动下，深度学习是当前计算机领域的热门研究。

9.3.2 理工农医学科

通过形式审核的理工农医类论文共有 35 篇，其中 1 篇获得一等奖、1 篇获得二等奖、1 篇获得三等奖，另有 17 篇获得优秀奖。这些论文均从各自学科领域问题出发，基于数据进行问题分析、模型改进等工作。北京大学吴瑶等的论文“中国人群的心血管发病风险及预测”，通过利用“中国健康养老追踪调查”中居民健康相关信息，对三种心血管发病风险预测模型进行了评估。并在评估的基础上，筛选出相关危险因素，建立新的预测模型并进行相关检验。该研究选题具有较大的社会意义和应用价值，通过现场答辩得到专家认可，并获得一等奖。浙江大学陈万成等的论文“基于数据挖掘方法的 HEDONIC 房屋价格评估模型--以美国城市西雅图为例”，以基于数据的自动房屋价格评估为目标，将随机森林、神经网络、K 最近邻三种数据挖掘算法与 HEDONIC 模型相结合，得到了效果更优的模型。该研究选题具有一定的应用价值，在模型算法上有一定的创新，经过现场答辩获得二等奖。首都医科大学张莹等的论文以北京市顺义区妇幼保健院临床实验数据为基础，针对霍夫曼（Hoffmann）方法选择数据方面存在主观性的不足进行了分析研究，经过现场答辩获得三等奖。

其他参赛队伍有以保健食品本体构建为目标，通过获取中药材网站、百度百科等数据，综合利用自然语言处理等方法半自动地构建本体。有从提升高速公路管理运营效率为出发点，构建绿色通行车辆画像，利用机器学习算法设计实现假冒绿通车识别系统。有以南京紫金山西麓中山植物园内南方红豆杉为对象，采集相关数据，量化南方红豆杉与邻近木之间的竞争状况，分析种群的更新方式以及林分结构与植株生长之间的关系。还有基于统计、GIS等分析方法对老龄人口常见疾病发病率和环境因素进行时空探索分析；有基于电子鼻技术和机器学习方法识别中药种类和产地；也有结合国家战略，利用大数据方法研究海上丝绸之路石油运输发展。

通过对理工农医类参赛论文分析可知，目前数据驱动的研究聚焦于本学科研究问题，从各种途径采集并分析数据，研究分析方法主要来自各领域研究提出的模型和统计学方法。此外，部分研究论文也开始使用计算机领域的最新研究方法，将机器学习、数据挖掘、自然语言处理等方法应用于本学科问题解决。

9.3.3 人文社科学科

通过形式审核的人文社科类论文共有52篇，其中2篇获得三等奖，另有28篇获得优秀奖。北京大学周丽玮等的论文“大数据视阈下2015—2017年大气污染治理政策对‘雾霾’网络舆论的影响”，基于PM2.5观测数据、新浪微博数据，通过统计分析、情感分析等技术手段，比较了近年来雾霾治理的成效以及与网络舆论间的关系。该研究选题较为新颖，有一定应用价值，经过现场答辩，获得三等奖。南京大学贺鲲羽和中南大学彭圣钦的论文“教育获得的多代传递：基于中国家庭追踪调查2010年数据的分析”，基于开放数据平台“中国家庭追踪调查”数据，运用偏比例优势模型估计祖代的教育程度对孙代学习进度的效应。该论文方法严谨、撰写规范，经过现场答辩，获得三等奖。

其他参赛队伍有利用贝叶斯统计方法的分层负二项回归模型，考察高速公路建设与制造业企业进入退出之间存在的因果关系。有基于中国历代人物传记资料库，利用社会网络社群发现方法分析宋朝元祐年间文人和政治人物之间关系；也有分析北宋熙宁变法中变法派与保守派代表人物的社会关系，探究熙宁变法与朋党政治之间的关联。有以北京市近年的第三产业比重为研究对象，运用多元线性回归和神经网络进行分析和预测。还有利用中国健康与养老追踪调查数据，采用回归模型分析老年人主观幸福感的影响因素，研究数字鸿沟对老年人生活满意度的影响。

通过对人文社会科学类参赛论文分析可知，目前数据驱动的研究方法主要以统计学为基础，运用描述性统计、相关性分析、回归分析等手段分析问题。部分参赛论文也会融合自然语言处理、机器学习、社会网络分析方法，总体来看，这类方法使用的还不是很广泛。这表明人文社科领域的数据驱动研究方法，仍需要进一步与计算机学科更深度交叉融合，应用计算机最新研究技术，产生更具创造性的研究方法和研究成果。

9.3.4 经济管理学科

通过形式审核的经济管理类论文共有 74 篇，其中 1 篇获得二等奖、2 篇获得三等奖，另有 39 篇获得优秀奖。东北财经大学张梦吉等的论文“引入新闻短文本的个股走势预测模型”，选取与股价有强相关性的资金流向、公司财务指标等定量数据，同时引入由深度学习模型自动提取新闻事件数据，建立个股走势预测模型。该论文选题具有实际应用价值，数据分析方法科学且有一定的难度，经过现场答辩获得二等奖。武汉大学王宠霖等的论文“数据驱动下的股票市场短期预测”，通过多种途径采集数据，比较分析了传统统计分析方法、逻辑分类以及深度学习对一分钟高频交易股价变化趋势预测的效果。该论文选题具有实际应用价值，经过现场答辩获得三等奖。南开大学温旭东等的论文“捕捉‘隐形的篮子’——微观经济智能决策系统”，利用大数据、机器学习相关方法，融合劳动力市场、金融市场、行业发展、投资情绪、天气因素、地理特征等多样化数据，构建了微观经济决策系统，并对其中的工资波动预测、股票智能推荐、投资组合三个模块进行分析。该研究使用多种数据源、工作量较大，具有一定的市场转化价值，经过现场答辩获得三等奖。

其他参赛队伍，有采用社会网络方法对招聘求职数据进行分析，研究互联网招聘职位与求职者的优化匹配。有采用文本聚类、情感分析、机器学习等手段分析微博数据，研究北京市群租房问题。有基于电商商品及网店数据，使用数据可视化、回归模型挖掘商品和商家之间的关系，帮助商家寻找适合的盈利模式。有基于重型货车北斗车联网数据，通过地图可视化及聚类方法对危险报警行为进行区域分析。有基于“一带一路”沿线国家区位特征与投资项目信息，用机器学习模型推荐适合投资的国家。还有通过构建知识图谱的方式对互联网行业招聘数据集进行挖掘，分析人才需求并为应聘者提出建议。

通过对经济管理类参赛论文分析可知，目前数据驱动研究方法中机器学习、数据挖掘等方法应用得较多。在经济管理中，有许多可以根据历史信息预测未来发展变化的研究问题，这些问题非常适合机器学习方法应用。因此，许多经济管理类的参赛论文都或多或少使用了最近较热门的深度学习等机器学习方法。

9.3.5 图书情报学科

通过形式审核的图书情报类论文共有 53 篇，其中 3 篇获得三等奖，另有 27 篇获得优秀奖。武汉大学周莉娜等的论文“中文诗歌知识图谱构建与服务”，以中国历代人物传记资料库、古代史知识库等数据为基础，进行数据抽取和知识融合，构建中文诗歌知识图谱，在此基础上实现诗歌知识查询、语义检索、智能问答等功能。知识图谱是图情领域研究热点，经过现场答辩，该论文获得三等奖。合肥工业大学江仔玲等的论文“社会化阅读环境下阅读内容计量研究--以阅读推广类微信公众号推送文章为例”，基于清博指数大数据平台采集阅读推广相关微信公众号数据，通过统计分析、信息计量等方法对公众号文章特征进行深入分析，获得三等奖。北京大学李洪伟等的论文“基于时序狄利克雷过程主题模型的数据挖掘分析--以知乎求职话题为例”，以知乎“求职”话题下用户原创文章为数据源，通过基于时序狄利克雷过程的主题模型，对话题热点和时序演化情况进行了剖析，获得了三等奖。

其他参赛队伍有利用情感分析、文本聚类、主题模型等手段分析网络大数据，探究江南古镇旅游形象同质化问题。有以科学引文索引（Web of Science）网络版中特定领域文献数据为基础，通过文献计量方法分析跨学科领域的演化情况。有利用共引文献数量、引文位置和顺序等信息设计论文查重算法，提高查重检测效果。有利用地理信息系统等工具，实现古代京官籍贯地理分布的可视化呈现与诠释。有利用情感分析、聚类和主题模型分析双十一微博话题热点和情感倾向的变迁。有以微博中“祈福锦鲤”的转发数据为基础，综合运用统计分析、社会网络分析、自然语言处理等手段分析吉祥物转发祈福的用为行为特征。还有以国内外健康问答社区的数据为基础，运用社会网络分析、内容分析等手段识别用户信息需求。

通过对图书情报类参赛论文分析可知，目前数据驱动研究方法以自然语言处理、文本挖掘、数据挖掘、社会网络分析等计算机类方法为主，同时也包含统计分析、信息计量等手段。在图书情报领域，无论是网络用户行为分析、知识组织与管理、网络文本和科学文献分析等，都离不开计算机信息处理手段。因此，相比其他非计算机类学科，图情领域应用计算机类方法最为突出。

9.4 数据驱动研究服务支撑体系设计

9.4.1 全学科数据驱动研究

通过前期调研、大赛参与情况、数据统计与参赛作品内容分析，可以发现，在学术交流新生态环境下，呈现全学科数据驱动研究的态势。

(1) 数据资源已是全学科研究基础，价值日益重要

数据正成为科学研究的基础，对数据本身的研究、建设、保存和共享成为各学科领域的重要工作。在自然科学与工程领域，数据的重要性不言而喻，国内一些机构很早便开始了科学数据的建设工作，例如中国科学院从 1986 年开始启动科学数据库工程，现已建成科学数据云[16]；国家科技部也从 2002 年开始实施“国家科学数据共享工程”，在资源环境、农业、人口与健康、基础与前沿等领域开展了科学数据共享工作[17]。在人文社会科学领域，数据资源的建设在近年来获得突发猛进的发展。从国家社科基金项目立项情况[18]可以发现，以数据库建设为目标的项目（题名包含“数据库”）在 2010 以前每年均在 5 项左右，2011 年达到 17 项，之后开始快速增长，在 2017 年达到历史最高的 39 项，其中重大项目就有 24 项。

在大赛策划阶段，笔者团队对北京大学多个院系十多位教师进行了访谈调查。在访谈中，教师都表示需要数据支撑教学和科研，并希望能够有更加方便的途径获取数据资源，提升教学和科研效率。数据资源是学术交流新生态系统中的重要基础，已经超越文献资源的价值，成为教师、研究者、学生学习和研究的支撑性资源。正是因为数据本身的价值受到如此广泛的重视，在大赛策划发起后，短短 2 个月内就获得了校内外众多机构的合作与支持。

(2) 数据驱动成为全学科研究方法、学科交叉创新凸显

当前，大数据和机器学习的不断发展使得数据处理能力得到极大提升，数据驱动逐渐成为几乎所有学科可以利用的研究方法。本次大赛成果来自数十个一级学科，涉及理、工、农、医、人文、社科等领域，数据驱动研究方法不再局限于对计算分析要求较多的理工科，已经扩散至社会科学，甚至是人文科学，经成为全学科研究方法。从参赛作品来看，图书情报、经济管理应用机器学习、数据挖掘、自然语言处理、社会网络分析等数据驱动类研究方法较多，人文社科类主要还是以统计方法为主，理工农医也主要以各学科自己的模型和统计方法为主，少数研究会使用最新的计算机类方法。

学科交叉融合能够做出更多创新性研究，在本次大赛中存在许多跨学科研究。例如，有信息管理学科的同学对历史、计算机、经济学问题进行研究，也有理工科专业的同学研究图书情报、经济管理领域的问题，还有许多跨学校、跨院系的研究团队。数据驱动研究范式，需要多学科交叉融合，碰撞出更多的创新火花。

(3) 对数据驱动研究方法的关注与学习，是高校师生的普遍需求

大赛得到的高关注度和广泛参与度，表明数据驱动研究已经成为高校师生的普遍需求。应对大数据发展趋势，高等教育已经在变革，在学习门户网站（Studyportals）统计中，美国有 104 所高校设置“数据科学与大数据”（Data Science & Big Data）本科专业[19]。在中国，2016 年 2 月，北京大学、对外经济贸易大学、中南大学首次成功申请到“数据科学与大数据技术”本科新专业。2017 年 3 月，第二批 32 所高校获批。2018 年 3 月，教育部最新公布的高校新增专业名单中，有 248 所学校获批，是过去两次审批通过额度近 8 倍[20]，数据科学已成为当下高校最热门专业领域。除数据科学专业、信息科学专业外，量化社会科学、数字人文研究也成为人文社科领域研究热点，表明数据驱动研究方法需求广泛。设计与提供数据驱动研究服务体系，满足师

生对数据研究与学习的需求，成为高校教学科研服务支撑体系的迫切需求。

(4) 提升师生数据素养、建设数据学习空间（平台），日益重要

通过参赛作品评审，发现部分参赛团队选题创新性和新颖性还有不足，对数据清洗和数据规范描述不够清楚，数据分析方法相对单一，某些学科领域以描述和统计方法居多，数据挖掘深度不够，样本量不足，论文学术规范性问题较多，对主题以往相关研究的综述分析不够深入。这些问题说明，高校学生对数据驱动研究的热情和关注度很高，但对数据使用、数据分析方法和数据挖掘技术掌握不够。反映出高校需要加强师生数据素养培训和指导，提升数据意识。新的研究方法和领域，需要数据资源、研究案例和工具软件支持，需要尽快建设数据学习空间（平台），支持数据驱动教学和科研需要。普遍存在的论文学术规范性问题说明需要进行学术研究和论文写作规范培训和指导。

9.4.2 数据驱动研究服务支撑体系设计

大数据和人工智能影响全球各行各业，数据驱动研究已是全学科研究范式，高校教学、科研也随之转型，一流教学和科学需要一流的服务体系支撑，设计与建设高水平的数据驱动研究服务支撑体系成为高校建设一流教学和科研服务的重要内容。欧洲、美国、澳大利亚等多国一流高校已经建设与提供数据服务[21-23]。笔者根据国内外高校数据服务调研和大赛研究，建议数据驱动研究服务支撑体系设计（表 9.10）应考虑数据素养、学习支持、研究支持、数据长期保存和数据政策等五部分内容。高校应确定由信息化建设机构、图书馆等相关职责部门研究和制定数据政策，开展数据素养培训，为教学和科研过程提供数据服务，为数据完整保存、复用提供长期保存支持。

表 9.10　数据驱动研究服务支撑体系

数据素养	学习支持	研究支持	数据长期保存	数据政策
数据素养培训	开放数据资源平台	项目管理私有云服务	研究数据保存服务	数据政策制定与发布
数据能力培训	数据资源导航	研究过程数据管理服务	元数据标准	政策服务（国家、资助机构、机构、期刊）
工具软件	数据学习空间	创新研究孵化空间	存储保存	知识产权服务
研究培训	教学案例库	工具软件	安全备份	
学术规范培训	工具软件		源代码保存	
数据资源培训				

① 数据素养

数据素养培训：开展相关的数据素养培训和咨询，包括数据的概念、价值、数据生命周期，以及国家、资助机构、研究机构数据政策。数据能力培训：开展数据清洗、规范描述和分析标准规范、方法培训。工具软件：数据分析和挖掘等工具软件（R、Python 等）使用培训。研究培训：研究过程中数据管理和数据方法等培训。学术规范培训：开展论文写作技巧与数据引用、出版合同签署、出版媒介选择、数据版权和发布等服务支持。数据资源培训：提供数据资源搜索发现服务培训，了解和使用数据资源。

② 学习支持

开放数据资源平台：提供高质量研究数据发布与检索服务，为研究者提供数据发布和检索入口服务。数据资源导航：提供国家、国际组织、资助机构等数据研究最新发展动态（网站、手册等），提升研究者数据素养，帮助研究者了解最新研究进展。数据学习空间：以开放数据平台为基础，建设数据学习空间，提供数据、案例、工具软件、在线学习、数据竞赛等服务，为学习者提供从初学者到研究者过程中学习空间。教学案例库：以开放数据平台为基础，提供教学案例资源（数据、研究成果），不断迭代，以案例支持教学提升。工具软件：数据软件、工具与服务平台，为学习者提供支持。

③研究支持

项目管理私有云服务：研究过程中数据管理私有云服务。研究过程数据管理服务：研究过程中项目管理平台和服务支持，以专职数据服务人员、平台和工具软件等多种服务，为研究者提供研究过程中数据服务支持。创新研究孵化空间：提供数据创新研究、教学与产业孵化服务，以活动、比赛、技术转化等方式，推动校企合作，建设创新研究和产品孵化。工具软件：研究过程中的数据管理软件、工具与服务平台，为项目团队提供数据管理支持。

④ 数据长期保存

研究数据保存服务：建设数字资源长期保存体系服务，保障数据资源长期保存。元数据标准：制定数据资源元数据标准规范。存储保存：提供数据存储保存基础设施、平台和服务。安全备份：制定数据安全备份制度。源代码保存：源代码保存平台，为研究者提供项目源代码长期保存服务。

⑤ 数据政策

数据政策制定与发布：研究制定与推动机构研究数据管理和服务政策，推进开放学术交流。政策服务（国家、资助机构、机构、期刊）：数据政策培训，帮助研究者了解国际、国际组织、资助机构、机构和期刊数据政策，顺利完成项目申请和成果发表。知识产权服务：数据、成果等知识产权培训与服务，帮助研究者了解知识产权法律法规。

在大数据和人工智能时代，数据的价值日益凸显，数据驱动研究方法渗透到各个学科领域。为了促进高校学生基于数据进行研究，提高学术创新能力，促进研究数据的保存、共享和利用，北京大学图书馆和信息管理系面向全学科领域，推出研究型的数据驱动创新研究比赛，获得了全国高校和研究机构的广泛关注，促进了教学和科研。当前，世界各国均将数据视为战略资源，纷纷抢占发展先机，制定和推动发展战略规划。中国高校正处于“双一流”建设发展机遇中，高校需要建设一流的数据驱动研究服务体系，服务国家战略，支持各学科前沿研究，以数据服务为凝聚力，提供基于数据的教学与研究的支撑平台，开展数据创新研究、教学与产业孵化等服务，推动数据教学与科研创新。服务转型中的高校研究型图书馆，需要适应新的发展趋势，在数据驱动研究服务中，找到角色定位、发挥作用，提高图书馆服务影响力。

参考文献

[1] 熊建，黄碧梅，林琳，等.2013 大数据元年[N].人民日报，2013-12-25(010).

[2] 卫人.中国人工智能历史元年，一切才刚刚开始[N].中国经济导报.2016-12-14(B01).

[3] 第五届 CCF 大数据与计算智能大赛启航[EB/OL].[2018-07-11].http://www.ccf.org.cn/c/2017-09-29/615097.shtml.

[4] 2018 中国高校计算机大赛——大数据挑战赛[EB/OL].[2018-07-11].https://www.kesci.com/apps/home/competition/5ab8c36a8643e33f5138cba4.

[5] Kaggle:your home for data science[EB/OL].[2018-07-11].https://www.kaggle.com/.

[6] DataCastle 大数据竞赛平台[EB/OL].[2018-07-11].http://www.pkbigdata.com/.

[7] 阿里巴巴天池大数据竞赛[EB/OL].[2018-07-11].https://tianchi.aliyun.com/.

[8] 云上贵州 数据之都[N].经济日报，2017-05-28(08).

[9] 广东政务数据创新大赛.[EB/OL].[2018-07-11].https://tianchi.aliyun.com/ markets/tianchi/gov20172.

[10] 开放数据应用开发竞赛 2018[EB/OL].[2018-07-11].http://opendata.library.sh.cn/.

[11] 首届全国高校数据驱动创新研究大赛[EB/OL].[2018-07-11].http://opendata.pku.edu.cn/competition-2018.xhtml.

[12] 北京大学开放研究数据平台[EB/OL].[2018-07-11].http://opendata.pku.edu.cn/.

[13] 首届全国高校数据驱动创新研究大赛成果展示[EB/OL].[2018-07-13].http://opendata.pku.edu.cn/competition-product.xhtml.

[14] 语言处理基础技术——百度 AI[EB/OL].[2018-07-13].http://ai.baidu.com/tech/ nlp/.

[15] Scikit-learn:machine learning in python[EB/OL].[2018-07-13].http:// scikit-learn.org/stable/.

[16] 中国科学院数据云[EB/OL].[2018-07-13].http://www.csdb.cn/aboutus/585.jhtml.

[17] 张先恩.国家科学数据共享工程[J].科学中国人,2004(9):11-13.

[18] 国家社科基金项目数据库[EB/OL].[2018-07-13].http://fz.people.com.cn/skygb/sk/.

[19] Search bachelor´s programmes worldwide [EB/OL].[2018-07-13].https://www.bachelorsportal.com/search/#q=di-282|lv-bachelor,preparation|tc-EUR&start= 0&order=relevance.

[20] 教育部最新:283所高校获批数据科学与大数据专业[EB/OL].[2018-07-13].http://36kr.com/p/5125134.html.

[21] Bryant R,Lavoie B.A tour of the research data management (RDM) service space [EB/OL].[2018-07-13].https://www.oclc.org/content/dam/research/ publications/2017/oclcresearch-research-data-management-service-space-tour-2017-a4.pdf.

[22] Tenopir C,Talja S,Horstmann W,et al.Research data services in European academic research libraries[J].Liber Quarterly,2017,27(1):23-44.

[23] Yoon A,Schultz T.Research data management services in academic libraries in the US:a content analysis of libraries' websites [J].College & Research Libraries,2017,78(7):920-933.